Heide Wohlers, Monika Fuchs, Baerbel Becker

DIE GEHEIMEN VERFÜHRERINNEN

FRAUEN IN DER WERBUNG

ELEFANTEN PRESS

Monika Fuchs,
geboren 1942 in Kassel,
Diplom-Designerin,
Studium Grafik, Druck
und Werbung,
viele Jahre Werbung in
Agenturen und Industrie.

„Ich habe
dieses Buch gemacht,
weil ich keinen
Blindtext mehr
sehen kann"

„Ich habe
dieses Buch gemacht,
weil ich sonst rede
wie ein Buch"

Heide Wohlers, 34, werbekaufmännische Lehre in einer Osnabrücker
Werbeagentur, zwei Jahre Praxis als Werbeassistentin.
Studium der Werbekommunikation an der Hochschule der Künste
Berlin, Werbewirtin, Magister Artium in Publizistik, Linguistik
und Soziologie. Seit 1977 freie Mitarbeiterin bei SFB, RIAS
und anderen ARD-Anstalten. Von Januar 1983 bis Dezember 1984
Redakteurin beim BLICKPUNKT, Zeitschrift
des Landesjugendrings Berlin.

CIP-Kurztitelaufnahme der Deutschen Bibliothek
Die **geheimen Verführerinnen** : Frauen in d. Werbung /
Heide Wohlers … – Berlin : Elefanten Press, 1986.
    (EP ; 189)
    ISBN 3-88520-189-5
NE: Wohlers, Heide [Hrsg.]; GT

„Ich habe
dieses Buch gemacht,
weil meinem Kater
das Manuskript
auch schmeckte"

Baerbel Becker, 35, Journalistin,
freie Mitarbeit beim SFB,
Filmemacherin, Dipl.-Sportlehrerin,
Kursleiterin für Tanz- und Bewegungstheater,
Würstchenverkäuferin,
Mitarbeit an Markt- und Meinungsforschungs-Projekten,
Mutter eines 18jährigen Sohnes,
dessen Pullover nicht kratzen dürfen
und der Tennis haßt.

© ELEFANTEN PRESS VERLAG GmbH, Berlin (West) 1986.
Alle Nachdrucke und jede andere Verwertung auf Wort-, Ton- und Bildträgern
nur mit Genehmigung des Verlages. Alle Rechte vorbehalten.

Redaktion: Baerbel Becker, Monika Fuchs, Maruta Schmidt, Heide Wohlers
Gestaltung: Jürgen Holtfreter
Umschlag vorn: Jürgen Holtfreter unter Verwendung einer Anzeige von
                Villeroy & Boch mit Fotos von Helmut Newton
Umschlag Rückseite: Montage von Hucky Porzner
Satz: satzinform, Berlin
Lithografie: Claus Iller GmbH, Köln
Druck: Fuldaer Verlagsanstalt
Printed in FRG
EP 189
ISBN 3-88520-189-5

ELEFANTEN PRESS VERLAG
Postfach 30 30 80, 1000 Berlin 30

ELEFANTEN PRESS GALERIE
Zossener Str. 32, 1000 Berlin 61

Inhalt

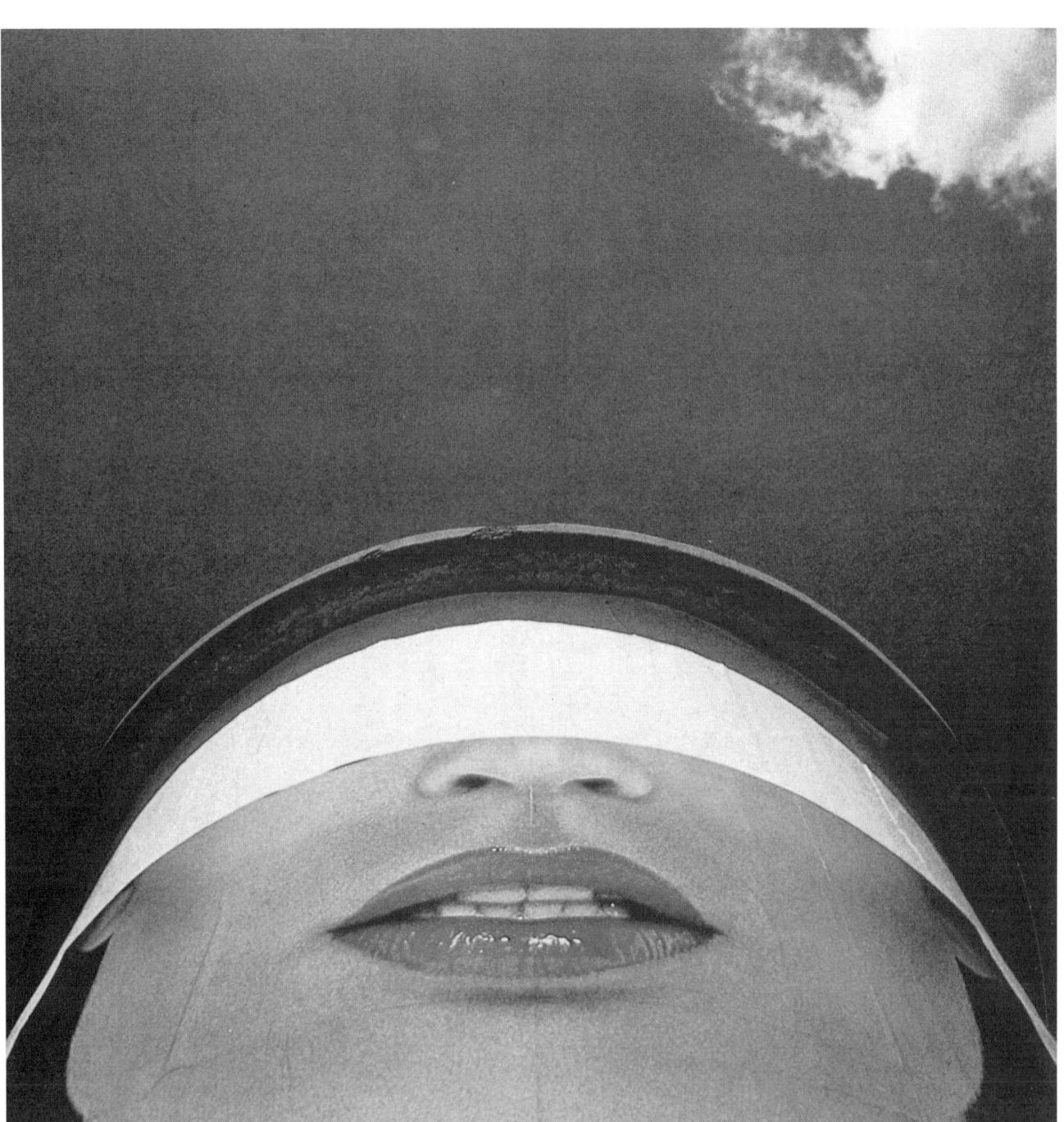

Alle Abbildungen, die keinen eindeutigen Verweis auf die jeweilige Autorin tragen, wurden nach rein thematischen Gesichtspunkten ausgewählt und den einzelnen Beiträgen zugeordnet; sie sind nicht identisch mit eventuell genannten Beispielen.

Die geheimen Verführerinnen

... das sind die AD's, die CD's, Kontakterinnen, Texterinnen, strategischen Planerinnen, Fotografinnen, Models, Graphik-Designerinnen, Werbepsychologinnen, Mediafrauen, Marktforscherinnen, die Regisseurin für Werbespots, der weibliche Casting Director ... Sie sind es, die bei „meetings" agieren, „briefen", „brain stormen" und die eingängigen Werbesprüche klopfen. Sie haben es geschafft, in der Männerwelt ihre Frau zu stehen: selbstbewußt, selbständig, frei und schön, und mindestens zehn Bewunderer an jedem Finger – unsere Karrierefrauen im Stil der neuen Zeit, denen der Umgang mit den Flugtickets und den festlichen Buffets in der großen weiten Welt vertrauter ist als Einkaufswagen und Staubsauger in den engen vier Hausfrauenwänden ...

Alle reden so über Werbefrauen – wir nicht !!!

Denn hier reden sie selber: über ihre Ängste, ihre Wünsche, die alltäglichen Diskriminierungen, den Stress, die Unsicherheiten, Sehnsüchte und Hoffnungen. Hinter den Werbekulissen geht es nicht um Glanz und Glimmer der Stuyvesant-Welt, da wird's hart, manchmal knallhart menschenfeindlich. Es scheint, als wäre die Werbebranche eine einzige Spielwiese für Männerfantasien, von Männern gemacht. Doch mitnichten.

Wir haben die Werbefrauen aufgespürt, die Macherinnen in den Hinterzimmern der Werbe- und Anzeigenagenturen, in Marktforschungs- und PR-Abteilungen, in Textbüros und Fotoateliers.

Claudia Schramm

Kreatives Klagelied

So, jetzt muß ich kreativ sein,
einzigartig, originell;
muß 'nen flotten Spruch ablassen
und wie immer möglichst schnell.

Bin heut' gar nicht gut in Form.
Nein, mir geht es richtig mies,
mein „brain" hat keinen Bock auf „storm",
wenn sich das nur ändern ließ.

Werd' erst mal 'nen Kaffee trinken,
der macht mich schon wieder fit.
Werd' gemütlich eine rauchen,
he, Ulla, qualmste eine mit?

So, jetzt wird es aber Zeit,
'ne Idee, die hab ich schon.
Ja, jetzt ist es wohl soweit –
Mist, da klingelt's Telefon!

Mensch, der Günther, is'n Ding.
Der, der mal mit Ulla ging,
puuh, der hat's zu was gebracht,
hat 'nen hot-shop aufgemacht.

Vielleicht sollt' ich das auch probieren,
mal so richtig mutig sein.
Werd' mich erstmal kurz frisieren,
verdammt, mir fällt heut' gar nichts ein.

Werd' wohl noch 'nen Kaffee brauchen,
muß wohl auch noch eine rauchen,
kann mal in die Grafik gehn
und nach meinen Fotos sehn …

Schwuppdiwupp ist Mittagszeit
auf zum Griechen
is ja nich weit.

Das Kotelett liegt so schwer im Magen,
der Rotwein macht 'nen dicken Kopf,
draußen wütet ein Gewitter,
die Seele schreit nach Magenbitter.

Jetzt kommt auch noch Ulla rein
mit 'nem Klaren – das muß sein.
Ihr ist auch nicht gut im Magen,
außerdem wollt sie noch fragen,
was denn Günther so erzählt.

Mann, Ulla, ich muß kreativ sein,
einzigartig, originell,
muß 'nen flotten Spruch ablassen
und zwar rasend, rasend schnell!

Oooch, die andern gehn nach Hause,
das ist doch 'ne Schweinerei,
und ich muß wieder länger bleiben
und morgen ist die Nacht vorbei.

Tanja Iris Gockel

Texterin

Ich wollte wissen, wie Werbung funktioniert, warum frage ich mich stattdessen, warum sie überhaupt funktioniert?

Ich bin eine Frau und arbeite als Texterin in einer Werbeagentur. Diese Tatsachen sollen, sofern ich das richtige Bewußtsein habe, genügen, um einen engagierten frauenfreundlich-reflektierten Abenteuer-Bericht aufs Papier zu bringen. Die geheimen Verführer, die uns Kritischen ja stets im Bewußtsein sind, werden ihre obskuren Methoden sicherlich zuerst an ihren Mitarbeiterinnen ausprobieren. Also lehnen wir uns bequem zurück und warten ab, ob die Agenturfrau mit dem Durchblick den Kerlen Paroli bietet oder ob das Werbepüppchen sich zum Vorzeigeneger machen läßt und dabei überhaupt nicht realisiert, daß die Sklavenarbeit immer noch an ihr klebenbleibt. Tja, meine Damen und Herren, es tut mir leid. Sie werden enttäuscht sein: Es folgt keine Undergroundstory auf Trivialniveau, in der Shirley Holmes alternativ-kariert auf große Macho-Jagd geht. Und das liegt nicht daran, daß unser Dornröschen seinen hundertjährigen Schlaf noch nicht beendet hat. Die Gefühle des Anfangs sind geblieben, und der Anfang, das waren Fragen:

„Kann ich einem Buchprojekt, über das ich so wenig weiß, überhaupt meine ureigensten Gefühle und Eindrücke anvertrauen? Nach drei ehrlichen und deshalb mißlungenen Versuchen frage ich mich, was die anderen Frauen schreiben. Lesen nicht genau die Frauen so ein Buch, die ihre Vorurteile nur bestätigt sehen wollen? Ist es nicht so, daß sie nach meiner Geschichte den Daumen heben oder senken? Leben oder Tod? Woher nehme ich den Mut, mich hier zu bewerben? Vielleicht geht es bei diesem Projekt genauso ab wie beim ADC-Wettbewerb für den Juniortexter des Jahres? Steckt man meine Geschichte ein und ich höre nie wieder davon? Warum ist das bei diesen Büchern immer dasselbe: ein paar Menschen öffnen ihr Herz oder ihren Kopf und Unbeteiligte fällen ihr Urteil? Oder sind Frauen einfühlsamer? Kann ich das nach drei Jahren Berufserfahrung sagen? Zeigen die Geschichten, die ich erlebt habe, nicht etwas ganz anderes? Sind nicht Kolleginnen zu stetem Konkurrenzkampf mit mir angestachelt worden? Haben sie nicht zu den miesesten Mitteln gegriffen? Meinten nicht Frauen, daß ich kein ebenbürtiger Gegner sei? Haben nicht mein Glaube an Solidarität und meine Moral gerade hier ihre schlimmsten Niederlagen erfahren? Liegt das am Unterschied zwischen Schule und Beruf? Ist das ein spezifisches Problem in Werbeagenturen? Schafft nicht ein Berufsfeld, das – wie die Agentur, in der ich arbeite – ebenso viele Frauen wie Männer beschäftigt, ein besonderes Spannungsverhältnis? Wenn es mir wichtig war, keinen typischen Frauenberuf zu ergreifen, war es mir dann nicht klar, daß ich mich auch gegen Frauen durchsetzen muß? Bedeutet ‚durchsetzen‘ nicht immer, jemand hintenan zu stellen? Kann ich mich als Frau besser gegenüber Männern durchsetzen? Kann sich ein Mann besser gegenüber Frauen durchsetzen? Warum hat mein Creativ Director zwei Texterinnen? Oder ist es Zufall? Stimmt es, daß Texter mehr hermachen um ein paar kleine Aufträge? Und daß Frauen die große Vorzeigemappe kleinlaut-verschämt auf den Vorstellungstisch legen? Warum verhalten sich alle so klischeehaft? Ist nicht die Werbung der große Tummelplatz für alle Spielarten? Dürfen oder müssen wir nicht sogar ein bißchen verrückt sein? Warum sind in meiner Agentur alle so normal? Warum laufen hier dieselben alten Spielchen zwischen Männern und Frauen ab? Wie komme ich weiter, ohne mich zu sehr auf diesen Zirkus einzulassen? Wie verhalten sich die anderen Frauen? Wie verhalten sich überhaupt die Menschen hier? Was treibt sie an? Woher beziehen sie ihre Kreativität? Warum kenn’ ich so viele Ansätze von irgendwoher? Wann ertappe ich mich das erste Mal beim Klauen? Werde ich dann das Selbstbewußtsein haben, dazu zu stehen? Wie schaffe ich es, mein Gesicht zu wahren, ohne daß es zur Maske wird? Warum sind die Gesichter und die Geschichten der Mitte-Dreißig-Jährigen so traurig? Warum wirken sie so leer und antriebslos? Werde ich auch so? Warum sagen Statistiken, daß ich bis Mitte Dreißig Karriere gemacht haben muß? Ob es einen Zusammenhang zwischen dem Auftreten dieser Altersklasse und ihrem erreichten / nicht erreichten Karriereziel gibt? Will ich Karriere machen! Oder soll ich nicht doch eines Tages Nur-Mutter sein? Warum verändern sich meine Zukunftsvorstellungen so schnell? Warum habe ich mich überhaupt so verändert, seit ich einen Beruf habe? Ob es eine starke Veränderung ist? Warum freue ich mich, wenn Außenstehende sagen, ich hätte mich überhaupt nicht verändert? Ist mein Marsch durch die Institutionen schon gescheitert? Wollte ich nicht gerade aus dem Gegensatz Anspruch und Wirklichkeit Kraft schöpfen? Warum läßt mein differenzierteres Denken so selten krasse Schlüsse zu? Ich wollte wissen, wie Werbung funktioniert, warum frage ich mich stattdessen, warum sie überhaupt funktioniert? Woher kommt es, daß ich Werbung manchmal nicht ernst nehme? Nicht mehr ernst nehmen kann? Warum macht mir etwas Spaß, das viele verteufeln? Darf mir das überhaupt Spaß machen? Bin ich privilegiert, weil mir mein Beruf Freude macht? Leidet die Arbeitsleistung darunter oder steigt sie dadurch? Interessiert es meine Vorgesetzten, wie ich meinen Job sehe? Wenn die Leistung einer Agentur vor allem von der Kreativität einzelner Menschen abhängt, sollte dann nicht mehr für diese Menschen getan werden?

Bin ich der Aufgabenstellung gerecht geworden? Wollte ich der Aufgabenstellung gerecht werden? Hatte ich nicht den Eindruck, daß ich eine ganz bestimmte Show abziehen sollte? Ist mir der Kompromiß zwischen Offenheit und Nicht-Auslieferung gelungen? Weiß eine Frau jetzt mehr über Werbung?“

Was macht Ihr jetzt mit meinem Text?

Susanne Kramer
Mitte 20, Texterin

Anspruch
und Realität

Werber sind cool.
In jeder Situation.

Werber sind jung.
Mit 20, 30, 40, 50.

Werber sind toll.
Im Umgang mit anderen.

Werber sind frei.
Jobs gibt's überall.

Werber sind stark.
Big ideas setzen sich durch.

Werber sind kreativ.
24 Stunden am Tag.

Werber sind engagiert.
Auch in der Freizeit.

Werber sind emanzipiert.
Frauen an die Spitze.

Werber sind auch nur Menschen!

Heide Wohlers

Wie stricke ich ein Frauenbild?
Anleitung zum Lesen von Anzeigen

Sollten Sie tatsächlich „einmal am Tag eine Stunde für sich" haben, blättern Sie in einer Illustrierten, welche spielt keine Rolle. Lesen Sie nicht die Kochrezepte oder die Häkelanleitungen, lesen Sie vor allem nicht die Geschichten über erfolgreiche Berufsfrauen oder gar politische Artikel à la SDI, denn daß Sie der Weltraumforschung Ihre Teflon-Pfanne zu verdanken haben, wissen Sie sowieso. Nein, richten Sie Ihr Augenmerk auf die Anzeigen. Und Sie werden sich selbst begegnen, Ihren Wünschen, Ihren Träumen, Ihren Hoffnungen (und denen Ihres Mannes und Ihrer Familie).

In einer dieser berühmten Stunden, die ich für mich hatte, las ich den STERN. Ich glaube, den mit dem nackig-knackigen Schimanski / Götz George oder war es doch die Ausgabe mit den Karrierefrauen in der Männerwelt? Wie gesagt, es spielt keine Rolle. Also aufgepaßt und mitgemacht:

SIEMENS

„Einmal am Tag brauch'ich einfach eine Stunde für mich."

Einfach mal
Frau sein.
Für 77% aller Frauen ist
der Wunsch nach Selbstverwirklichung des am
stärksten verbreitete Leitbild. (Market Horizons,
Düsseldorf)

Anzeigen-Strickmuster Nr. 1:
„… ganz Frau und troztdem frei zu sein …" (MILVA)
Die neue alte Weiblichkeit

SIEMENS weiß, was Frauen wünschen (BAUKNECHT natürlich auch): „Für 77 Prozent aller Frauen ist der Wunsch nach Selbstverwirklichung das am stärksten verbreitete Leitbild." Lesen Sie ruhig weiter, dazu brauchen Sie nämlich LADY, den Geschirrspüler. Während Sie also diese und andere Anzeigen lesen, brauchen Sie nicht ständig daran zu denken, daß Ihre Küche vielleicht unter Wasser stehen könnte. Und sicher können sie auch sein, daß LADY sanfter mit Schwiegermutters Aussteuer-Service umgeht als Ihre geplagten Frauenhände. Übrigens: Die Anzeige von SPÜLI mit Frau Tilly brauchen Sie nun nicht mehr zu lesen.

Sollten Sie sich fragen, was Selbstverwirklichung ist, SIEMENS sagt es Ihnen: es einfach schön finden, Ihren Mann und die Kinder zu verwöhnen. Wieso das plötzlich nur 75 Prozent aller Frauen finden? Und was die anderen zwei Prozent unter Selbstverwirklichung verstehen? Machen Sie eine kleine Denksportaufgabe daraus. Denken schadet nicht – auch Frauen nicht.

Und noch was: Sind Ihnen die hübschen Pastellfarben im Anzeigen-Hintergrund aufgefallen? Kleidung, Frisur und der fraulich-freundliche Blick der beiden Damen? Die 50er Jahre sind wieder im Kommen. Fragen Sie Ihre Mutter, wie es damals war.

Haben Sie schon einmal daran gedacht, aus dem täglichen
Einkauf ein Gesamtkunstwerk zu machen? Sie denken,
Ihre Familie könnte sauer werden, weil die süßen Denise-
Törtchen, Haribo, die Ihre Kinder froh machen oder das
Sechserpack für Vati, wenn alles getan ist, in Ihrem Ein-
kaufskorb fehlen? Nur Mut, Männer mögen verrückte
Frauen.

Sie fühlen sich oft allein, nicht mehr begehrenswert? Gegen diesen Hausfreund wird auch Ihr Gatte nichts einzuwenden haben.

Sie sehen, der „Fissler" steht auch nicht mehr ganz jungen Frauen. Als erfahrene Frau wissen Sie selbstverständlich, daß von einem gewissen Alter an die Herzensangelegenheiten durch den Magen gehen. Herzen können sie übrigens auch in Ihrem „Fissler" braten oder dünsten.

Alle reden vom Weichspülen, Sie verlassen sich auf Ihre Stärke.

Andere Mütter haben auch schöne Töchter. Mit „Vichy" bleiben Sie selbst schön.

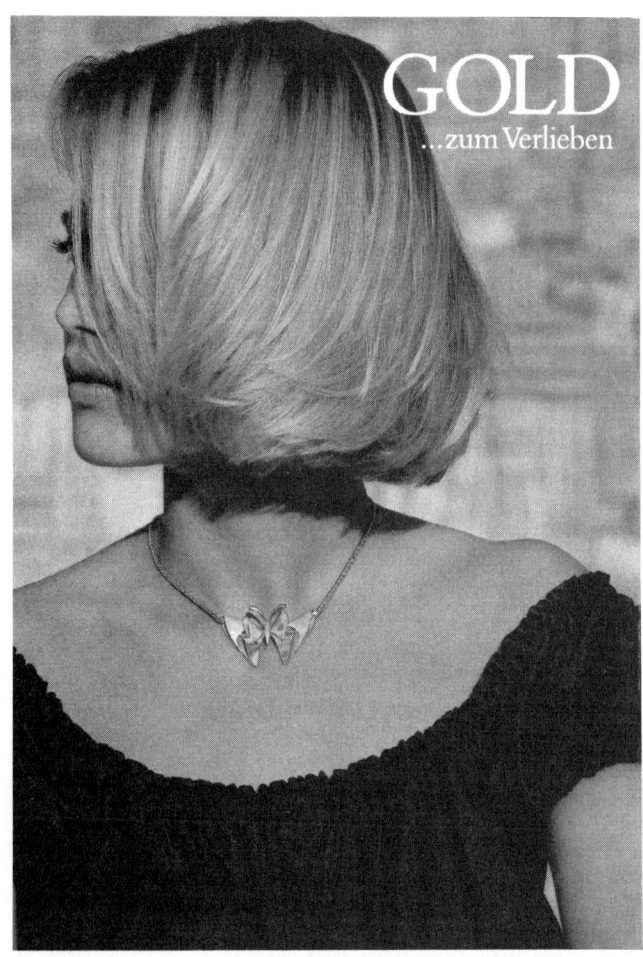

GOLD
...zum Verlieben

Schnupfen –
den kann sie sich nicht leisten

OTRIVEN wirkt schnell und
langanhaltend.
Schon nach wenigen Minu-
ten ist die Nase frei und Sie
atmen wieder voll durch: bis
zu 8 Stunden.
So sind Sie tagsüber lei-
stungsfähig, nachts schlafen
Sie richtig.
OTRIVEN ist gut verträglich,
weil die empfindlichen Na-
senschleimhäute abschwel-
len, aber dabei nicht über-
reizt werden.
OTRIVEN gibt es als Spray,
Tropfen, Gel und als Tropfen
für Kleinkinder und Säug-
linge.

®Otriven
Sprechen Sie mit Ihrem Apotheker.

Manche leisten sich Gold, und Sie können sich nicht einmal Schnupfen leisten. Vergessen Sie nicht: Ihre Familie ist Ihr kostbarstes Gut.

„Doornkaat... Sie gefallen mir."

Es ist nie zu spät.
In der zweiten
Lebenshälfte
bleiben Ihnen
immer noch ein
Kurschatten und
ein Doornkaat.

15

Anzeigen-Strickmuster Nr. 2:
„Verliebt, verlobt, verheiratet ..." (Conny Froboes)
Die Zweierbeziehung

Zuerst die schlechte Nachricht: Immer weniger Leute heiraten. Nun die gute: Immer mehr fahren das weiße Panda-Sondermodell.

1984 wurden 5.757 weniger Ehen geschlossen, aber mehr Garagen gebaut als im Jahr davor. Heiraten die Deutschen ihre Autos? Es gilt dem Trend Einhalt zu gebieten! Fiat hat daher den Bianca geschaffen, das Panda-Hochzeitsmodell. Alles weiß: Flankenschutz, Radkappen, Stoßstangen. Diese Hochzeitskutsche findet mit 338 x 146 cm vor jedem Standesamt Platz. 25 kW/34 DIN-PS und 125 km/h Spitze fangen jeden Flüchtigen wieder ein, um mittels 7fach verstellbarer Rückbank (Doppelbett) den Geburtenrückgang zu stoppen. Abgabe nur in handelsüblichen Mengen.

Sagen Sie JA zur tollen weißen Beziehungskiste.

Wenn's um den eigenen Haushalt geht ...

Geld verdienen ist die eine Sache – Geld richtig einteilen, ausgeben und anlegen die andere. Das alles gehört zusammen, wenn man den eigenen Haushalt gründen will. Für die junge Familie von morgen gibt es schon heute bei der Sparkasse mehr als nur die üblichen Bankleistungen. Das Sparen ist eine Grundlage, damit auch staatliche Vergünstigungen voll ausgenutzt werden. Der individuelle Kredit für Anschaffungen schließt die Finanzierungslücke. Die Rückzahlungen werden so vereinbart, daß sie tragbar bleiben. Das Girokonto zur Abwicklung aller Zahlungen erleichtert Ihre Familien-Buchhaltung und ermöglicht eine solide Haushaltsplanung.

Sprechen Sie mit unserem Geldberater über Ihre Pläne.

Wenn's um Geld geht – Sparkasse 🏦

Aber, aber, junge Frau, wer wird denn gleich in die Luft gehen? Wer „A" sagt, muß auch „B"-ezahlen sagen. Auch das Glück zu zweit ist nicht umsonst.

MEMOIRE. DER RING, DER IHR SAGT, SIE WÜRDEN SIE IMMER WIEDER HEIRATEN.

Kümmern Sie sich nicht um FIAT-Panda. Heiraten Sie nicht einmal, sondern immer wieder. Selbst wenn Sie einer dieser aufgeklärten 68er sind, vergessen Sie den alten Slogan: „Wer einmal mit derselben pennt, gehört schon zum Establishment." Treue ist Trend, so unvergänglich wie Diamanten.

WORAUF STEHEN DIE INTERESSANTESTEN MÄNNER UND FRAUEN?

AUF ITALIENISCHEN SCHUHEN.

Sollte Ihre Hochzeitsreise nach Venedig schon länger her sein, sollten sie eines Tages nicht mehr auf IHN stehen, kaufen Sie sich italienische Schuhe.

Nimm meine!

Satter American Blend Geschmack. DM 4.25

Wenn Sie „einen Cowboy als Mann" (Gitte) wollen, dreh'n Sie ihm eine. Jeder Cowboy raucht gern.

Mazda 323 GLX

Alles vom Besten!

Für Ihr Geld können Sie „alles vom Besten" verlangen, sagte der Mazda-Händler und öffnete die Tür zur Probefahrt. Und schon als man die erste Fahrpause machte, wußte man, wie recht er hatte:

Dieses Auto ist kräftig und sportlich, ist schnell im Starten und Bremsen. Ist ausdauernd auf Langstrecken. Hat beste Fahrmanieren. Sieht phantastisch aus und macht enorm Spaß beim Fahren.

Nehmen Sie mal den neuen Mazda 323 mit auf Strecke. Sie steigen ein und fühlen sich schon mit

☎ Wenn Sie jetzt mehr über die neuen Mazda 323-Modelle erfahren möchten, fordern Sie einfach bei unserem Telefon-Automaten unter 02 21/21 08 08 ausführliche Sofort-Informationen an.

Noch mehr erfahren Sie allerdings bei einem der über 1.000 Mazda-Händler, am besten bei einer Probefahrt.

MAZDA MOTORS (DEUTSCHLAND) GMBH
Weidenstraße 2, 5090 Leverkusen 1.

Wir wissen nicht, welche dieser beiden jungen Damen der Mazda-Fahrer vor die Linse bekommen will, aber eins steht fest: Wer Mazda fährt, bekommt „alles vom Besten".

17

Anzeigen-Strickmuster Nr. 3:
„Ob blond, ob braun, ob henna …" (Ina Deter)
Die Drei- und Mehrecksbeziehung

Ein Seitensprung erfrischt jede Beziehung. Warten Sie nicht, bis Sie „blau" sind … Bols Blue Curaçao genügt.

Wenn Ihnen die zwei Schönen nicht genügen, mit Gordon's haben Sie das doppelte Vergnügen.

Es war schon immer etwas anstrengender, einen besonderen Geschmack zu haben …

Anzeigen-Strickmuster Nr. 4:
„Ein Mann muß immer wie ein Tiger sein …"
(Peter Kraus)
Mannsbilder für Frauenherzen

... oder auch anspruchsvoll

... oder international, gut und teuer

... und so unbeschreiblich knackig-kernig

Wir haben herausgefunden, wie man mit sehr viel weniger Kleidung sehr viel weniger friert.

Ab sofort brauchen Sie nicht mehr einen Pullover und noch einen Pullover und einen Schal und eine dicke Windjacke, um sich gegen Wind, Kälte und Regen zu schützen. Und Sie brauchen sich nicht mehr aus all dem herauszuschälen, wenn Sie irgendwo auf einen Rumgrog einkehren.

GORE-TEX® ist ein Material, das nach dem Prinzip der menschlichen Haut funktioniert. Die hauchdünne GORE-TEX® Membrane mit Milliarden mikrofeiner Poren läßt Körperfeuchtigkeit in Form von Wasserdampf entweichen.

Aber Wasser und Wind können nicht eindringen. So bleibt der Körper trocken, warm und leistungsfähig - es entsteht der unvergleichliche GORE-TEX® Komfort:

Wasserdicht, winddicht, atmungsaktiv.

GORE-TEX® ist das wertvolle Innenleben von hochwertiger Sport- und Freizeitbekleidung, Schuhen und Handschuhen. Fragen Sie nach GORE-TEX® in einem Fachgeschäft, das die führenden Hersteller führt.

Und daß ein so innovatives und einzigartiges Material wie GORE-TEX® von einem ebenso innovativen Unternehmen hergestellt wird, läßt sich nicht übersehen, wenn Sie weiteres Informationsmaterial anfordern.

Schreiben Sie an:
W. L. Gore & Co. GmbH, Wernher-von-Braun-Str. 18, 8011 Putzbrunn bei München.

GORE-TEX®

So unvergleichlich wie unsere Haut.

... ungeheuer wind- und wetterfest

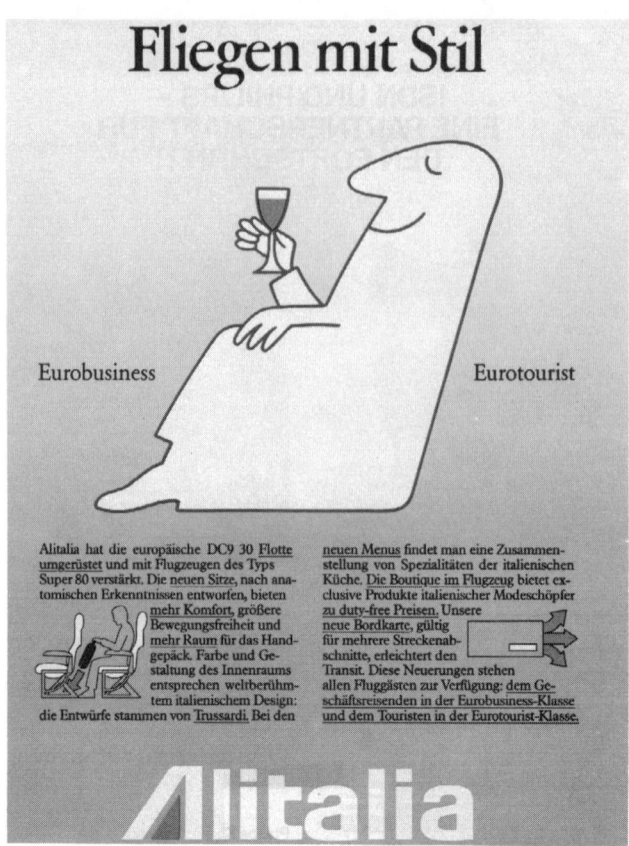

Fliegen mit Stil

Eurobusiness — Eurotourist

Alitalia hat die europäische DC9 30 Flotte umgerüstet und mit Flugzeugen des Typs Super 80 verstärkt. Die neuen Sitze, nach anatomischen Erkenntnissen entworfen, bieten mehr Komfort, größere Bewegungsfreiheit und mehr Raum für das Handgepäck. Farbe und Gestaltung des Innenraums entsprechen weltberühmtem italienischem Design: die Entwürfe stammen von Trussardi. Bei den neuen Menüs findet man eine Zusammenstellung von Spezialitäten der italienischen Küche. Die Boutique im Flugzeug bietet exclusive Produkte italienischer Modeschöpfer zu duty-free Preisen. Unsere neue Bordkarte, gültig für mehrere Streckenabschnitte, erleichtert den Transit. Diese Neuerungen stehen allen Fluggästen zur Verfügung: dem Geschäftsreisenden in der Eurobusiness-Klasse und dem Touristen in der Eurotourist-Klasse.

Alitalia

... flugsicher und stilvoll

Da fotografiert **Horst Michel** Tag für Tag die schönsten, verrücktesten, kleinsten und größten Motive und freut sich auf zwei Ergebnisse:
Wenn die **Aufnahmen gelungen sind** und wenn die **Aufnahmen gelungen sind.**

Das erste ist sein **Job,** das zweite sein **Hobby.** Dann legt er **Bruckner, Vivaldi, Beatles** oder **Pink Floyd** auf den Plattenteller, setzt den **beyerdynamic Kopfhörer** auf, schließt die Augen und hebt ab.

WARUM?

»Weil der Mensch fünf Sinne hat. Die möchte ich pflegen. Und mein sechster Sinn hat mir gesagt, daß der Gehörsinn mit beyerdynamic am besten bedient wird.«

WIRD ER!

beyerdynamic))))

... so breitbeinig und breitschultrig wie erfolgreich

Weil Sie Ihre Hand nicht um 360° drehen können, haben wir diese Drehblatt-Stichsäge entwickelt.

Die neue Drehblatt-Stichsäge von Black & Decker eröffnet Ihnen ganz neue Möglichkeiten. Denn sie vereinfacht das Kurvensägen auf verblüffende Art: Das Sägeblatt läßt sich mit dem Drehknopf stufenlos drehen. Um 360°. So können Sie jetzt sogar schwierige Formen genau sägen. In Holz, Metall und Kunststoff. Mit electronisch gesteuerter Hubzahl. Gehrungsschnitte bis 45°. Plus 4fach-Sägeblatt-Arretierung. Bei Schnittiefen bis 55 mm. Das ist intelligente Technik für bessere Arbeitsergebnisse.

Jede Kurve. Kompliziertes wird leicht.

Der Drehknopf läßt sich stufenlos um 360° drehen.

Das Sägeblatt folgt exakt der Bewegung.

Einfacher Sägeblattwechsel.

Black & Decker kann sich weltweit auf mehr Erfahrung stützen und hat mehr Elektrowerkzeuge entwickelt als irgendein vergleichbares Unternehmen. Das drückt sich für Sie in zahlreichen Vorteilen aus: In anspruchsvoller Qualität zu einem guten Preis. In ausgereifter Technik und Funktionalität. Und in einem zuverlässigen Kundendienst überall in Deutschland.

BLACK & DECKER

.... praktisch und Bohrmaschinen-fest

Das ist Mode, die Ihrem Sohn kein Spiel verdirbt.

ATELIER
TORINO ®
BY KONEN MÜNCHEN

… väterlich pussier-lich

… aber auch väterlich-vorbildlich

… männlich aktiv

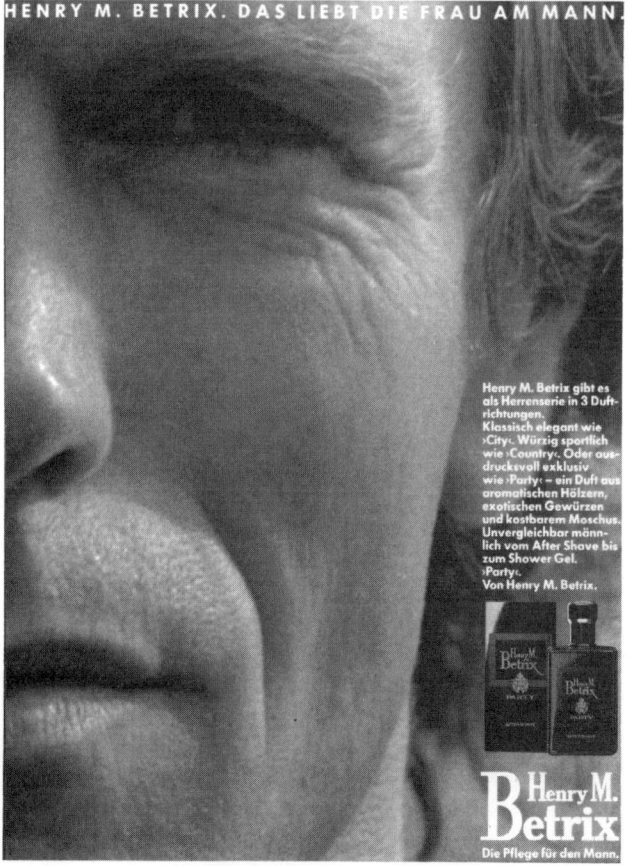

… oder einfach nur liebenswert.

Anzeigen-Strickmuster Nr. 5:
„Zeigt her Eure Füße, zeigt her Eure Schuh …" *(alt-deutsche Volksweise)*
Frauenersatz-Teile

„Du hast nichts zu verlieren als deine Ketten"

Frauenhände, die auch tanken können. (Fortschritt !!!!!!!)

„Und nun schalten wir um auf das Nachtprogramm …"

„… und hatte die Wahl, allerdings nur zwischen 4 Sherrys"

Was Sie bei der DEVK für 12 Mark 60 im Monat bekommen.

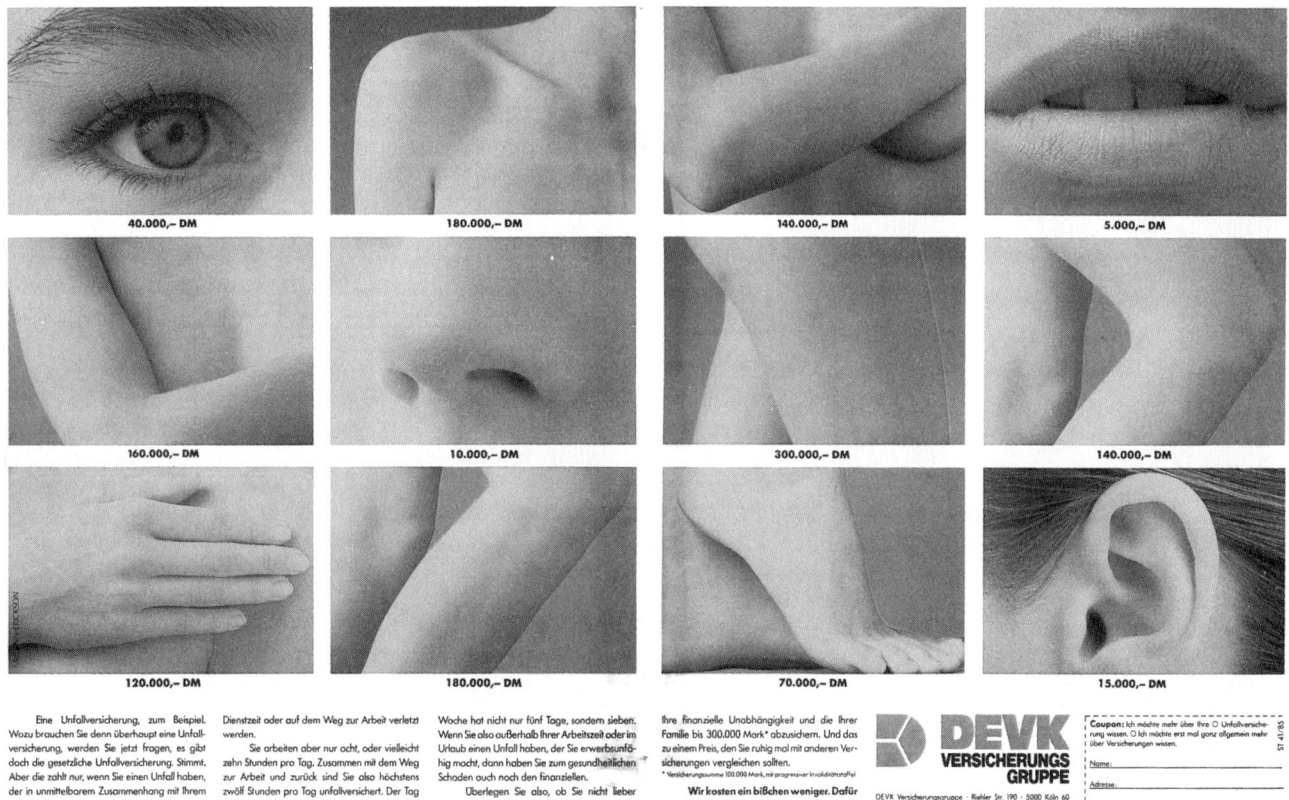

40.000,– DM	180.000,– DM	140.000,– DM	5.000,– DM
160.000,– DM	10.000,– DM	300.000,– DM	140.000,– DM
120.000,– DM	180.000,– DM	70.000,– DM	15.000,– DM

Eine Unfallversicherung, zum Beispiel. Wozu brauchen Sie denn überhaupt eine Unfallversicherung, werden Sie jetzt fragen, es gibt doch die gesetzliche Unfallversicherung. Stimmt. Aber die zahlt nur, wenn Sie einen Unfall haben, der in unmittelbarem Zusammenhang mit Ihrem Beruf steht. Wenn Sie zum Beispiel während der

Dienstzeit oder auf dem Weg zur Arbeit verletzt werden.

Sie arbeiten aber nur acht, oder vielleicht zehn Stunden pro Tag. Zusammen mit dem Weg zur Arbeit und zurück sind Sie also höchstens zwölf Stunden pro Tag unfallversichert. Der Tag hat aber vierundzwanzig Stunden. Und die

Woche hat nicht nur fünf Tage, sondern sieben. Wenn Sie also außerhalb Ihrer Arbeitszeit oder im Urlaub einen Unfall haben, der Sie erwerbsunfähig macht, dann haben Sie zum gesundheitlichen Schaden auch noch den finanziellen.

Überlegen Sie also, ob Sie nicht lieber 12 Mark 60 im Monat dafür aufwenden sollten,

Ihre finanzielle Unabhängigkeit und die Ihrer Familie bis 300.000 Mark* abzusichern. Und das zu einem Preis, den Sie ruhig mal mit anderen Versicherungen vergleichen sollten.

* Versicherungssumme 100.000 Mark, mit progressiver Invaliditätsstaffel

Wir kosten ein bißchen weniger. Dafür leisten wir ein bißchen mehr.

DEVK VERSICHERUNGS GRUPPE

DEVK Versicherungsgruppe · Riehler Str. 190 · 5000 Köln 60
Tel. (02 21) 7 77 84 44

Coupon: Ich möchte mehr über Ihre ◯ Unfallversicherung wissen. ◯ Ich möchte erst mal ganz allgemein mehr über Versicherungen wissen.

Name:

Adresse:

Alle Einzelteile zusammen ergeben 1 360 000,–. Wohl dem, der einen *ganzen* Schatz sein eigen nennt.

Claudia Schramm

28, freiberuflich Werbetexterin

Unter der Gürtellinie

Alles auf den letzten Drücker. Wie immer. Hundertmal hat man sich geschworen „beim nächsten timing – mehr Luft". Wieder nix.

Micha sieht nur noch das Schwarz der Ringe unter seinen himmelblauen Augen. Die Volontärin hat die Media-Unterlagen in der Disco liegengelassen. Madeleine droht mit Kündigung. Das einzige Chart, das halbwegs war hermachte, hat einen feisten Kaffee-Fleck. Mahlzeit!

Und morgen soll ausgerechnet ich die neue Intimspray-Kampagne beim Kunden vorstellen. Das kann nur in die Hose gehen. Ein Glück, daß ich mir die letzten drei Nächte so konsequent mit Intimspray und Edelzwicker um die Ohren gehauen habe. Ja, das war wirklich schlau, denn wenn ich jetzt nicht total k.o. wäre, würde ich auf der Stelle wahnsinnig werden oder vielleicht geisteskrank.

Das Wie-mache-ich-bei-meinem-Auftraggeber-wenigstens-optisch-einen-guten-Eindruck-Kostüm kommt in die Reinigung. Stilvoll geht die Welt zugrunde.

Bis in die späten Abendstunden versucht ein Häuflein Desperados zu retten, was zu retten ist. Schnibbeln, stoppeln, überkleben – na bitte, es wird doch. Und endlich liegt es uns zu Füßen, unser kreatives Potential, in Mappen und auf Pappen. Ein Wunder! Großartig! Phänomenal!

„Also, Leute, eins hat sich jetzt in der Endphase ja wohl ganz deutlich 'rauskristallisiert: Unsere erste Idee – wo er zu ihr sagt, du, ich hab' dich zwar furchtbar lieb, aber was ich dir schon immer mal sagen wollte … na, ihr wißt schon, also das war wirklich um Klassen besser. Mir ist echt schleierhaft, warum wir uns dann für die andere Sache entschieden haben." Typisch Bruno. Hammer-Bruno hat seinem Namen mal wieder alle Ehre gemacht. Zum Kotzen.

Jetzt muß ich mich entscheiden: Nervenzusammenbruch oder nach Hause ins Bett. Weil ich mich in Extremsituationen meist richtig entscheide, bleibt mir die Klapsmühle noch einmal erspart.

Ich träume von allen möglichen und unmöglichen Intim-Bereichen. Meine Güte, ich sollte doch bald die Werbe-agentur wechseln, Intimspray geht mir auf die Dauer doch zu sehr unter die Haut.

Am Morgen danach gilt es, sich so zu verpacken, daß einem niemand die nervliche Zerrüttung ansieht. Erstaunlicherweise gelingt das immer wieder. Zugeben muß ich allerdings, daß diese Tarn-Aktionen im Laufe der Jahre immer mehr Zeit in Anspruch nehmen. Schwamm drüber und tüchtig Eau de toilette drauf. Mir soll keiner nachsagen können, daß ich mich für die Körperkultur in die Bresche werfe und selber rieche wie … ne, ne.

Mit den Mappen und den Pappen klemme ich mich ins Flugzeug. Hier kann ich noch ein Stündchen entspannen. Im Prinzip könnte ich das jedenfalls, wenn ich nicht so grausam hektisch wäre, Ich hasse Intimspray!

Fünf Herren begrüßen mich in einem Konferenzraum, der mich stark an das Operationszimmer erinnert, in dem man mir armem Würstchen den Blinddarm abgeschnibbelt hat. Dabei war er doch nur ganz leicht entzündet und konnte sich noch nicht mal wehren, der ärmste. Damals war Intimspray noch kein Thema für mich. Das waren Zeiten …

Der King der Intim-Sprayer richtet einige warme Worte ans Auditorium. Angeblich soll das ja die Atmosphäre entspannen. Aber bei mir entspannt sich mal wieder gar nichts. Im Gegenteil. Ich bete, daß die Schwitzflecken unter meinen Armen wenigstens eine Spur kleiner sein mögen als der Kloß in meinem Hals. Die Mandeln und die Wucherungen (was immer letzteres auch sei) hat man mir übrigens auch weggeschnibbelt. Kein Wunder, daß mein verstümmelter Organismus im Streß durchdreht. Ist doch wahr!

Und dann geht's richtig los. Zunächst einmal nach hinten. Eine verquälte Stimme stammelt etwas von „Ich freue mich, Ihnen heute …". Diese Stimme ist die meinige. Ich habe meinen Beruf verfehlt. Ganz klar. Eigentlich wollte ich immer Schriftsteller werden oder Pop-Star. Und jetzt – Intimspray …!

Nach den ersten Sätzen legt sich die Panik, ich kriege die Situation in den Griff und sie mich. Marktforschung, Konzeption und Strategie, Gestaltung der Anzeigen. Munter wirbele ich mit den Pappen herum. Ich bin unschlagbar! Auch der tückischen Schnur des Overhead-Projektors gelingt es nicht, mich zu Fall zu bringen.

Die Herren haut's glatt um. Das erkenne ich an ihren Augen, die sie nur dann verschämt niederschlagen, wenn ich ganz detailliert Sachverhalte anspreche, die eindeutig im Bereich unterhalb der Gürtellinie angesiedelt sind. Was ich natürlich möglichst vemeide.

Ende der Vorstellung. Man ist beeindruckt, man ist außerordentlich beeindruckt, ja, man ist sogar begeistert. Nur der jüngste der Herren zeigt sich bockig und versucht doch tatsächlich, das Mark meiner Konzeption zu erschüttern. Bestimmt kommt der frisch von der Uni und muß sich profilieren. Aber nicht auf meine Kosten! Kolossal lässig, fast schon humorvoll, verweise ich ihn in seinen Schrank, und dort schmollt er still vor sich hin. Ha, ha!

Nun noch ein wenig „konstruktive Kritik", einige klitzekleine Veränderungswünsche, hier etwas mehr Rot (die bessere Hälfte des Sprayer-Kings steht auf Rot), dort etwas weniger Ausrufezeichen. Na, wenn's weiter nichts ist !!!!!!!!

Abends sitze ich mit Bruno in der Kneipe. Ich bin glücklich und muß auch nicht mehr so oft aufs Klo wie in den letzten Tagen. Bruno hat eine geniale Idee für die nächste Intim-Kampagne, und ordentlich einen in der Birne. Ich ehrlich gesagt auch.

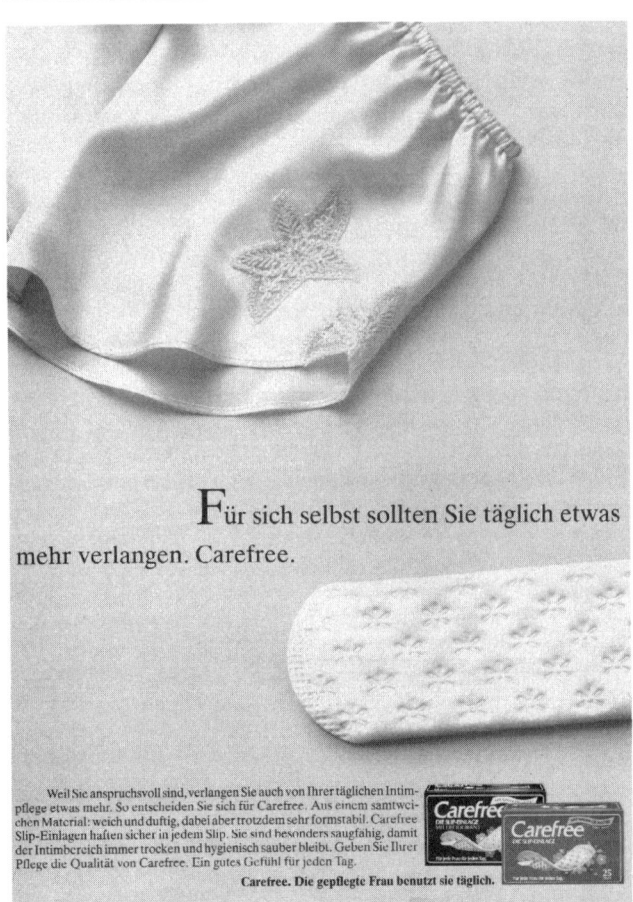

Mit dieser Dünnen gehen Sie sicher.

Die superdünne Serena ist nicht nur besonders bequem, sie ist auch rundum sicher. Denn sie enthält ein sehr saugfähiges Material, das ein Vielfaches seines Eigengewichtes aufnehmen kann. Und trotzdem bleibt die Binde flach und dünn. Und für alle Frauen, die in bestimmten Situationen, wie in der Nacht, Extra-Sicherheit brauchen, gibt es Serena extra.

Superdünn und sicher für alle Tage der Periode. **Serena**

Serena extra. Extra-Sicherheit auch für die Nacht.

Serena. Bequemer als eine dicke Binde. Und rundum sicher.

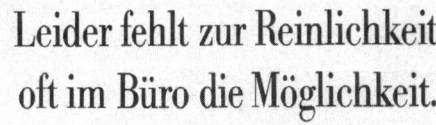

Für sich selbst sollten Sie täglich etwas mehr verlangen. Carefree.

Weil Sie anspruchsvoll sind, verlangen Sie auch von Ihrer täglichen Intim-pflege etwas mehr. So entscheiden Sie sich für Carefree. Aus einem samtwei-chen Material: weich und duftig, dabei aber trotzdem sehr formstabil. Carefree Slip-Einlagen haften sicher in jedem Slip. Sie sind besonders saugfähig, damit der Intimbereich immer trocken und hygienisch sauber bleibt. Geben Sie Ihrer Pflege die Qualität von Carefree. Ein gutes Gefühl für jeden Tag.

Carefree. Die gepflegte Frau benutzt sie täglich.

Tampona. Das gute Gefühl, ganz sicher zu sein.

Erwarten Sie nicht auch von einem Tampon an erster Stelle Sicherheit? Da ist es gut zu wissen, daß Tampona zusätzlich zu seiner Saugfähigkeit eine beruhigende Reserve hat. Es ist die blaue Sicherheitszone – eine doppelte Lage Watte am Ende des

Tampons. Besonders wichtig, wenn man ihn nicht wie gewohnt wechseln kann: zum Beispiel beim Sport oder bei einer längeren Autofahrt. Tampona hat aber auch eine neuartige, trage-weiche Watte, die zuverlässige Saugfähigkeit garantiert und beim Wechseln vor Watte-rückständen schützt. So bietet Ihnen Tampona rundherum das gute Gefühl, ganz sicher zu sein.

Tampona. Mit der blauen Sicherheitszone.

Gutschein.

George Dorschner

28, Texterin

Angefangen
hat's mit Farben und Lacken –
Alles für den Einfaltspinsel

In der Werbung zu landen war ursprünglich überhaupt nicht meine Absicht. Meine politisch bewegte Zeit war damals, anderthalb Jahre nach dem Abitur, zwar bereits vorüber, aber sie hatte doch kräftige Spuren im Bewußtsein zurückgelassen. Werber, das waren für mich die Leute, die das kapitalistische System am Laufen hielten, Gescheiterte allemal, Möchtegern-Schriftsteller und -Maler.

Ich fühlte mich zu ganz anderen Dingen berufen, träumte von einer Karriere als brillante Feuilletonistin und Theaterkritikerin und sah mich schon als weiblichen Kerr. Meine Fächerkombination an der Münchener LMU war mit Kommunikationswissenschaft (vormals Publizistik), Theaterwissenschaft und Amerikanistik so listig gewählt, daß ich nach dem Abschluß direkten Anschluß ans Arbeitslosenheer gefunden hätte, und um nur ja keine brotlose Kunst auszulassen, doppelte ich noch mit einer Schauspielausbildung nach. (Die ist übrigens das einzige, was ich in meinem heutigen Job noch gebrauchen kann. Nicht nur bei Präsentationen.)

Die Schauspielerei betrieb ich mit Inbrunst, aber ohne Wissen meiner Eltern, in deren Köpfen das übliche Klischee vom fahrenden Volk herumspukte. Die Schulgebühren mußte ich mir vom – ohnehin nicht allzu üppig bemessenen – Monatsscheck absparen, und so brach bereits im dritten Semester das finanzielle Fiasko über mich herein.

Als mein sonst so leutseliger Banker einen entschieden frostigen Unterton entwickelte, wurde es höchste Zeit, mich nach ein paar lukrativen Nebenjobs umzusehen: Messehosteß, Bedienung, Gelegenheitsmodell für Versandhauskataloge, was sich einer Studentin halt so anbietet.

Gerade als ich von meinen Aushilfsjobs so recht die Nase voll hatte, erhielt ich über einen Freund das Angebot, die Kundenzeitschrift eines Farbenherstellers herauszugeben. Freundliche Modefotografen hatten durch pointierte Kritik an meinem Äußeren mein Selbstbewußtsein auf den absoluten Nullpunkt gebracht, ich war es von Herzen leid, meinen Messeschützlingen in rauhen Mengen Whisky ein-

zuflößen, um sie ihre Sonderwünsche zur Abendgestaltung vergessen zu lassen, und nahm begeistert an.

Die Arbeit faßte ich als riesigen Witz auf, weil ich mir sowieso nicht vorstellen konnte, daß meine Machwerke jemals kritisch gelesen würden, und so schlampte ich – aus heutiger Sicht – völlig schwachsinnige Beiträge aufs Blatt, die allerdings durch erlesene Syntax (im Stile meines jeweiligen Lieblingsautors) und hochkarätiges Vokabular glänzten. Diese „journalistischen" Fingerübungen begann ich bald sogar zu genießen. Am Abend vor Redaktionsschluß zog ich mich mit einer Flasche Frascati, einem Eimer Kaffee und etlichen Päckchen Zigaretten in Klausur zurück, und irgendwann im Morgengrauen hetzte ich mit dem fertigen Elaborat zur Hauptpost.

Kunde und Auftraggeber waren's – weiß der Himmel, wieso – trotzdem zufrieden, und ich wurde mit weiteren Aufgaben betraut. Außer der monatlichen Postille „Farben und Lacke – Alles für den Einfaltspinsel" schrieb ich flammende Aufrufe zum verstärkten Süßstoffkonsum, verbrach eine Hotelzeitung, bei der ich mich in albernen Headlines erging wie „TEST stellt fest: XXXXX besser als der Rest" und stieg endlich mit dem Kundenmagazin eines Kindermodenherstellers ganz groß ein. Woher ich, als 20jährige, die Kinder so recht von Herzen verabscheute, die Chuzpe nahm, jungen Müttern Erziehungstips zu geben, ist mir auch heute noch rätselhaft.

Ob's um Pubertäts-Akne ging
oder um Schwangerschaftsgymnastik –
ich fühlte mich kompetent und belastete
mich nie mit zeitraubenden Recherchen.

Je weniger Ahnung ich von einem Thema hatte, desto größer war meine Bereitschaft zu gelahrtem Geschwafel, ein Konzept, daß mich bereits zu Schulzeiten ungeheur flach hatte herauskommen lassen. Eigentlich hätte ich mit meiner Arbeitsauffassung Prügel verdient, aber der Agenturinhaber, für den ich schrieb, legte eine ähnlich professionelle Attitüde an den Tag, und so genossen wir eine ungetrübte Zusammenarbeit.

Als er mich eines Tages mit dem Vorschlag überraschte, bei ihm ein zweijähriges Volontariat zu machen, steckte ich in besinnungsloser Hast mein Studium auf und erlag willig dem Lockruf des Goldes. Bzw. einem Trugschluß. Denn nun arbeitete ich die zehnfache Zeit für ein Achtel meines früheren freien Einkommens. Immerhin lernte ich wichtige Dinge wie Kaffeekochen und Stullenschmieren fürs Kundenmeeting, Telefon beantworten, Kameras laden und Bauschilder ablichten, Materialschränke aufräumen und mit der pensionsreifen Sekretärin Kompetenzstreitigkeiten austragen. Hin und wieder verbrach ich auch mal ein Textchen oder eine Headline, die zwar völlig an der Sache vorbeigingen, aber dafür wenigstens lustig waren. Daß Werbung als Verkaufshilfe gedacht ist, kam mir nicht in den Sinn. Für mich war's die einzige bezahlte Form des l'art pour l'art, und ich genoß es. Außerdem gab's viel zu tun in der – mich mitgerechnet – Drei-Mann-Agentur, und ich entwickelte das erste Mal im Leben so etwas wie Verantwortungsgefühl.

Wir hätten es zusammen noch jahrelang lustig und gemütlich haben können, aber eines Tages kam's aus privaten Gründen zum großen Knatsch, ich schmiß meinem Boß die Schlüssel ins Gesicht und legte einen unheimlich stark gemeinten Abgang hin.

Texterin: George Dorschner

Das große Heulen und Zähneklappern kam erst hinterher: Keine Stelle, keine Stütze, kein Scheck von daheim – große Katastrophe. Ich gab ein kurzes Gastspiel in einer recht anständigen Kleinagentur und stellte bei der täglichen Arbeit fest, daß ich so gut wie nichts wußte und noch weniger konnte. Leider deckte sich meine Auffassung mit der des Agentur-Chefs, und so habe ich die Probezeit nicht überlebt. Ein heilsamer Schock, der mich ein für allemal von meinem Konzept „Genie statt Können und Fleiß" kurierte.

Denken beim Schreiben war nicht ausdrücklich verboten ...

Als eine – wenn auch mir nicht – bekannte Direct Marketing Agentur einen Texter suchte, warf ich mich ins kleine Graue, klemmte meine ‚Arbeitsmappe' unter den Arm und stellte mich vor. Ich wurde trotzdem engagiert. Es dauerte ungefähr ein Jahr, bis ich wußte, was Direct Marketing überhaupt ist. Beim Einstellungsgespräch hatte ich durch listiges Fragen herausgefunden, daß es sich um keine Drükkerkolonne handelte, der Rest war barmherziger Nebel.

Das mit der Drückerkolonne stimmte dann – teilweise – doch ein bißchen. Wir betreuten hauptsächlich Verlagsobjekte, und die Diktion unserer Werbemittel hätte auch den notorischen „Studenten" gut angestanden. Besonders das „kostenlose Gratis-Geschenk zum Behalten" ist mir noch heute in traumatischer Erinnerung.

Doch zuerst einmal machte mir die Arbeit viel Spaß. Ich war begierig, endlich mal etwas zu lernen, und stieg irgendwo in den USA ein Direct-Guru auf den Berg und kam mit 10, 33 oder 147 goldenen Texterregeln zurück, konnte ich sie bereits am nächsten Tag auswendig herbeten. Nach einem halben Jahr „rentierte" ich schon, d.h. ich produzierte meine Texte weit unter dem erlaubten Stundenlimit, was in dieser Branche ein Qualitätsmerkmal zu sein schien. Denken beim Schreiben war zwar nicht ausdrücklich verboten, aber mit der Hauruck-Methode machte man sich entschieden beliebter. Wenn man sich ein zweites Durchlesen verkniff, überwältigte einen auch nicht das Grauen vor den eigenen verbalen Absonderungen.

Als der Copy-Chief oder vielmehr die „Copy-Chiefin" die Agentur verließ, um sich selbständig zu machen, rechnete ich fest damit, ihre Nachfolgerin zu werden. Ich war zwar erst 22, aber doch immerhin für 50 Prozent unseres Copy-Outputs zuständig, was bei einer Agentur von 30 Leuten nicht wenig ist. Mein einziger Konkurrent – mit dem ich mich übrigens ausgezeichnet verstand – plante selbst einen Ausstieg ins freie Unternehmertum, also blieb nach meinem Dafürhalten nur noch ich.

Statt dessen begann eine schier endlose Prozession von neuen Leuten, deren Befähigung zum Copy-Chief entweder darin bestand, daß sie Männer waren oder auf besonders zutraulichem Fuß mit der Geschäftsleitung standen oder sich doch wenigstens damit brüsten konnten, noch nie in die profanen Niederungen der Lohnschreiberei abgestiegen zu sein. Ich bemühte mich redlich, ihnen wenigstens die Anfangsgründe der Texterei beizubringen, wenn ich auch mit den Zähnen knirschte. Anlaß zur Besorgnis bestand dennoch nicht: ich hab' sie alle überlebt, aber mein Spaß am Job hielt sich fortan in Grenzen.

Als erste Reaktion auf die Loyalitätsbeweise der Agentur drosselte ich meinen blinden Aktivismus. Nicht dramatisch, aber doch so, daß meine Überstundenzahl merklich absank. In der gewonnenen Zeit begann ich, die Werbemittel anderer Agenturen, vorzugsweise klassischer, zu studieren, und wurde grün und gelb vor Neid.

Ich betreute zwar Millionen-Etats, von denen die meisten „Klassiker" nur träumen können, war aber in der Branche eine völlig unbekannte Größe. Die Chance, jemals einen ADC-Würfel auf meinem Schreibtisch zu haben, war gleich Null. Wenn ich mit meinen Arbeiten Preise einsackte, stand auf der Urkunde nur der Name des verantwortlichen Kontakters, der auch zur Verleihung flog, während ich mich an der Schreibmaschine knechtete. Damals beschlich mich erstmals der Verdacht, daß ich mich mit einer beruflichen Veränderung noch schwertun würde.

Daß ich seelisch vor die Hunde ging, merkte keiner.

Für eine Veränderung war ich reif, auf der ganzen Linie sogar. Privatleben fand bei mir nicht mehr statt. Abends, wenn ich heimkam, fühlte ich mich wie durch den Wolf gedreht und war froh, mit einem Buch und meiner Katze ins Bett zu hechten. Meine Familie, die mir den Studienabbruch nie verziehen hatte, betrachtete mich endlich mit etwas Respekt: schnieke Wohnung (ein Alptraum in Mahagoni und Messing, was sich klein Moritz so unter Old English vorstellt), Mittelklassewagen, Geschäftsflüge durch ganz Europa und sogar bis nach Afrika und eine ganze Kollektion solider Tweed- und Flanellkostüme in Mausgrau, Kackbraun und bescheidenem Marine, die auch einer 50jährigen gut zu Gesicht gestanden hätten. Ich verdiente fast soviel wie mein Vater, und in seinen Augen hatte ich „es geschafft". Daß ich seelisch vor die Hunde ging, merkte keiner.

Nachts stopfte ich mein Elend, vierzeilig abgepackt oder in freien Rhythmen, der Schreibmaschine in den Rachen, oder ich klapperte das gediegenere Nightlife ab, immer auf der Suche nach einem Ehemann, der mich aus der Krise herausheiraten würde.

Tagsüber gab ich mich diszipliniert und karrierebesessen. In der Agentur war ich fast unmerklich von „unserer Kleinen" zur „Frau Professor" geworden, aber alle bedauerten die Veränderung, wenn auch meist aus recht eigennützigen Motiven. Herumschubsen ließ ich mich nicht mehr, meine spitze Zunge war gefürchtet, und die Sekretärinnen rissen sich nicht gerade darum, für mich zu arbeiten.

Den Symptomen nach war's eigentlich eine ausgewachsene Midlife Crisis, nur ich hielt mich schlicht für krank. Ich magerte auf 45 Kilogramm ab, hatte ein Magengeschwür und lebte ein Jahr lang nur von Schokolade, weil ich nichts anderes bei mir behalten konnte. Immer, wenn ich versuchte, meine Situation zu analysieren, scheiterte ich bereits in den Anfängen: Wie war es überhaupt zugegangen, daß ich mich so verändert hatte? Mein Lieblingsspruch war zu der Zeit: „Hier sehen Sie die einzige Frau, die den nahtlosen Übergang von der Pubertät ins Klimakterium geschafft hat", und wenn auch viel Wahres dran war, so hat es doch noch niemandem je genützt, sein eigenes Elend in müden Bonmots zu verhackstücken.

Während sich mein privater Freundeskreis aus den gu-

ten alten Unitagen in Luft auflöste, wuchs meine Freundschaft zu einer unserer Grafikerinnen. Sie war mit der gnadenlosen Ausschlachtung ihrer Kreativität genausowenig zufrieden wie ich, und das war der Anknüpfungspunkt gewesen. Bis dato hatte ich ADs für geistlose Pinselschwinger und Pappenkleber gehalten, die ich briefen mußte – und zwar langsam, zum Mitschreiben, damit sie meinen grandiosen Einfällen überhaupt folgen konnten. In der immer enger werdenden Zusammenarbeit mit ihr gingen mir buchstäblich die Augen auf. Von Geburt an war ich schwer kurzsichtig, und die erste Brille kam viel zu spät, um mich noch zu einem Augenmenschen zu machen. Optische Reize gingen an mir vorbei, und was gute von schlechter Gestaltung unterscheidet, war mir ziemlich schnurz. Grafik galt mir als störendes Beiwerk, das von meinen Texten ablenkt, und eine saubere Typolösung war mir allemal lieber als irgendwelche Gestaltungs-Spirenzchen.

In nächtlichen Kreativ-Marathons vor Präsentationen lernte ich, welche durchaus gute, wenn nicht bessere, Ergebnisse die partnerschaftliche Zusammenarbeit mit dem AD zeitigen kann. Daß die meisten unserer Kampagnen bereits intern abgeschossen wurden, weil „ästhetisches Kniegeficke" (O-Ton meines Creative Directors), störte uns wenig. Die Bestätigung fanden wir in den immer lauter werdenden Klagen der Kunden über die Einfallslosigkeit der Agentur. Rutschte doch mal eines unserer Konzepte durch die Kontakt-Zensur, war es auch schon gekauft.

Leider wurde die intensive Zusammenarbeit von Copy und Art recht argwöhnisch beäugt, und schon bald durchliefen häßliche Gerüchte die Agentur. Merke: Wenn zwei

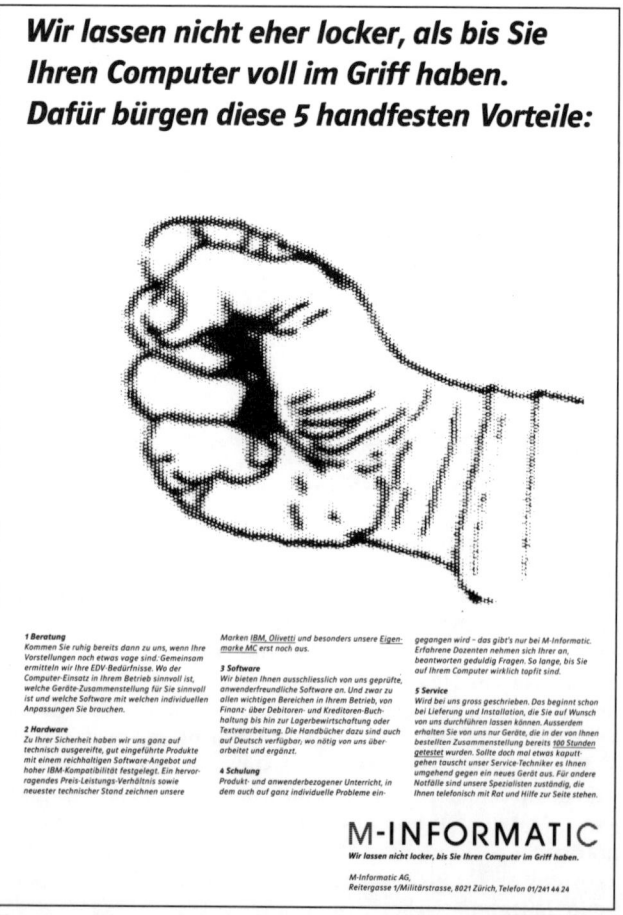
Texterin: George Dorschner

28

Frauen gut kooperieren und sich auch privat noch verstehen, müssen sie ja lesbisch sein! Als weiteres Indiz galt, daß ich mich äußerlich veränderte: Die föngestylte Lady-Di-Tolle verschwand, und ich erschien im überschulterlangen Afro. Als bekennende Jüdin verkniff ich mir das Palästinensertuch, ansonsten waren die Attribute der Lila-Pumphosen-Fraktion komplett. Schön ist anders, aber bequem war's und meinem Alter immerhin angepaßter als die adretten Deux-Pièces. Mittags stand ich nicht mehr am Käfer-Büffet, sondern lustwandelte mit Stulle im Botanischen Garten. Entgegen dem allgemeinen Verdacht hatte das mit der Freundschaft nur begrenzt zu tun. Ich hatte nur begriffen, daß ich meinen aufwendigen Lebensstil würde einschränken müssen, sollte mir der Absprung noch jemals gelingen.

Ein weiterer Schritt zur Verwirklichung meiner Pläne war die Chance, mir mit einer Freundin eine günstige Altbauwohnung zu teilen. In meiner Freizeit trieb ich mich in ihrem Antiquitätenladen herum, ging mit ihr zu Nachlaßversteigerungen und lernte viel. Bald verbrachte ich viel Zeit in der Werkstatt, wo ich ihrem Restaurator über die Schulter schaute und auch mal kleinere Arbeiten selbst übernahm. Ich entdeckte nicht nur mein handwerkliches Geschick – heute bin ich der Handwerks-Notfalldienst für meine Freunde und habe eine umfangreiche Ausrüstung mit Gehrungssägen, Bandschleifmaschinen, Bohrhämmern und allem Schnickschnack –, sondern auch eine neue Arbeitseinstellung. Auch Texte kann man wie Holz bearbeiten, sie feilen, glätten und polieren. So kann man sich selbst an unbedeutenden Fließtexten noch freuen.

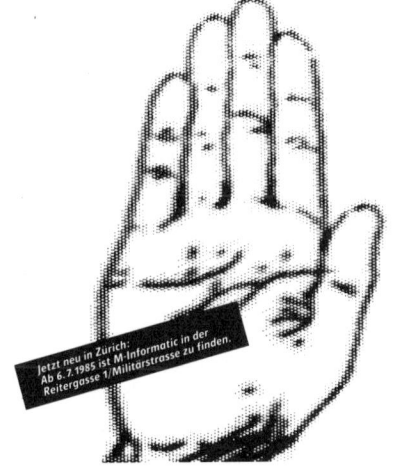
Jetzt war ich endlich bereit für den Neuanfang.

Ich machte die große Vorstellungsrunde in den klassischen Agenturen von München. Meine Arbeitsmappe ließ ich allerdings schon zum zweiten Termin daheim, denn der Direct-Marketer gilt als eine Art professioneller Legastheniker, und bei realistischer Selbsteinschätzung fand ich meine alten Arbeiten selber zum Einschlafen.

Meine Gehaltsvorstellungen wurden allseits mit homerischem Gelächter quittiert, ein ernstzunehmendes Angebot ergab sich nirgends. Ich mußte den Tatsachen ins Auge sehen: Noch einmal ganz von vorne anfangen, als Junior für wenig Geld arbeiten, bis ich in der Klassik Fuß gefaßt hatte. Glücklicherweise war mein Snobismus schon zu diesem Zeitpunkt soweit besiegt, daß ich's versuchen wollte. Ich hatte meine Zweifel, ob ich kreativ genug sein würde, aber notfalls konnte ich ja immer noch ins Direct Marketing zurück.

Als ich einen Freund über die Schweizer Arbeitsbedingungen schwärmen hörte, faßte ich einen spontanen Entschluß. Ich weiß, das klingt ein bißchen nach Effekthascherei, aber es war wirklich so: Ich nahm zwei Tage frei, setzte mich in den Zug nach Zürich, besorgte mir am Hauptbahnhof einen Sack Kleingeld und rief der Reihe nach alle Agenturen aus dem Telefonbuch an. Zirka dreißig mal sagte ich mein Sprüchlein auf, daß ich Texterin sei und fände, der CD solle mich dringend kennenlernen. Klar, die meisten hielten mich für völlig übergeschnappt, aber ein paar waren doch gerührt über soviel Naivität und luden mich zu einem Gespräch ein.

Ich bekam auch hier nur ein definitives Angebot: Von einer Agentur, die mich als Modell für ihre Zigarettenwerbung engagieren wollte. Ich nahm an, um den Kontakt zu halten und hetzte fortan jedes Wochenende in die Schweiz zu Drehs und Fototerminen. Verlorene Zeit war's nicht, denn „on location" erlebte ich eindrucksvoll, wie bilderbuchschön dieses Land ist. Auch über die Schweizer Arbeitsweise lernte ich viel. Während man in Deutschland unter wilden Zuckungen 13 Auswahlkampagnen hervorschleudert, werden in der Schweiz ganz ruhig und bedächtig nur drei gemacht. Aber die nicht schlechter.

Aber erst nach einem dreiviertel Jahr war es soweit: Ich verkaufte in München alles und ging mit einem ausgedienten Überseekoffer nach Bern

Und dort traf mich der Schock meines Lebens: Eine Woche lang vestand ich kein Wort von dem, was gesprochen wurde. In Swasiland hätte es nicht schlimmer sin können. Bärndüütsch hat mit Hochdeutsch nichts gemein. Außerdem fiel es mir ungeheuer schwer, mich in die Junior-Position zu finden. Ich machte jeden nur möglichen Fehler und fühlte mich unerwünscht und isoliert. Die Schweizer reagieren sehr sensibel auf die etwas schulmeisterliche Art von uns Deutschen, also hörte ich bald auf, meine Sätze mit „Bei uns macht man das ..." zu beginnen. Mein CD traute mir wenig oder gar nichts zu, und ich mußte meine Texte bis zur Bewußtlosigkeit umschreiben. Kunden bekam ich nie zu Gesicht, weil die Beschäftigung von Ausländern dem Schweizer Image einer Agentur schadet. Sagte man mir. Ich glaube allerdings, man hatte Angst, ich würde wieder mal den Mund zu weit aufmachen und die Kunden vergraulen. Trotzdem, was gedruckt erschien, war vorzeigbar, und wenn ich auch glaube, ein Textervater müßte hin und wieder auch mal loben, gelernt hab' ich viel bei meinem CD, obwohl ich ihn damals mindestens dreimal täglich verflucht habe.

Ein knappes Jahr später wechselte ich in meine heutige Agentur. Mein CD vertraut mir und gibt mir viel Freiheit. Er kommt aus der Grafik und redet mir in die Texte nicht rein. Seine Denkanstöße möchte ich nicht missen. Er kommt immer sofort zum Punkt, steckt voller brillanter Ideen, und jeder in der Mannschaft kann sein Gesicht wahren, auch wenn er sich mal verrannt hat. Wir bilden Teams (ein Texter, ein Art Director), die aber von Kunde zu Kunde wechseln. Die Kunden werden demokratisch und nach Vorlieben verteilt, bei den mühsamen kommt jeder mal dran. Typecasting gibt's bei uns nicht. Als einzige Frau bin ich bei uns der Computerspezialist, weil ich mich auf diesem Gebiet nebenbei weiterbilde, und außerdem betreue ich europaweit einen Baumaschinenetat. Die Fluktuation ist vor allem im Creative Departement gering, die Zusammenarbeit eng und freundschaftlich. Und das ist mir am wichtigsten, obwohl ich selbst für Schweizer Verhältnisse unter den Spitzenverdienern bin – und das als Frau.

Hierzulande haben die Frauen noch viel nachzuholen, und manche Kämpfe, die ich in Deutschland schon vor vielen Jahren durchgefochten hatte, muß ich jetzt noch einmal bestehen. Das Frauenwahlrecht wurde hier erst 1971 (!) eingeführt, Mutterschutz ist faktisch nicht existent, auch Schwangeren kann gekündigt werden. Das soziale Netz ist wesentlich weitmaschiger, die Vorsorge durch den einzelnen viel wichtiger als in Deutschland. Natürlich sind auch die Frauen anders als bei uns, ebenso wie die Einstellung zur Frau. Frauen in höheren Positionen sind eine große Seltenheit, dafür ist deren Solidarität zueinander vorbildlich. Frauen im traditionellen Rollenverständnis haben nicht viel Sympathie für uns, denn wir stellen bedenkliche Präzedenzfälle dar. Sich mit uns zu solidarisieren, hieße, den Ast abzusägen, auf dem sie sehr gemütlich sitzen. Berufstätige Frauen sind in der Schweiz immer noch in der Minderheit,

das Einkommen der Männer sichert zumeist einen Lebensstandard, von dem man in Deutschland nur träumen kann.

Auch die Männer haben viele Schwierigkeiten mit den „Berufsfrauen", wie man sie hier nennt. Mich betrifft das allerdings nur im privaten Bereich. Beruflich fühle ich mich als Frau mit eher mehr Respekt behandelt als in Deutschland. Die Kollegen hier sind sich wohl darüber im klaren, daß man als Frau eben doch besser sein muß, will man den gleichen Job wie ein Mann haben. Und weibliche Texter sind – vor allem in meiner Altersgruppe und darüber – sehr dünn gesät. Bei jedem neuen Kunden herrscht erst mal Unbehagen, ob ich's auch bringen werde – gleichgültig, ob sie Lippenstifte oder Preßlufthämmer produzieren. Ist der erste Text abgesegnet, haben die Probleme ein Ende. Man nimmt höchstens mehr Rücksicht, fragt, ob man rauchen darf und ähnliches mehr. Natürlich ist die Überraschung bei mir auch größer, weil ich einen Männernamen habe und sie bei meiner Vorstellung dann sowieso fast umfallen.

Den Namen hatte ich privat schon immer, aber seit ich gemerkt habe, daß er auch eine erstklassige Image-Pflege hergibt, poche ich ein bißchen mehr darauf. Klappern gehört nun mal zum Handwerk, und gerade für eine Werbefrau, die nicht anderer Leute Briefe tippt, ist es sehr wichtig, nicht verwechselt zu werden. In der Schweiz parkieren viele junge und besonders schöne Mädchen ein paar Jahre in der Werbung, bevor sie den Mann fürs Leben gefunden haben. Darum überlasse ich das Schönsein den anderen und hülle mich vornehmlich in bequeme schwarze Sackkleider. Ich mische mich jetzt auch öfter mal unters Branchenvölkchen, obwohl ich mich dort nicht besonders glücklich fühle. Aber Klappern gehört nun mal zum Handwerk. Mein Privatleben allerdings ist werbefreie Zone: Ich arbeite nebenher (und unentgeltlich) als Agentin für noch unbekannte Maler und komme daher vielmit Leuten aus der Kunstszene zusammen. Und zur Zeit arbeite ich an einem Kinderbuch, das mein Partner illustriert. Vielleicht schaffe ich mir so ein zweites Bein, auf dem ich stehen kann, wenn ich die Werbung nicht mehr so faszinierend finde wie heute. Was ich mir jetzt aber noch nicht so recht vorstellen kann.

Die berufstätige Frau als Thema von Werbung arbeitet – sofern sie überhaupt vorkommt! – hauptsächlich im Büro oder, wenn's hochkommt, im kreativen oder karitativen Bereich. Den Streß bekämpft sie mit Medikamenten und technischen Hilfsmitteln.

Fredrika Gers

Geboren:	*28.12.'59 in Hamburg*
Gelernt:	*Bankkaufmann*
Gearbeitet:	*zwei Jahre als Schiffsmakler*
dann beworben:	*Bei Eiler & Riemel Hamburg,*
	heute Springer & Jacoby
Beziehungen:	*keine*
Eingestellt:	*aufgrund von Probearbeiten*
als:	*Juniortexter*
Arbeiten:	*siehe ADC-Annual '84 und '85*
Jetzt:	*Eiler & Riemel / BBDO, München*

Wenn man gut ist, merken das die Leute. Egal, ob man auf die Herren- oder Damentoilette geht.

Persönliche Erfahrungen:
   Wenn man gut ist, merken das die Leute. Egal, ob man auf die Herren- oder auf die Damentoilette geht. Aber sie zeigen's einem nicht. Weil man dann ja mit Gehaltserhöhungsforderungen kommen könnte. Irgendwann merkt man's dann aber selbst. Zum Beispiel an ADC-Medaillen.
   Und wenn die Chefs trotzdem nicht mehr Geld rausrükken und man materialistisch veranlagt ist, geht man eben. Das funktioniert aber bei Männern genauso.

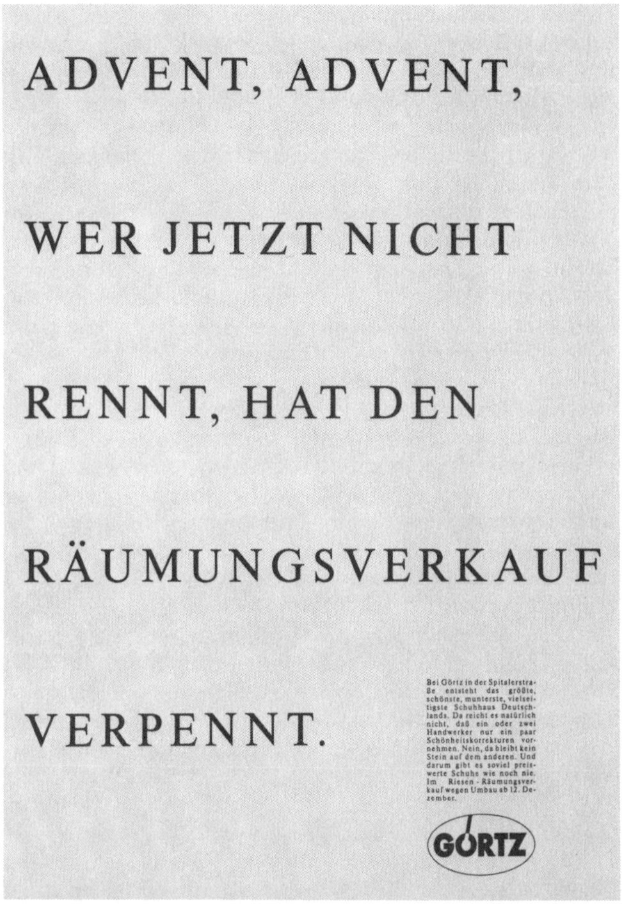

ADVENT, ADVENT,

WER JETZT NICHT

RENNT, HAT DEN

RÄUMUNGSVERKAUF

Bei Görtz in der Spitalerstraße entsteht das größte, schönste, munterste, vielseitigste Schuhhaus Deutschlands. Da reicht es natürlich nicht, daß ein oder zwei Handwerker nur ein paar Schönheitskorrekturen vornehmen. Nein, da bleibt kein Stein auf dem anderen. Und darum gibt es soviel preiswerte Schuhe wie noch nie. Im Riesen - Räumungsverkauf wegen Umbau ab 12. Dezember.

VERPENNT.

„Toll, daß ich auf dem Betriebsfest Miß Export geworden bin. Da lag ich mit meinem neuen Schulterfreien also genau richtig. Und dabei hat's nur 49 Mark gekostet. Bei Neckermann."

„Toll, daß ich auf dem Betriebsfest Miß Import geworden bin. Da lag ich mit meinem neuen Schulterfreien also genau richtig. Naja, dafür bin ich ja auch 'ne ganz schöne Stange Geld losgeworden."

Das schulterfreie Kleid finden Sie auf Seite 64 im neuen Neckermann Katalog. Und den gibt's jetzt überall bei Neckermann, im Zeitschriftenhandel oder direkt vom Neckermann Versand, Abt. FS20, Postfach, 6000 Frankfurt 1.

Mode kommt von Neckermann.

Texterin: Fredrika Gers, Grafikerin: Ute Bode. Oben: Texterin: Fredrika Gers

Wenn ich das Gefühl hätte, ich werde benachteiligt, weil ich einen Busen habe, würde ich sofort kündigen. Daran, daß ich noch da bin, sieht man also, daß ich mich nicht benachteiligt fühle.

Das einzige, was mich ärgert, ist, daß die Sekretärinnen oder Teamassistentinnen für mich offensichtlich weniger gern schreiben oder sonstige Sachen erledigen als für männliche Kollegen.

Ich arbeite nicht besonders gern für typisch weibliche Produkte, weil mir von Slipeinlagen auf dem Schreibtisch der Appetit vergeht und mir Kampagnen für dekorative Kosmetik einfach zu dekorativ sind.

Das Weichspüler-Problem hatte ich bis jetzt noch nicht.

Einmal hat meine erste Agentur für einen Modehersteller eine Plakat-Kampagne mit nackten Frauen gemacht. Ich war dagegen. Nicht, weil ich etwas gegen nackte Frauen in der Werbung habe, sondern weil ich meinte, daß es für das Produkt nicht gut sein würde. War es auch nicht. Die Händler haben beim Hersteller angerufen und haben gefragt, ob die neue Kollektion so schlecht sei, daß man sie nicht mal mehr zeigen könnte.

Was ich schon gemacht habe, waren Anzeigen und Funkspots für die Frauenzeitschrift FürSie und Anzeigen, Funkspots, Fernseh- und Kinowerbung für die Belmondo-Schuhe von Görtz. FürSie war eher langweilig, aber trotzdem ein recht angenehmes Arbeiten. Belmondo war toll. Das lag aber nicht so sehr am Produkt, sondern vielmehr an der Agentur.

Darum:

Kuß an die betreffenden Herren. Obwohl das hier ein Frauenbuch ist und obwohl sie vergessen haben, mich bei den vom ADC ausgezeichneten Panasonic- und Neckermann-Anzeigen als Texter mit zu nennen.

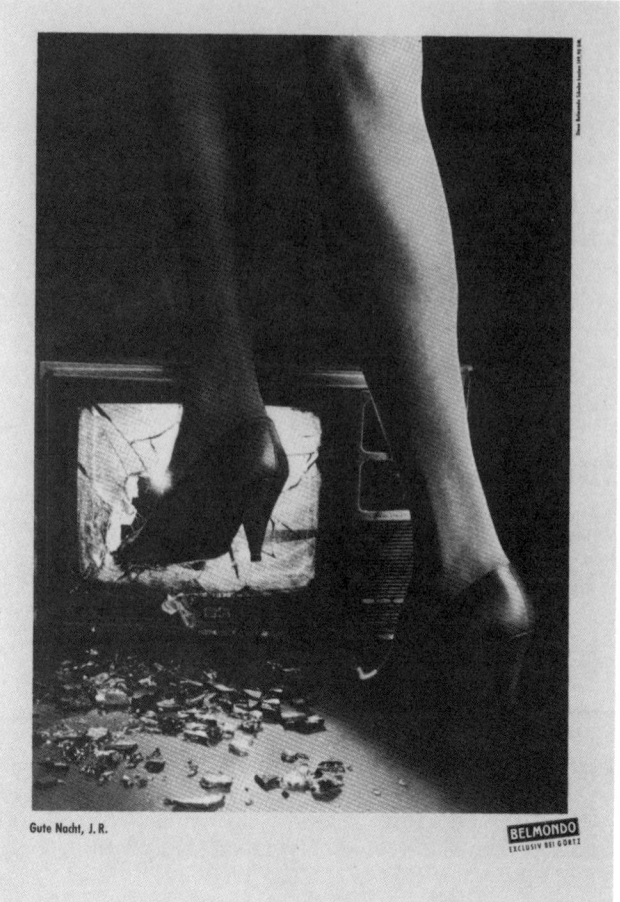

Gute Nacht, J. R.

Texterin: Fredrika Gers, Grafikerin: Sabine Schulze

TABU

Was Frauen im Bett tun und lassen. Und wovon sie nur zu träumen wagen. Jetzt in Petra.

petra

Texterin: Fredrika Gers, Grafikerin: Sabine Schulze

Werbefilm
Belmondo-Schuhe
Texterin:
Fredrika Gers

(Musik: Spellbound)

Bankräuber, brüllt:
Überfall, Hände hoch!

Bankräuber:
Los, Geld her!

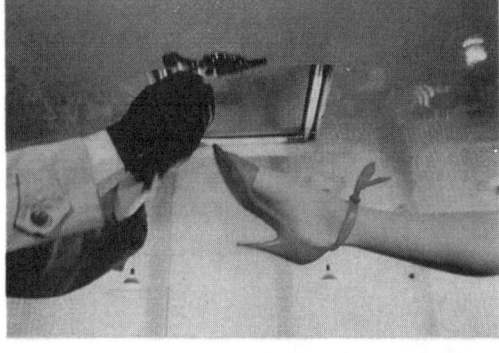

Off:
Belmondo Schuhe.
Jetzt exklusiv bei Görtz.

Anna
27, Kontakterin

Die vielfältigen Funktionen einer Kontakterin

Ein gutes Jahr habe ich als Kontakterin in einer Berliner Werbeagentur gearbeitet. Hätte mir jemand vor einigen Jahren, inzwischen bin ich 27, einen Job in der Werbebranche prophezeit, ich hätte ihn lediglich ungläubig belächelt. Denn mit Werbung hatte ich nichts zu tun, abgesehen davon, daß ich sie konsumierte.

Nach meiner Ausbildung zur Sozialpädagogin schloß ich ein Zweitstudium an: den „Modellversuch Öffentlichkeitsarbeit" an der FU Berlin. Anschließend jobbte ich beim Deutschen Entwicklungsdienst, dort hatte ich mein Praktikum – meine erste PR-Aktion – gemacht. Da es für mich keine adäquate Stelle in der Presse- oder Werbeabteilung gab, kam mir der Tip einer freien Stelle in einer Werbeagentur wie gerufen. Ich bewarb mich und fing direkt einige Tage später dort an, zunächst als Kontaktassistentin, später übernahm ich eine eigene Kundengruppe.

Inzwischen in Westdeutschland, arbeite ich zur Zeit als freie Mitarbeiterin. Auf der Suche nach einem festen Job schließe ich auch eine Werbeagentur nicht aus. Trotz meiner im Anschluß beschriebenen zwiespältigen und teilweise recht schlechten Erfahrungen mit der männlich dominierten Werbebranche.

Mein Beitrag gibt nicht die Summe meiner Erfahrungen in der Werbeagentur wieder, er befaßt sich ausschließlich mit meinen Schwierigkeiten als weibliche Kontakterin im männlich bstimmten Umfeld. Er ist eine subjektive Schilderung meines erlebten Berufsalltages.

Das „Anforderungsprofil" an einen Kontakter

Die offen formulierten Ansprüche an eine „Kontaktpersönlichkeit" unterscheiden nicht zwischen Männern und Frauen. Verlangte Eigenschaften sind: Sachkompetenz, Durchsetzungsvermögen, ein angenehmes, den Ansprüchen der Kunden adäquates Erscheinungsbild, eine überzeugende Rhetorik, Charme, Menschenkenntnis, sicheres und verbindliches Auftreten, Verhandlungsgeschick.

Man könnte dieser Liste der erwarteten Fähigkeiten sicherlich noch viele hinzufügen. Nur: Schlagwörter zeichnen zwar ein gewisses „Anforderungsprofil", sie erfassen und beschreiben aber nicht den Berufsalltag eines Kontakters. Daher möchte ich einleitend eine Kurzbeschreibung der Funktionen eines Kontakters geben, die sowohl für meine männlichen Kollegen, als auch für mich maßgebend waren / sind:

∗ Der Kontakter ist ein *Vermittler*: Er stellt die Verbindung zwischen den Erfordernissen, Ansprüchen und Wünschen der Kunden einerseits und den internen Abteilungen einer Werbeagentur andererseits her: den Textern und Konzeptionern, der Grafik, der Media-Abteilung, den Produktionern und der Geschäftsleitung;

∗ Der Kontakter ist ein „*Brief- oder Pappenträger*": Er stellt die in der Agentur erarbeiteten Ergebnisse dem Kunden vor, egal, ob es sich um Konzeption, Text, Grafik oder bereits fertiggestellte Werbemittel handelt;

∗ Der Kontakter ist der *Interessenvertreter* beider Seiten: des Kunden als auch der Agentur. Und das auf den verschiedensten Ebenen. Vernachlässigt er die Interessen des Kunden, beispielsweise indem er vom Kunden geäußerte Vorschläge aus werbewirksamen Gesichtspunkten nicht berücksichtigt, riskiert er Unzufriedenheit oder gar Ablehnung seiner vorgeschlagenen Maßnahmen. Richtet er andererseits sein Briefing an die Grafik, die Texter etc. zu sehr an den Bedürfnissen seines Kunden aus, beschneidet er die Kompetenz seiner Kollegen. Darüber hinaus vertritt er in erster Linie die ökonomischen Interessen seines Arbeitgebers, darf aber die ökonomischen Gegebenheiten seines Kunden nicht aus den Augen verlieren.

∗ Der Kontakter ist ein „*Kontrolleur*": Er überwacht die von ihm in Auftrag gegebenen Arbeiten, sowohl agenturintern, als auch agenturextern. Die Kontrollfunktion umfaßt sowohl die inhaltlich-kreativen, als auch die betriebswirtschaftlichen Aspekte einer Werbemaßnahme;

∗ Der Kontakter ist ein *Organisator*: Von der Konzeption bis zur fertigen Kampagne ist es ein weiter Weg. Er ist für die reibungslose, termingerechte Fertigstellung der Werbemaßnahme sowohl gegenüber dem Kunden als auch gegenüber der Geschäftsleitung verantwortlich.

Die vielfältigen Funktionen eines Kontakters, wobei ich sicherlich die eine oder andere vernachlässigt habe, haben eines gemeinsam: sie schaffen ausreichend Konfliktpotential. Kontakter sitzen zwischen den verschiedensten Stühlen, stets darum bemüht, nicht hindurchzufallen. Ihre Funktionen stehen häufig im Widerspruch zueinander, sie miteinander zu verbinden macht die ‚Kunst' eines Kontakters aus.

Soweit zum Berufsbild eines Kontakters.

Die heimlichen Ansprüche

„Sie sehen heute wieder so frisch und hübsch aus. Schade, daß ich inzwischen verheiratet bin."

„Spätestens mit 30 muß eine Frau in festen Händen sein, wenn sie bestimmte Ansprüche hat. Sonst ist sie für die Männer uninteressant."

„Diese Frisur steht Ihnen aber nicht!"

„Aber Ihr Rock gefällt mir nicht. Der ist ja aus den 50er Jahren!"

„Toll sehen Sie heut' aus. Gehen wir irgendwann zusammen aus?"

„Sie sehen heute so müde aus. Hatten wohl eine lange Nacht?!"

Die Blicke wanderten meinen Körper hinunter und wieder 'rauf. Dann folgte die Beurteilung meines heutigen „Zustandes". Fiel diese positiv aus, verlief das sich anschließende Sachgespräch in einer halbwegs erträglichen Atmosphäre. So erhoffte ich es mir jedenfalls, wenn ich nach tiefem Durchatmen das Geschäft meines schwierigsten Kunden betrat. Nicht ohne jedesmal aufs neue die Schizophrenie dieser Rolle bewußt zu erleben.

Plumpe und direkte Anmache von Männern auf der Straße, im Urlaub, im Lokal – welche Frau kennt sie nicht? Sich den Maßstäben, der Beurteilung, dem Begehren von Männern ausgesetzt zu fühlen, ohne Anrecht auf die eigene Wahl dieser Situation: dieses Gefühl hat mich schon immer hilflos und wütend gemacht. Im Laufe meines Frauenlebens erprobte ich verschiedene Strategien der Gegenwehr, mal mehr, mal weniger erfolgreich. Mich daran gewöhnen

Das Frauenbild der Werbung beeinflußt auch die Anforderungen der Werbekunden an weibliche Mitarbeiter der Agenturen

konnte ich nie, aber ich war in der Lage, diesen Situationen auszuweichen oder sie auch aggressiv zu bewältigen. Hier konnte ich das nicht. Im Gegenteil, ich war der Begutachtung ausgeliefert und gleichzeitig am Ergebnis beteiligt.

Sachkompetenz und gute Beratung waren bei einem nicht gefragt, denn die besaß er seiner Meinung nach lediglich allein. Er degradierte seine Mitarbeiter (alle männlich) ebenso wie mich zu Befehlsempfängern und Zuarbeitern, seine Launen waren allseits gefürchtet. Das war in der Agentur jedem bekannt. Daher fiel die Wahl des Kontakters bisher auch jeweils auf eine Frau. Sie soll die Wogen glätten, seinen Stimmungen ihre weibliche Erscheinung entgegensetzen, lächeln, schmeicheln, vermitteln. Ihre Weiblichkeit instrumentalisieren und als Waffen benutzen: eine der verborgenen, nicht offenen verbalisierten Funktionen einer weiblichen Kontakterin.

Und nicht zuletzt: Frauen kann man einen solchen „Charakter" eher zumuten, sie sind es gewohnt, duldsam zu sein. Männer trifft eine solche Behandlung an dem empfindlichen Nerv ihrer Männlichkeit. Die Gefahr von Konflikten wäre vorprogrammiert, und der Verlust des Kunden langfristig nicht auszuschließen.

Spielregeln

Nachmittags in der Agentur: ich werde zunehmend nervöser. Drei Männer, eine Frau, so wird die Konstellation beim nächsten Termin und dem sich anschließenden Abendessen sein. Die Herren, Ansprechpartner in Sachen Werbung einer großen Firma, kommen ins Haus. Der eine,

guter Bekannter meines Chefs, der ihn zum „schönsten Kunden" gekürt hat und heute abend dabei sein wird, pflegt sein Image als – natürlich anspruchsvoller – Schürzenjäger. Ungeniert mustert er bei jedem Termin sämtliche weiblichen Mitarbeiter der Agentur. Er hält sich für unwiderstehlich. Sein Kollege ist ein sympathischer Mann, natürlich und offen, ohne Mähnerallüren.

Entgegen meinem Wissen, daß weibliche Kleidung mit einem guten Schuß Erotik für diesen Abend erwartet wird, habe ich mich für ein konservatives Kleid entschieden. Ich möchte nicht wieder von vornherein bestimmten männlichen Ansprüchen entsprechen, nehme ich mir für diesen Abend vor.

In der Agentur werden bereits zwei Flaschen Sekt geleert, und ich breche einen meiner guten Vorsätze für diesen Abend: nüchtern bleiben, sonst könntest du deine Kontrolle verlieren. Leicht beschwipst fahren wir ins Restaurant, und ich werde zwischen die drei Männer plaziert, einer links, der andere rechts von mir, der dritte gegenüber. Leichte Panik überfällt mich. Wie soll ich meine Aufmerksamkeit „gerecht" verteilen, ausreichend Blickkontakt zu allen halten, daß sich niemand zurückgesetzt fühlt? Jeder von ihnen erwartet seine „Streicheleinheiten", und es ist meine Rolle aufzupassen, daß keiner den Triumph davonträgt. Entsetzt stelle ich fest, daß ich schon wieder mitten drin stecke im Mann-Frau-Debakel.

Ich sorge mich um das Wohl männlicher Eitelkeit und vernachlässige mein eigenes Wohlbefinden. Ich bemühe mich um eine ausgewogene Verteilung meiner Zuwendung, obwohl ich eindeutige Sympathien hege. Dafür

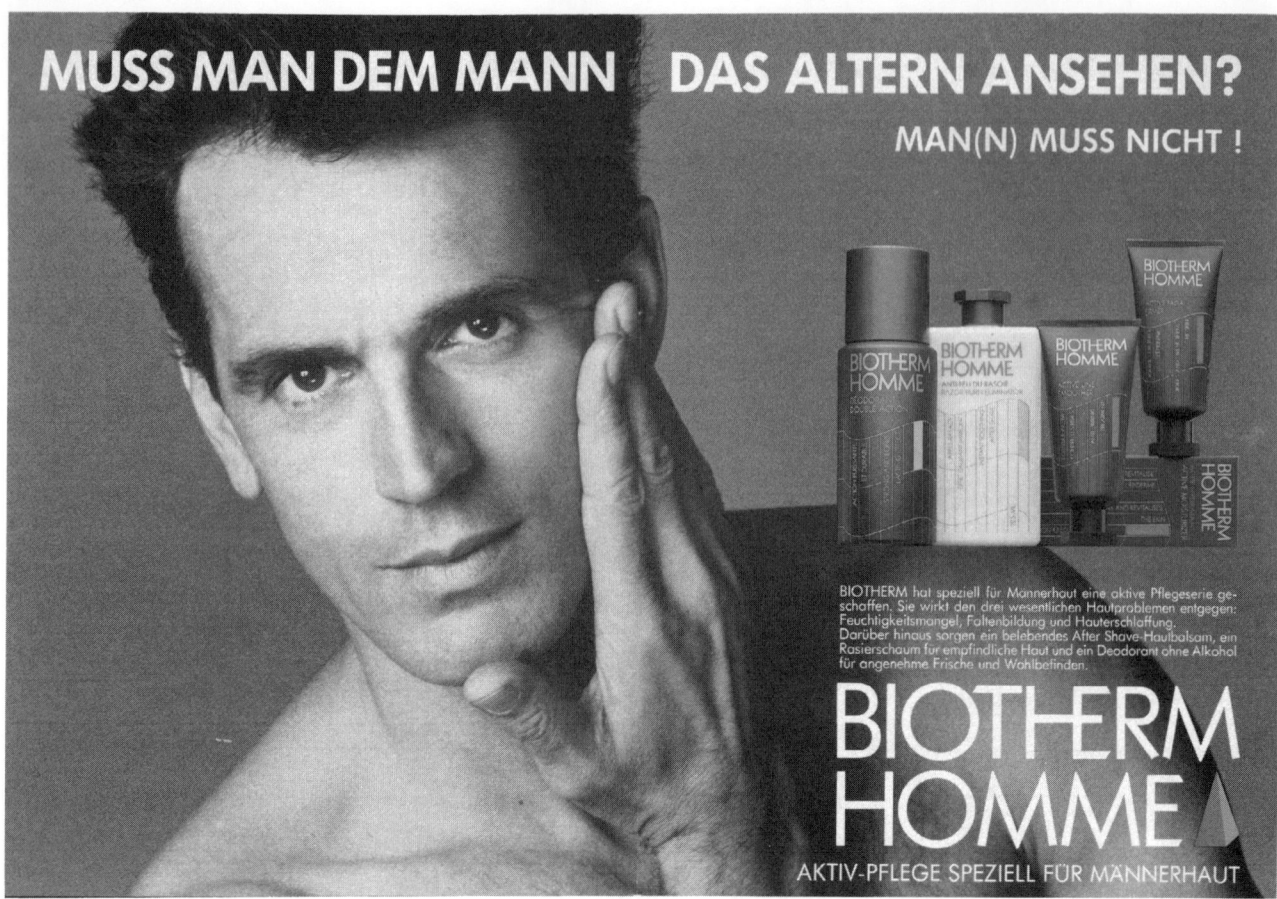

Anforderungen, die üblicherweise nur an Frauen gestellt werden …

nehme ich artig die mir gewährten Komplimente der Teilnehmer entgegen, wie gut ich das zur Zeit laufende Projekt im Griff hätte, wie umkompliziert die Zusammenarbeit mit mir sei etc. Das mir gewährte Lob geht übrigens auf Kosten meiner Vorgängerin, die seinerzeit allseits hoch im Kurs stand.

Während so die erste Stunde des Abends vergeht, verändert sich die Szenerie im Laufe des weiteren Abends. Mein Chef zieht mich, nicht zum ersten Mal, in eine seiner Lieblingsdiskussionen: wie führe ich meine Mitarbeiter? Er läßt sich über die Unfähigkeit des einen oder anderen aus, stöhnt über unsere „am Minimum orientierten Ansprüche", zählt Pannen und Versäumnisse auf und verteilt herbe Seitenhiebe. Wir geraten in eine heftige Auseinandersetzung. Ich schildere – nicht nur meinen – bisweilen schwierigen Berufsalltag, beschreibe die Schwierigkeiten der Vereinbarkeit aller – anfangs beschriebenen – Funktionen eines Kontakters an konkreten Beispielen, vergeblich. Wir reden mal wieder aneinander vorbei.

Dennoch halte ich mich anfänglich an die Spielregeln: argumentieren, um meine Standpunkte klarzumachen und durchzusetzen, schmeicheln und flirten, um zu entschärfen und ihn zu bestätigen. Ich bilde mir sogar ein, meinen „Geschlechtsrabatt" positiv nutzen zu können. Streicheleinheiten von Männern, die ich im Grunde genommen ablehne, von denen ich aber abhängig bin. Konfliktscheu aus Furcht, Anerkennung und Bewunderung zu verlieren, oder realistische Einschätzung der vorhandenen Machtstrukturen?

Die Diskussion wird zunehmend kontroverser. Gleichzeitig wird mir die Unmöglichkeit der Situation bewußt: der Chef streitet mit seiner Angestellten vor seinen Gästen, seinen und meinen Kunden. Diese sind bereits peinlich berührt. Ich versuche das Thema zu beenden. Umsonst! Anscheinend habe ich ihn zu sehr provoziert, die Spielregeln verletzt. Und, so empfinde ich es in diesen Momenten, neue Regeln werden aufgestellt: Er gibt den Ring frei zum Kampf mit einem Gewinner und einem Verlierer. Meine mir anfänglich zugeschriebene Kompetenz wird von ihm angezweifelt, er attestiert mir die Intelligenz einer Sonderschülerin, die nicht in der Lage sei, den Anforderungen und Sachzwängen einer Werbeagentur zu genügen. Die Sachebene haben wir längst verlassen, jetzt geht es darum, die Persönlichkeit des anderen zu verletzen. Und ich fühle mich zunehmend hilfloser mit einer gleichzeitig ohnmächtigen Wut.

Eine kurze Atempause, während wir das Lokal wechseln. Dort geht es in die letzte Runde. Ich bin unfähig, mich gegen die bösartigen Angriffe zur Wehr zu setzen, zurückzuschlagen. Kurz bevor ich vollkommen die Kontrolle verliere, verlasse ich fluchtartig das Lokal. Ich erlebe das Gefühl einer völligen Niederlage.

Das Scheitern der Gratwanderung

Tagelang kam ich nicht zur Ruhe, immer wieder gingen mir Sequenzen des Abends durch den Kopf. Meine Gefühle waren aufgewühlt. Später, mit etwas mehr Abstand, ließ ich ähnliche Situationen Revue passieren. Mir wurde klar, daß ich bisher nach einer mehr unbewußten als bewußten Strategie verfahren war: einer Art Balancestrategie zwischen „Emanzipation" und „Weiblichkeit", Selbständigkeit und Anpassung. Ebenfalls wurde mir klar, daß ich damit gescheitert war, scheitern mußte. Dieser ständigen Gratwanderung zwischen neuem und traditionellem Rollenbild, wobei die Wahl, wann ich welches Verhalten zeigen sollte, nicht bei mir lag, war ich nicht mehr gewachsen. Idealerweise sollte ich mich den jeweiligen Erwartungen meines männlichen Gegenübers anpassen, einem Chamäleon gleich.

Vielleicht ist es ein Weg, die „Weiblichkeit professionell einzusetzen", sie quasi tatsächlich zu instrumentalisieren. Ich habe Beispiele von Frauen erlebt, die dazu in der Lage sind und Erfolg haben.

Für mich bedeutet das eine Spaltung zwischen beruflichem Handeln und eigenem Erleben. Ich werde zur Funktionsträgerin und lasse meine Persönlichkeit einstweilen „zu Hause". Das ist für mich unmöglich. Stattdessen „lehren" mich meine Erfahrungen, zukünftig folgende Einsichten zu beherzigen:

– den Mut, Konflikte einzugehen, meinem Harmoniebedürfnis entgegenzusetzen;
– das Wissen, auch Männer „kochen nur mit Wasser", sie beherrschen aber meist besser das Prinzip „mehr Schein als Sein";
– den Mut, mich unbeliebt machen zu können und mit den Folgen umgehen zu lernen;
– die Gelassenheit, Komplimente aus der „falschen Ecke" dort einzuordnen, wo sie hingehören: Nebenschauplätze;
– das Selbstbewußtsein, nicht ständig durch äußere Einwirkung an meinen Fähigkeiten und meiner Person zu zweifeln.

In der Wirklichkeit trinken, zumindest öffentlich, mehr Männer als Frauen; zumal bei Geschäftsessen und Feierlichkeiten. In der Werbung ist das Bild genau umgekehrt: Alkohol wird bildlich mit Frauen assoziiert; Männer sind meistens überhaupt nicht anwesend oder in der Minderheit. Ausnahmen – wie hier – bestätigen die Regel.

Monika Fuchs

Werbung macht mich an

Wenn für einen Bericht über 25 Jahre Lebensabschnitt eine Überschrift gesucht wird, dann ist Nachdenken angesagt. Aus der Repression der sechziger in die Depression der achtziger Jahre? Das liest sich nicht schlecht, es ist nicht ganz falsch, also auch nicht ganz richtig. Es läßt zu, daß dazwischen Begeisterung, Enttäuschung, Erfolg, Ernüchterung, Vergnügen und Erfahrung liegen. Ungewöhnlich ist eine solche Biographie nicht, interessant wird sie – vielleicht – durch die Fokussierung auf meinen Beruf, der, Grafik-Designerin, von dem geheim Verführenden profitiert, das allem und jedem in der Werbung das ambivalente Ansehen gibt.

Repression ist die Unterdrückung: des Mädchens allemal, im Elternhaus, in der Kleinstadtschule, in der Lehre. Befreiung aus Mief und Bürgerlichkeit verhieß das Studium von Grafik, Druck und Werbung. Meine Begeisterung dafür und der Konsumverzicht, der fortdauernd in Kauf genommen werden mußte, bildeten die Allianz, aus der sich die Illusion nährte, für etwas Besonderes ausgebildet und vorbereitet zu werden.

Mein erster Job verband sich mit dem Glück, die Illusion bestätigt zu sehen. Zwar wurde mir nicht gerade ein roter Teppich ausgerollt, aber ein grüner war es dann doch – Wiesen, darin plaziert die Firma. Ländlich, sittlich, Kühe gaben sich die Ehre. Der Eingang war ein Aufgang, marmorn, und führte vorbei am Überfluß üppig beleuchteten Grüns in eine entspannte Arbeitsatmosphäre. Beeindruk-

kend stilsicher war die Ausstattung und Möblierung des Chefbüros, Sinnbild fürs Ganze, geplant, aufgebaut, ausgewählt von Heinrich G., dem Boss, der letzte Entscheidungen, für was auch immer, stets selbst traf.

Der Erfolg der Firma waren Entwurf und Produktion von Licht- und Beleuchtungskörpern für alle Bereiche der Außenwelt. Meine Arbeit machte Spaß, sie war interessant. Das Team waren Industrial-Designer, Kaufleute, Grafik-Designer; das Ambiente war großzügig, ohne Enge; Arbeit und Jugend ließen Raum für Abschalten und fürs Gesellige.

Hier wurde Werbung nach Gutsherrenart gemacht, die, weil sie so selten ist, es wert ist, beschrieben und gewürdigt zu werden, gerade rückblickend. Sie war großzügig, unberührt von Kleinlichkeiten, ohne Nähe und ohne vorzubereiten auf die Kostendämpfungsmentalität familienbetriebener Kleinagenturen und auf die gewinnmaximierende Ausbeutung in Großagenturen.

Das Erlernte reichte für ein vergleichsweise komfortables Leben, aber wie ein richtiger Werber kam ich mir nicht vor. Freunde und Gedrucktes bestätigten das Wissen und die Ahnung von einer großen weiten Werbewelt hinter dem Dorf, nährten den unbekümmerten Drang zum Kreativen in den Agenturen, aus denen die Konsumententräume kamen. Mit dem Auszug aus dem dörflichen Paradies mußte ich anfangen, mich Stück für Stück von meinen durchaus legitimen Illusionen zu verabschieden. Um mich herum machte sich die Rezession der sechziger Jahre breit. Der Markt der großen Agenturnamen war für Neueinstellungen vorübergehend geschlossen, der Eintritt ins ganz große Agenturleben mußte verschoben werden. Es begann ein munteres Job Hopping durch die Republik, bei dem der Wechsel das einzig Beständige war. Unbedingtheit, geboren aus dem noch nicht vergessenen Gelernten und aus der ersten Erfahrung, machte es leicht, unangenehmen und engen Alltäglichkeiten in den zumeist Kleinagenturen durch Kündigung zu entfliehen.

Spaß hat das Zwischenspiel als Wander- und Gastarbeiter gemacht.

Nachzudenken begann ich darüber, als ich bei Vorstellungen nicht mehr vorrangig nach einer eventuellen Schwangerschaft, sondern immer häufiger nach der beabsichtigten Verweilzeit gefragt wurde, ein untrügliches Zeichen auch dafür, daß die Rezession vorüber war.

Diese Zeit scheint hundert Jahre zurückzuliegen, erinnerlich geblieben durch Unbeschwertheit, endlose Arbeitsnächte, das Wissen, ausgebeutet zu werden, und durch die Abwesenheit von technischen Hilfsmitteln, die heute nur noch Anachronismus bedeutet. Das alles erzeugte in meinem Kopf und in den Köpfen von Freunden und Mitbetroffenen die Idee von Selbständigkeit, eigener Agentur, Firma, in die eigene Tasche arbeiten. Doch wo der Wunsch Wirklichkeit geworden ist, erscheint diese zumeist in Gestalt eben jener Enge, der man entfliehen wollte, mit dem Unterschied, daß man sie jetzt selbst verwaltet.

Durch Heirat kam Beständigkeit, die Wechselfrequenz pendelte sich bei zwei Jahren ein. Neue Erfahrungen in mehr Agenturen kamen dazu, mit dem Erkennen, daß Großagenturen nicht notwendig durch bessere Werbung, sondern viel eher durch mehr Abwechslung interessanter sind.

Unterbrechung vom Agenturgeschäft ergab sich durch Arbeit in Werbeabteilungen von Industrieunternehmen, einer Arbeit, die bei vergleichbarer Forderung an Können und Einsatz so anders war, daß sie immer wieder Rekrea-

In Cosmopolitan: die provozierende mondäne Emanze …

… im Stern: die geheimnisvolle elegante Dame. Fotos: Helmut Newton

Diese Anzeigenserie (siehe auch Umschlag) erregte Ende 1985 größtes Aufsehen. Nur noch selten werden Menschen (Frauen!) ohne Zusammenhang zum Produkt so eindeutig als Verkaufshilfen funktionalisiert. Unbekannt ist bislang allerdings, ob die „Sanitärkollektion" ein Verkaufserfolg geworden ist.

tion und Auftanken bedeutete.

Wenn es stimmt, daß sich nur verkauft, was beworben wird, so darf doch gefragt werden, ob in der Werbung jedes Mittel recht ist, um zu verkaufen. Hier meint Mittel nicht nur Form und Inhalt dessen, was auf die Umwelt losgelassen wird, Mittel meint ausdrücklich die Benutzung von Menschen zur Herstellung von Werbung.

Mag sein, daß mit der Erkenntnis, daß Werbung nicht in erster Linie Kreativität, sondern ein zweifach gewinnorientiertes Dienstleistungsgewerbe ist, meine letzte Illusion verschwand. Aber die Einsicht, daß der Auftraggeber den Wert der Agentur und notabene des Ateliers an seiner Kosten-Nutzen-Elle mißt, einem meist fragwürdig konstruierten Maßstab, und daß für die Agentur letztlich die Bilanz Erfolg oder Mißerfolg signalisiert, nimmt mir nicht die Lust an der Arbeit: sie bewahrt mich vor der Selbsttäuschung bei der Einschätzung meiner Leistung.

Läuft ein beworbenes Produkt, ist der Kunde zufrieden, freut sich der Agenturkaufmann und bleibt doch eine immerwährende Ungewißheit. Ist es die Qualität, ist es der Preis, ist es die Distribution, ist es die Werbung, die das Produkt verkauft?

Kreativität wird – selbstverständlich – gefordert, und was verkauft, das ist kreativ. Davor liegen für das Team, das die Leistung trägt, Mühe, Knochenarbeit und auch Präsentationen, die verloren wurden, bevor ein Etat gewonnen werden konnte.

Anspannung, die ins Leere geht, Wut und Enttäuschung über ausbleibenden Erfolg sind nicht Depression. Depression kommt nicht aus dem Konkurrenzdruck, den Jugend, lässig, selbstbewußt, beeindruckend sympathisch darstellt in einer Branche, in der niedriges Lebensalter immer schon Qualitätsmerkmal genug war. Depression entsteht, wenn das nützliche Einvernehmen zwischen denen, die Werbung machen, und denen, die Bilanzen verantworten, zur einseitigen Herrschaft des spitzen Bleistifts verkommt, wenn darüber hinaus hochbezahltes Mißmanagement seine Einkommen durch den sozialen Abstieg von Menschen sichert, die ihren Anteil an Leistung zuverlässig gebracht haben.

Glaubt man dem Gerücht, dann wehrt sich ein Werber nicht gegen Kündigung. Aber Ehrpusseligkeit hilft nicht gegen eine Arbeitslosigkeit, die durch das Alter auf Dauer selbst dann zementiert wird, wenn man seinen Beruf wechseln wollte. Der Kündigungsbrief vermittelte mir Erfahrung mit dem Arbeitsamt und mit dem Arbeitsmarkt und ließ mich jede vornehme Zurückhaltung vergessen. Der Gang zum Arbeitsrichter war Gegenwehr. Der erklärt das Abschiedsschreiben der Firma zur Makulatur, die Werbung hat mich wieder, ob auf Dauer, ist für mich mehr und mehr unentschieden.

Als Frau in der Werbung? Die oberen Etagen sind, warum sollte Werbung eine Ausnahme sein, zumeist von Männern besetzt.

Da, wo Männer Kollegen sind, zählt Professionalität. Was mir guttat oder mich geärgert hat, wäre mir auch passiert oder angetan worden, wenn ich ein Mann gewesen wäre.

Frau sein in der Werbung ist Normalität.

Vera Raudzis
44, Media-Planerin

Wo bleiben wir denn letztendlich?

Werbeleute scheinen in einer Welt zu leben, in der dichtes, elastisches Haar des Lebens größte Freude ist, schweißnasse Achseln hingegen eine nicht enden wollende Bedrohung darstellen; gute Freunde scheinen nur da zu sein, um kritische Bemerkungen zu machen, und die Wahl des richtigen Tampons entscheidet über eine sorgenfreie sportliche Existenz oder ein Leben in ständiger Nervosität und Angst.

Es ist eine böse, bedrohliche Welt, in der nur wenige Hoffnungsstrahlen leuchten: die richtige Lebensversicherung etwa – oder neue Gürtelreifen.

Es ist eine Welt schrecklicher körperlicher Anstrengung, in der ganz reizende Damen lebenslänglich dazu verurteilt werden, die Blöden so zu pflegen, daß man davon essen kann; ihre Klomuscheln zu priesterlichem Weiß zu bürsten und ihre Wäsche fleckenlos rein zu waschen. Und alle sehen dabei so aus, als kämen sie gerade vom Haarkünstler und müßten sowieso gleich zum nächsten Vorstellungsgespräch.

Eine Welt, in der die Menschen, deren Vitalität nur noch durch eisenhaltige Medikamente mühevoll aufrechterhalten werden kann, aussehen, als hätten sie kaum das Wahlalter erreicht; eine Welt, in der die besteingerichtete Hausapotheke genau das Medikament vermissen läßt, das Schmerzen und Schnupfen nicht nur erträglich, sondern geradezu genußreich macht: Dann steht sie da, die schöne Seelsorgerin der Familie mit ihrem schlechten Gewissen.

Und wenn die Welt der Werbeleute gerade einmal nicht bedrohlich erscheint, dann ist sie zum Bersten voll mit diesen viel zu gesunden Menschen, die sich großartig an fernen Stränden unterhalten, und all das nur, weil sie das richtige Parfüm oder den einzig möglichen Lidschatten gewählt haben.

Da steht sie nun, die schöne Dame, beißt mit Strahlerzähnen in eine Scheibe trockenes Brot und sagt selbstzufrieden „mein Brot – das schmeckt mir". Dieser Slogan kam für eine Brotkampagne heraus, nachdem tage-, wochenlang gebrainstormt worden war. Alles, was an vernünftigen Grundgedanken gewälzt worden war, wurde sozusagen auf diesen Ausspruch heruntergekocht. „Das is' es", hieß es in den eigenen Reihen, aber kein Leser, Hörer oder Seher begriff, was das sollte. Es war's eben nicht.

Zwanzig Jahre mache ich das nun schon mit. Anfangs auf der Kundenseite: mal ging's um „alles für den gesunden Schlaf", mal um „Alkohol". Auf der Agenturseite diente ich mich hoch: von der Geschäftsleitungsassistentin über die Kontaktassistentin bis zur Kontakterin. Geschniegelt, gebügelt, mit strahlendem Lächeln und Kostüm und so.

Dann machte ich eine dreijährige Pause, in der ich als „rechte Hand" eines schwierigen Professors in einem hochkarätigen Design-Studio für viel zu wenig Geld arbeitete.

Als ich mich dann vor acht Jahren entschloß, in eine Agentur zurückzugehen, entschied ich mich für den Media-Bereich, weil mir dieser gegenüber den anderen ehrlicher, ordentlicher erschien. Trotzdem war / bin ich wieder mittendrin in dem Streß, in dem Trubel, der so gar nichts von Flitter und Glanz, sondern reine Arbeit enthält. Arbeit, die immer unter Termindruck steht. Arbeit, die man

Coca-Cola is it!

Viel zu strahlende …

… viel zu gesunde …

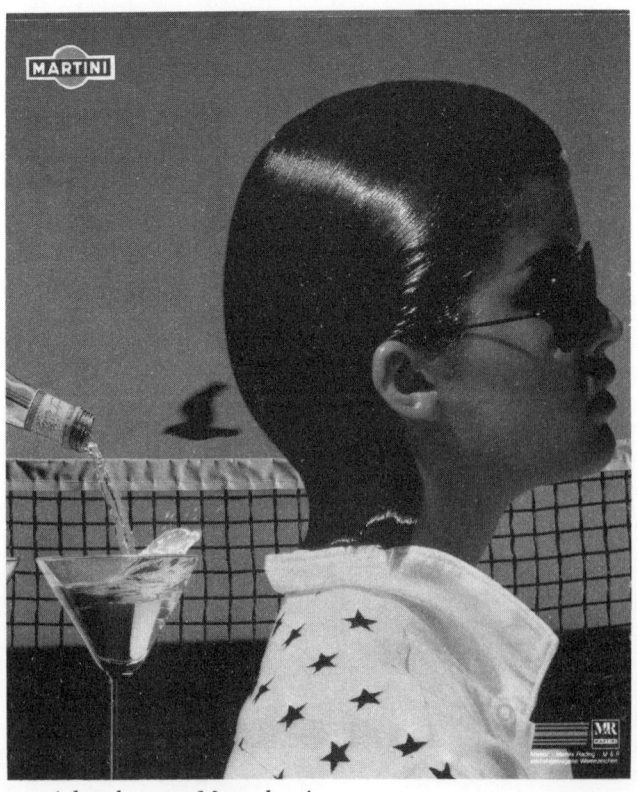

… viel zu braune Menschen!

abgibt, obwohl man genau weiß, sie hätte mit ein bißl mehr Zeit weitaus besser ausfallen können. Arbeit, die man noch nebenbei aufgehalst gekommt, weil die schnuckelige junge Sekretärin, die dafür eigentlich zuständig wäre, für drei Stunden mit dem Agenturinhaber zum Essen verschwindet.

Wo stehen wir denn, wir „gestandenen" Werbefrauen über vierzig in den Agenturen? Wo bleiben wir denn letztendlich? Nachdem wir keine Lust mehr haben, unsere Abende mit Rotwein oder einem modischen Gesöff in der Agentur zu verbringen bei Worten, die wir hunderte Male gehört und durchgekaut haben; wo wir mit ansehen, wie Agenturinhaber, die auch schon in die Jahre gekommen sind, verzückt vor dem bunten Strich einer für sie hinreißenden 24jährigen Grafikerin stehen und sich so benehmen, als gäbe es die Ehefrau mit den zwei halbwegs erwachsenen Kindern zuhause gar nicht.

Ja, wo bleiben wir denn wirklich letztendlich? Wir Frauen mit vierzig? Nachdem wir jahrelang mitgemacht, nachgedacht und auch unsere Erfolge hatten. Wir kennen das Metier, die Kniffe, sind aber keine zwanzig mehr, wie es so gern in Agenturen bei Mitarbeiterinnen gesehen wird. Was wird?

Die fröhliche Hausfrau

Gefiedertes von Regina Schrecker.
Beflügeltes von Bi.

Bi

Werbeleiterin: Helga Kötz, Grafikerin: Petra Prem

Renate M.
Sekretärin

Liegt wirklich so viel vom Selbstbewußtsein der Frau in der Hose?

Nie hätte ich gedacht, in der Werbung zu landen, nachdem ich mich für den Beruf des Industriekaufmanns (Kauffrau gab's 1957 noch nicht) entschieden hatte.

Doch in meinem letzten „Industrie-Verhältnis" war ich in einer Werbeabteilung tätig. Werbung bedeutete dort nichts anderes als Direktwerbung. Doch bei mir weckte es das Verlangen, die Werbung direkt kennenzulernen. So schickte ich mal einfach so – 1969 war's – eine Be*Werbung* an eine Agentur raus – es klappte!

Und dann war sie da, die Glitzerwelt der Werbung, die große Agentur, die tollen Typen, die Künstler oder die, die meinten, welche zu sein. Locker ging's zu, der Ton, der Umgang miteinander, die langen Abende, die oft in der Kneipe endeten. Konservativ wollte ich nicht erscheinen – ich machte also mit, gab mich locker, ließ mich „anmachen", warum eigentlich nicht? „Jung, dynamisch, ein bißchen verrückt" war die Devise. Dergleichen war auch mein erster Chef, der sich zum Beispiel aus lauter Übermut mal eben so auf den Schreibtisch stellte und mir von oben herab einen Geschäftsbrief diktierte. Der Brief war auf jeden Fall solide.

Oder wer hat es nicht gern, mal die prickelnde Luft in einem Werbefotografen-Atelier zu schnuppern. Und wenn's nur als kleines Modell zu irgendwelchen Layoutzwecken ist. Da fährt man ab, kommt sich in die große weite Welt der Peter Stuyvesant versetzt vor.

Und rings um mich herum, da wurden die Füße auf den Tisch gelegt, ich tat, als wäre es selbstverständlich, da gab's Leute (auch Frauen), die laut rülpsten – einfach so, als menschliches Bedürfnis, als Zeichen von Selbstverwirklichung oder auch nur als Zeiterscheinung. Ich ekelte mich innerlich und lächelte äußerlich.

Doch genug der Nebensächlichkeiten. natürlich gab es viel Positives, viel wirklich Motivierendes. Es machte einfach Spaß, in einer Agentur zu arbeiten, und von Freunden und Bekannten wurde es im Allgemeinen stets als etwas Interessantes empfunden.

Das bestätigte auch meine langjährige Mitarbeit innerhalb unserer Abteilung Marktforschung, deren Leiter übrigens eine Frau war. Leute, die zu Interviews kamen oder zu Gruppendiskussionen eingeladen wurden, fanden es meist sehr spannend und nahmen die Sache immer verdammt ernst, was sie ja auch sein sollte. Egal, ob es um Joghurt, Windeln, Duftwässerchen oder Bockwürste ging. Da kamen Hausfrauen, Rentner oder im Beruf stehende Frauen und Männer und auch Studenten – und alle gaben ihren „Senf" dazu. Das banalste Thema wurde zum Mittelpunkt und zum wichtigsten Ding der Welt. Nach Inkasso der ausgelobten Aufwandsentschädigung kam dann meist Freude auf.

Allgemein noch etwas zum Thema „Frau als Objekt" in der Werbung: Was heißt Objekt, es gibt schöne und interessante Objekte. Solange Frau / Weiblichkeit zum Produkt der Werbung passen – ich denke da z.B. an schöne Beine für die Strumpfwerbung –, hab' ich nichts dagegen einzuwenden. Auf die Darstellung der Frau in der Werbung allein kommt es an. Was soll's überhaupt, ich bin für Weiblichkeit, ich stehe meine Frau! Für mich ist der Anblick von Frauen in Schlamperhosen, Baseballschuhen oder Clogs mit undefinierbarem Overall entsetzlich, ja oft abstoßend. So könnten Frauen in der Werbung bestimmt nicht zur Kaufentscheidung beitragen. Doch bitte nicht gleich das Gegentel denken. Man muß nicht unbedingt die Strapse unterm Minirock sehen.

Wenn schon auf deutschen Straßen (im Gegensatz zum Ausland) der Anblick von nett aussehenden weiblichen Wesen selten geworden ist und Hosen speziell bei jungen Frauen dominieren, dann sollten sie wenigstens in der Werbung Frauen sein, weiblich sein. Liegt wirklich so viel vom Selbstbewußtsein der Frau in der Hose?

Wie gesagt, auf das Zusammenspiel von Idee, Produkt und Darstellung der Frau kommt es an. Sie sollte natürlich dem Leben bzw. dem Motiv entsprechend wirken. Nicht dümmlich, nicht naiv, nicht billig zur Schau gestellt werden. Es ist nicht einzusehen, daß zum Beispiel für Wasch- und Putzmittel ewig nur die Frau herhalten muß, da würde ich sagen: Laßt doch mal den Mann ans Klo und laßt ihn scheuern mit XY! Schlankheitskuren und ihre Ergebnisse werden auch meist von Frauen dargestellt. Könnte nicht genauso gut mal ein Mann, der es sich oft und ungeniert erlaubt, seinen Bauch über der Hose zu tragen, Modell stehen?

Was ist eigentlich dran an der Besonderheit, in einer Agentur zu arbeiten? Ist es die Schnellebigkeit, das Up-to-date-sein-Müssen, das Quirlige, das Hektische? Sind es die Leute, die aufgeschlossen, voller Ideen sind, manchmal etwas abseits der Normalbürger – sofern diese überhaupt genau zu definieren sind? Letzen Endes wird auch in einer Werbeagentur nur Brot gebacken, werden Leistungen verlangt, und dann glitzert nichts mehr.

Fazit: Sollte ich den Job mal wechseln, weil man sich ja immer schlecht vorstellen kann, vom Agenturleben „auf

Rente" zu gehen – obwohl wir das bei uns schon hatten: Ich weiß eines ganz genau, in die Werbung geh' ich nicht mehr, die Industrie hat sicher auch ganz Reizvolles zu bieten. Und die Frage nach dem Sinnvollen in der Arbeit läßt sich vielleicht dort noch leichter und klarer beantworten.

Wenn Ihr neues Wollkleid Ihnen sehr lange Freude machen soll: *Der Bauknecht wäscht's.*

In der deutschen Werbung überaus selten: Männer im Haushalt

45

Dr. A. F.

Wie man Katzen lieben, Schwiegermütter hassen und Zigaretten bewerben kann ...

Geschichte einer Werbestrategin in elf Kapiteln
Interview von Heide Wohlers

Dr. A. F. ist „Strategische Planerin" in einer der größten Werbeagenturen Deutschlands, das heißt, sie denkt sich aus, wie und warum ein Produkt nur so (wie sie es sich ausdenkt) und nicht anders an die Frau oder den Mann gebracht werden muß.

Dr. A. F. ist Psychologin, Anfang 40, überaus attraktiv, gut gestylt, klug, anspruchsvoll auch in ihrer Sprache. 1978 schrieb sie eine Dissertation zur „Erlangung der Würde des Doktors der Philosophie an der Universität Hamburg", Thema: „Semantische Strategien in der Werbung und ihre pragmatische Bedeutung". Dr. A. F. liebt Katzen, fährt einen BMW und lebt in einer Wohnung, die „Schöner Wohnen" alle Ehre machen würde.

Von sich selbst sagt sie, daß sie nicht gern Verantwortung trägt, aber gern welche hat. An Mangel daran kann sie sich während ihres zehn- bis vierzehnstündigen Arbeitstages nicht beklagen, obwohl die promovierte Psychologin der Ansicht ist, daß ein Mensch „effektiv nur vier Stunden am Tag arbeiten kann".

Es ist ein Tag wie viele andere. Frau Dr. A. F. hat eine dicke Marktforschungs-Untersuchung auf dem Schreibtisch. Es geht um ein altes Produkt, für das ein neues Image gefunden werden soll. Nehmen wir mal an, das Produkt heißt „Zauberkreuz" und könnte ein BH sein. Frau Dr. A. F. muß solche Untersuchungen lesen, um daraus Werbestrategien zu entwickeln. Über eine solche Marktforschungs-Untersuchung hat sie sich mal besonders geärgert ...

Wie Frau Dr. A. F. sich noch Jahre später über ein Marktforschungs-Institut ärgert. Oder: Der Gang zu den Müttern.

... weil das ein Institut war, daß blähvogelmäßig mit psychologistischer Guruhaftigkeit den letzten psychoanalytischen Scheiß verkaufte. Und das Schlimmste: Je absurder deren interpretatorische Purzelbäume waren, desto williger fraßen ihnen die Kunden aus der Hand.

Was hatten die denn da für Weisheiten festgestellt zu dem Produkt und wie es verkauft werden sollte?

Die hatten festgestellt, daß die Haut so das mütterliche Liebessinnesorgan ist und daß dieses mütterliche Liebessinnorgan der Frau (weil es ja mütterlich ist!) nur der Frau eigen ist und nicht dem Mann. Und daß schöne Haut gleichbedeutend ist mit Kinderkriegen. Die Haut als so eine Art Ersatzbaby. Und wer schöne Haut haben will, der signalisiert damit sein Bedürfnis, Mutter werden zu wollen. Das lag ungefähr auf demselben finsteren tiefenpsychologischen Niveau wie die Behauptung, daß Frauen, die einen selbstgebackenen Kuchen in den Ofen schieben, dadurch ihrem unbewußten Wunsch nach Ausfüllung ihres eigenen Bauches mit einem Kind Ausdruck geben.

Und das sollte dann auch in der Kampagne verkauft werden als Argumentation?

Das war die Vorstellung des Kunden, diesen Zahn haben wir ihm allerdings gezogen.

Was haben Sie dem Kunden dann statt dessen eingeredet?

Wir haben dem Kunden nichts eingeredet, sondern ausgeredet. Wir haben dem Kunden das Institut ausgeredet. Wir haben gesagt, wenn man schon solche tiefenpsychologischen Untersuchungsmethoden einsetzt – gegen die ich im Prinzip überhaupt nichts habe – muß man sich wenigstens ein bißchen Disziplin bei der Interpretation auferlegen und keinen Rohrschachtest daraus machen. Sicherlich hatte dieses Produkt, um das es da ging (eine Sonnenschutz-Serie), auch eine absolut weibliche Image-Komponente, die durchaus in Richtung erotisch ging, aber was da an sexuell verqueren und voyeuristischen Phantasien durch die ganze Interpretation waberte, das ging entschieden zu weit. Das waren eher die Obsessionen eines sabbernden Peep-Show-Abonnenten als die Erkenntnisse eines seriösen Forschers. Und das hat uns in unserer Arbeit eher behindert als inspiriert.

Also man hätte diese Studie gar nicht zu machen brauchen, um der Marke irgendein Image zu geben?

Diese jedenfalls nicht.

Aber das ist doch oft so in der Werbung? Daß da unendlich Gelder für solche Studien ausgegeben werden, und dann machen die Praktiker in den Agenturen doch daraus, was sie wollen.

Die Praktiker würden zwar gerne das daraus machen, was sie wollen, aber der Kunde läßt es meistens nicht zu. Denn der Kunde ist unsicher, und in diesem Metier hat Marktforschung in der Regel nur Alibi-Funktion. Es ist eine Art Entscheidungsgötze, anstatt das zu sein, was es sein sollte, nämlich eine Entscheidungshilfe. Bei den meisten Tests und Marktforschungs-Untersuchungen, die so veranstaltet werden, könnte ich prognostizieren, was rauskommt.

Was sind denn das für Menschen oder Männer auf der Kundenseite, die entscheiden, was mit solchen Studien passiert? Verstehen die das überhaupt?

In diesem Falle hatte ich das Gefühl, sie verstehen es

nicht. Sie können es auch gar nicht verstehen. Denn – um den Humbug und die Scharlatanerie und dieses psychologisierende Nebelwerfertum zu durchschauen, muß man mit dem methodischen Arsenal einigermaßen vertraut sein. Und dafür muß man eigentlich Psychologie oder etwas ähnliches studiert haben. Und das haben die Leute auf der Kundenseite in der Regel nicht. Das sind Betriebswirte, von denen wir wissen, daß sie sowieso die Dümmsten sind. Dann sind es Diplom-Agronomen, die eher hinter den Pflug oder in die Baumschule gehören als ins Produkt-Management von so einem Unternehmen. In diesem Fall waren es Leute, die sich gerne verführen lassen. Die gerne glauben wollen, daß es hinter ihrer öden Welt des Machbaren, Faßbaren, des Faktischen und des rational Begreifbaren noch so eine schillernde Tiefendimension gibt, wo es dann geheimnisvoll in die Kellergewölbe der Seele abdriftet und wo nur diplomierte Seelenforscher den Zutritt haben.

Also, wo dann die geheimen Verführer wirken können auf so einer tiefenpsychologischen, unbewußten Ebene. Das glauben die immer noch – ja?

Manche ja! Die Pragmatischen allerdings nicht. Diejenigen, die genügend Erfahrungsjahre auf dem Buckel haben, wissen, wie wenig von all dem sich wirklich realisieren läßt. Und da kommen wir auch schon zu meinem heimlichen Werber-Traum. Mein Traum ist nämlich, mal ein Experiment zu machen – mit einer Experimentalgruppe und einer Kontrollgruppe. Die Experimentalgruppe ist ein Gestaltungsteam, das mit allen Daten gefüttert wird, alle Untersuchungen kriegt, eine Gruppe, die wirklich auf die bestmögliche Weise gebrieft wird und alle Informationen gekommt, während die andere Gruppe eine Gruppe ist, zu der man nur sagt: „Hört zu, es geht um das und das Produkt, das leistet das und das, hat den und den Vorteil, die und die Leute sollen das Zeug kaufen, und diese Leute sehen so und so aus. Mehr braucht Ihr nicht zu wissen, nun macht mal." Und dann bin ich gespannt auf den Unterschied. Ich glaube, der wäre zu vernachlässigen.

Wieviel Geld kosten denn solche Studien überhaupt?

Also, wenn sie von einem guten Institut gemacht wor-

den wäre, dann bestimmt um die 100 000 Mark. Aber besagte Studie war sicherlich billiger. Und auch das war noch zu teuer. Denn wert war sie absolut nichts. Ab in den Papierkorb.

Sie sind ja sogar heute noch richtig ärgerlich über diese Untersuchung?

Ja.

Warum? Nur weil das methodisch nicht in Ordnung war? Oder ...

Weil es in keiner Hinsicht in Ordnung war. Weil ich ungefähr einen Tag brauchte, um überhaupt die Anlage dieser Untersuchung zu begreifen. Da ging alles durcheinander: Die Untersuchungsebenen gingen durcheinander, die Methoden gingen durcheinander. Von den Tabellen, Sätzen und Interpretationsrichtungen ganz zu schweigen. Die gingen erst recht durcheinander. Noch nicht einmal ein Inhaltsverzeichnis gab es! Ich wußte überhaupt nicht, was los war.

Aber Sie mußten sie lesen, Sie hätten sie nicht gleich wegschmeißen können?

Jawohl, ich mußte sie lesen. Ich habe auch jemandem mein Leid geklagt, der dieses Institut schon länger kannte, und der sagte: „Absolut verwirrte Geister."

Wie Frau Dr. A. F. ein Produkt lieben und verkaufen lernt.
Zum Beispiel: Eis in Gummischläuchen.
Oder: Wie die Daseinsberechtigung von Produkten und Produktverkäufern per Tests und Taktik nachgewiesen wird.

... in so Gummipräservativen, mit eingefärbtem Süßwasser gefüllt, das die Frau zu Hause in den Kühlschrank legen konnte und immer so 'ne Stange Eis, haha, für ihre Kinder parat hatte, und darüber habe ich einen Untersuchungsbericht geschrieben.

In welcher Weise, was sollte mit diesem Produkt geschehen?

Verkauft werden sollte es, wie alle Produkte.

Sie sollten doch wohl rauskriegen, welcher Markt dafür da ist?

Ich glaube, bei dieser Untersuchung ging es vordergründig nur um die Akzeptanz des Produktes. Es war also ein Produkttest bei Kindern, und die Kinder waren also von diesem Produkt ziemlich begeistert, eben weil es eine Novität war. Weil man es als schlaffen Wassersack mit nach Hause nehmen konnte, in den Kühlschrank tun, und es wurde Eis. Aber da die ganze gustatorische Facette fehlte – es schmeckte nachher nicht – hat man nie wieder etwas von diesem Produkt gehört oder gesehen.

Also, man kriegt so ein Produkt, und der Kunde / Auftraggeber sagt: Jetzt kriegen Sie mal raus, an wen man das verkaufen kann …?

Die Aufgabenstellung würde heißen: „Kriegen Sie mal raus, was an diesem Produkt gut und was schlecht ist." Auf diesen einfachen Nenner läßt es sich meistens bringen. Und in der Regel sind Marktforschungsinstitute genau solche Huren wie Werbeagenturen. Selbst wenn das Ergebnis niederschmetternd ist, werden sie da noch einen Goldnugget ausgraben und bei der Präsentation sagen: „Also das Produkt hat diese und jene Schwäche, aber lassen wir uns nicht verdrießen, dafür hat es diese und jene Stärke, und wenn man diese Stärke so und so einkleidet und verkauft, dann wird es schon was werden."

Und wie kriegen Sie das raus, ob ein Produkt gut oder schlecht ist oder beides? Durch Tests?

Da gibt es einmal die ganz harte Methode durch „Product in use Tests", möglichst in einer so quasi biotischen Situation, daß man die Leute mit einem solchen Produkt über einen gewissen Zeitraum leben läßt. Und zwar in ihrer gewohnten Lebenssituation. Und daß man anschließend fragt: Na, was ist jetzt damit, wie sind Sie mit dem Produkt umgegangen? Und wenn man das immer täte, würde die Flop-Rate im Bereich der Produkt-Innovationen sicherlich sehr viel geringer sein. Aber meistens hat man nicht die Zeit, nicht das Geld, nicht die Lust und sieht auch nicht die Notwendigkeit auf Seiten des Produktmanagers. Der kriegt ein neues Produkt, er sieht da für sich eine Karriere-Chance, also guckt er sich das Produkt schön, also will er natürlich auch, daß aus dem Produkt was wird, also so 'ne selektive, tendenziöse Wahrnehmung: Alles, was gegen das Produkt spricht und damit gegen ihn und seine Karriere, wird erst mal ausgeblendet. Stellen Sie sich vor, sie wären ein junger Produkt-Manager, sie kriegen ein Entwicklungsprodukt. Sie wollen natürlich, daß das was wird. Denn wenn Sie sagen: „Hören Sie zu, das ist der größte Scheiß", dann heißt es für ihn: „Ja, was machen wir denn jetzt mit Ihnen?"

… da hängt dann also immer gleich eine Existenz dran?

Ich würde es nicht so harsch ausdrücken, aber so ein Produkt-Manager ist eigentlich aus Selbsterhaltungsgründen verpflichtet, sich mit einem Produkt zu identifizieren, sich ein Produkt schönzugucken.

Tun Sie das auch?

Es heißt immer, wer sein Produkt nicht „liebt", kann es auch nicht erfolgreich vermarkten. Ich tue das nicht, ich hasse die meisten Produkte, die ich betreue.

Ich kann mich da an einen Paradefall erinnern, wo es um ein Auto ging, das ich auf den Tod nicht leiden konnte. Die Agentur hatte ein Team zusammengestellt und dem Kunden präsentiert mit den Worten: „Dieses Team fährt seit 20 Jahren aus Überzeugung und mit Begeisterung Euer schönes Auto. Gibt es eine bessere Voraussetzung für eine au-

thentische, von Herzen kommende und zu Herzen gehende Kampagne als eine solch hochgradige Identifikation mit dem Produkt?"

Ich war die einzige in diesem Team, die sagte: „Ich habe dieses Auto nie gefahren, und ich werde es auch nie fahren. Denn ich finde alles an diesem Auto widerlich: das Design, das Image, die Farbe der Polster, den Klang des Motors und den Krempel, der bei diesem Auto überlicherweise auf der Hutablage liegt." Beim ersten Gespräch mit dem Kunden wurden die einzelnen Mitglieder des Agenturteams als hochgradige Fans eingeführt, und dann wurde ganz vorsichtig gesagt, ich sei die einzige, die damit nichts am Hut habe. Da kam dann irgendwo der Einwand: „Aber man muß das Produkt doch lieben, um dafür Werbung machen zu können." Da hab' ich gesagt: „Nein, es reicht, wenn man die Leute liebt, die es kaufen sollen" – was auch nicht stimmt, denn die Leute liebe ich auch nicht. In diesem Fall hat mir meine Aversion sogar geholfen, kritisch und ohne Scheuklappen daranzugehen, die ganzen Probleme und Vorbehalte aufzudröseln, die andere Leute mit diesem Auto haben, weshalb sie es nicht fahren wollen. Denn partiell sind das ja dieselben Barrieren, die auch ich habe. Produktliebe ist also nicht nötig.

Und was war Ihre Funktion bei dieser ganzen Angelegenheit?

In diesem Falle habe ich so eine Art tiefen-psychologische Kreativsession gemacht, deren Ziel zweigleisig war. Einmal die „Ambivalenz" der Deutschen diesem Auto gegenüber, diese „Zwar-Aber-Haltung". Das war der eine Punkt. Der andere Punkt war, den Kunden darin zu bestärken, daß seine Briefing-Vorgabe, nämlich eine Dachkampagne für alle seine diversen Modelle zu machen, sinnvoll und richtig ist. Was ich für mich überhaupt nicht fand.

Wollten Sie das rausfinden, weil der Kunde es so haben wollte, oder weil Sie das selber glauben?

… weil der Kunde es so haben wollte, das war unsere Chance, den Etat zu gewinnen! Als gemeinsame Klammer für alle zehn Modelle haben wir dann die „Anschmiegsamkeit" sowohl an Bedürfnisse und Temperament des Fahrers, als auch an die Verhältnisse der Straße, des Verkehrs oder des Klimas herausdestilliert.

Und das alles haben Sie in einer Kreativ-Session herausgefunden? Was ist das, wer wirkt da mit und was passiert da?

Da werden so eine Art „eingekleidete Rechenaufgaben" gestellt. Eine Aufgabe könnte z.B. so gehen: Die Automarke „Tempo" steht vor der Himmelspforte und verhandelt mit Petrus, ob sie nun würdig ist, in den Himmel zu kommen oder nicht. Petrus ist dagegen, „Tempo" selbstverständlich dafür.

Und worüber wurde da so verhandelt?

Ach, im Grunde lief es darauf hinaus, daß „Tempo" für sich so Persönlichkeitswerte reklamierte wie Heiterkeit, Sinnlichkeit und Wärme, während Petrus ihm Kälte, Einsamkeit und Trübsal bescheinigte.

Wie Frau Dr. A. F. mit Hilfe der Psychoanalyse einem Vogel die Flügel stutzt. Oder: Wie das Bedürfnis nach Freiheit zur Flucht wird.

Diese kreativen Sessions mit den Aufgaben, die sie da genannt haben, werden die auch anderswo angewendet oder nur in der Werbung?

Eskapismus in der Zigarettenwerbung

Das sind Methoden, die an sich abgeleitet sind aus Psychoanalyse und aus Psychotherapie. In diesen Bereichen werden solche assoziativen, projektiven, expressiven Methoden zur Therapie eingesetzt.

Gestalttherapie, z. B.

Ja, das ist der Fundus des Assoziierens, aus dem diese Methode ihre Kraft schöpft ... und hier instrumentalisiert für die Zwecke der Werbung. Richtig.

... und wie fühlen Sie sich dabei?

Mir nutzt es, mir dient es, ich kann mir damit eine Position und sowas wie eine ökologische Nische schaffen. Diese Methode hat zwei Vorteile, nein drei. Erstens ist sie wirklich ein Weg, um ein umfassenderes, plastischeres, subtileres Verständis vom Verbraucher zu bekommen als mit herkömmlichen Untersuchungsmethoden. Auch von den Problemen der Leute und ihren eigentlichen Vorstellungsbildern in bezug auf das Produkt oder das Objekt, um das es geht. Ob das nun ein Produkt ist oder ein Objekt oder das eigene Ich spielt jetzt keine Rolle. Und dann ist es zweitens eine Sache, die sich vorzüglich in Präsentationen verbraten läßt, weil es nicht so langweilig ist, weil es nicht so starr, sondern witzig ist, und weil man sicher sein kann, daß die anderen Agenturen es nicht haben. Selbst wenn die anderen Agenturen sich derselben Methode bedienen würden, würden sie die Ergebnisse – wenn sie denn zu denselben Ergebnissen kämen – anders interpretieren. Das ist also eine Methode, mit der ich drittens einen komparativen Vorteil gegenüber den anderen herausschinden kann.

Weil Sie A. F. sind?

Weil ich A. F. bin, ja. In erster Linie, weil ich A. F. bin, und in zweiter Linie, weil ich Psychologin bin.

Was fällt Ihnen dazu ein, zu einer bestimmten Marke mit dieser Methode ...

Da fällt mir ein, daß ich mich mit dieser Methode mal über das Markenzeichen einer Zigarette hergemacht habe. Unternehmen „Feuervogel" hieß das. Da ging es um die psychologische Ausdrucksanmutung und emotionale Schubkraft von Vogelschwingen als Marken-Emblem. Das ist der einzige Fall, wo ich mit dieser Methode absoluten Schiffbruch beim Kunden erlitten habe. Denn der Kunde war in seine Vogelschwingen total vernarrt, weil er vier Wochen im Krankenhaus gelegen und die ganze Zeit über die Zukunft seines „Feuervogels" nachgedacht hatte. Mit dem Ergebnis, das einzige, was seine Marke zum absoluten Renner machen könnte, seien just die Vogelschwingen. Kein Wunder, daß man davon träumt, seine Schwingen zu entfalten, wenn man mit gebrochenen Beinen im Gipsbett liegt! Die Untersuchung jedoch hatte die ganze Ambivalenz, die ganze zweischneidige Gefühlswelt dieses Vogelschwingensymbols zutage gefördert. Auf der einen Seite die Freiheit, die Unabhängigkeit, die Leichtigkeit. Auf der anderen Seite die Verantwortungslosigkeit, den Flucht-Illusionismus, die Risikolust. Das aber wollte der Kunde nicht hören. Er hatte sich in seine Vogelschwingen vergafft und wollte nicht wahrhaben, daß Vogelschwingen auch gefährliche Assoziationen wachrufen.

Und was wird ansonsten in den herkömmlichen Zigaretten-Kampagnen assoziiert? Glück, Liebe, Anerkennung oder was?

Kampagnen von gut funktionierenden Zigarettenmarken sind meistens eskapistisch.

Flucht –

Ja, Freiheit und Abenteuer, Loslösung von den Zwängen des Alltags. Wenn ich im Alltag ein geknechteter Finanzbeamter bin, möchte ich wenigstens, wenn ich rauche, jemand sein, der autonom sein Lebensding und seinen Verhaltensstil bestimmen kann.

Funktioniert so was, weil – ich meine, das Gegenteil davon ist Sucht, und Sucht ist Abhängigkeit und hat nichts mit Freiheit zu tun.

(Atmet tief durch) Das ist ein weites Feld und vor allen Dingen ein ganz anderes. *(Gelächter)*

Gut, das war also die Kampagne ...

Sie können auch eine Werbung für Zigaretten machen, indem sie sagen: „Wenn Sie diese Zigarette kaufen, werden Sie noch süchtiger, als wenn Sie eine andere Zigarette kaufen."

Nö, das würde ja wohl nicht stimmen ...

Wie Frau Dr. A. F. den Unterschied zwischen Zigaretten und der CDU erklärt und was das alles mit Afghanistan zu tun hat. Oder: Warum der Konsum in Ordnung ist, aber die Konsumideologie nicht.

Es gibt also Leute in der Werbung, die es rigoros und konsequent ablehnen, für bestimmte Produktkategorien oder für bestimmte Institutionen Werbung zu machen, Zigaretten gehören dazu, Alkohol gehört dazu und die CDU.

Und Sie lehnen keines dieser „Produkte" ab?

Ich lehne die CDU ab, ich würde die Bundeswehr ablehnen, ich lehne Zigaretten nicht ab, weil ich selber rauche und weil ich weiß, daß werbliche Restriktionen in diesem Bereich überhaupt nichts bringen, überhaupt nichts. Also, in solchen Ländern, in denen für solchen Produkte nicht geworben werden darf, wird genausoviel geraucht – wenn nicht mehr –, wird genausoviel gesoffen – wenn nicht mehr.

Und wo ist da der Unterschied zur CDU?

Der vordergründige Unterschied ist, daß ich rauche, aber nicht die CDU wähle.

Sie könnten doch auch sagen, natürlich können wir für die CDU werben, weil, die wird sowieso gewählt, genauso wie man für Rauchen werben kann, weil, es wird sowieso geraucht. (Klicken eines Feuerzeugs)

Zigaretten sind – im Vergleich zur CDU – etwas sehr Einfaches, sehr Eindimensionales. Nix Ideologiebefrachtetes, die Zigarette selbst. Wir reden jetzt nicht über die Werbung, sondern nur über das Produkt. Ganz abgesehen davon, daß das Rauchen von Zigaretten nur Implikationen hat für denjenigen, der sie raucht. Der ruiniert damit seine Gesundheit. Ich rede jetzt nicht von dieser „Mitraucher-Hysterie", das klammere ich hier mal aus. Hingegen hat – in meinem Verständnis – die Wahl einer bestimmten politischen Partei und damit die Wahl einer bestimmten *Ideologie* gesellschaftspolitische Konsequenzen. Und da denke ich: „Wehret den Anfängen", denn damit will ich nichts zu tun haben. Damit kann man andere ruinieren, mit den Zigaretten ruiniert man nur sich selbst.

Hat es aber dennoch nicht den gleichen Kern, wenn man an solche Bewußtseinsdimensionen denkt wie, daß die Leute halt rauchen, weil ihnen suggeriert wird, daß das Freiheit sei? Auf so einer Bewußtseinsebene geht es dem Individuum eigentlich schlecht. Egal, ob es der Botschaft „Raucht" oder der Botschaft „Wählt CDU" folgt.

Die Freiheit, Auto zu fahren, belästigt die Freiheit anderer. Da setzt so das Paradoxon der Freiheit ein. Die Ausführung der eigenen Freiheit molestiert immer die Freiheit des anderen. Das gilt fürs Autofahren – das gilt im Endeffekt auch für die CDU, das gilt nicht in dem Maße für das Zigarettenrauchen. Es sei denn, Sie sagen, wenn ich jetzt rauche und andere sind dabei, dann müssen die darunter leiden. Aber die können sich wehren. Aber beim Autofahren ... stirbt der Wald, sterben die Kinder, die eigene Familie – wenn ich sie gegen den Brückenpfeiler setze.

Dan stirbt halt nur der Vater der Familie – weil er so viel geraucht hat!

Tja, soll er sterben.

Könnten Sie sich vorstellen, eine ganz geile, tolle Anti-Rauch-Kampagne zu machen? Wie würde die aussehen?

Das kann ich Ihnen erzählen. Ich habe einmal in meinem Leben aufgehört zu rauchen, allerdings nur für drei Wochen. Auslösendes Moment war eine Anti-Rauch-Kampagne. Habe ich gesehen auf so einer Musterrolle – ich erzähle ihnen gleich den Spot –, und weshalb ich wieder angefangen habe zu rauchen, das war der Einmarsch der Russen in Afghanistan. Da dachte ich mir, ach Gott, Du quälst Dich jetzt, hörst auf zu rauchen, und die Welt sitzt auf dem Pulverfaß, geht sowieso gleich in die Luft – also kannste auch rauchen. Tot biste so oder so.

Also, das war nicht die Stationierung der Pershings durch die Amerikaner, sondern der Einmarsch der Russen in Afghanistan!

(Trocken) Die Stationierung der Pershings kam später. *(Gelächter)*

So, und dieser Spot ging so: Es lag ein kleines Mädchen auf dem Rücken, so etwa elf, zwölf Jahre alt, nackter Oberkörper, hatte schon so 'nen ganz kleinen pubertären Busenansatz und es war 'ne sehr, sehr einschmeichelnde, softe, liebe Musik. Man wußte erst mal gar nicht, was los war. Und dann ganz plötzlich, ich dachte, mich laust der Affe, führt dieses Mädchen eine Zigarette zum Mund. Die Welt war noch einigermaßen in Ordnung, doch dann ein ganz harscher, kakophonischer Schnitt in der Musik ... plötzlich tropfte von oben schwarze, schwere Masse auf diese kleine, kindliche, keimende Mädchenbrust: Wupp, wupp, wupp. Text hab' ich nicht verstanden, der war zu englisch. War irgendwas mit so viel Teer, oder so was. Und dann dacht' ich: Mann, also wirklich *(flüsternd)* – es war die Konfrontation zwischen keimendem Leben, ganz zarter, unschuldiger Lebendigkeit und dieser brutalen, gemeinen und wirklich als Objekt dargestellten Teerigkeit, wenn Sie 'ne Zigarette rauchen, merken Sie ja den Teer nicht, Sie können sich das hinterher angucken, aber er hat keine konkret sinnliche Dimension – und die hat er in diesem Spot bekommen, als er sich zu einer kompakten schweren Masse kondensierte. Das war so beeindruckend, so gut in der Argumentation, die dahinter stand, obwohl es ein hochemotionaler Spot war und offenbar in der Exekution so brauchbar, daß ich gesagt hab': O.k., ich hör' jetzt auf. Also ich kann mir ... vorstellen, so 'ne Kampagne zu machen ...

Zahlt aber keiner, oder wie?

Wer soll denn das bezahlen? Außer der Staat, und der wird 'nen Teufel tun.

Sind das nicht dieselben Leute, die ein Interesse daran haben, daß Raketen gebaut werden, wie die, die ein Interesse daran habe, daß geraucht wird?

Wenn sie darauf hinauswollen, daß in jedem Falle dahinter merkantile und wirtschaftliche Interessen stehen, dann haben Sie sicherlich recht, ja. Obwohl es natürlich in der Personalidentität nicht dieselben Leute sind. Aber der Geist, der dahintersteht: Wirtschaft, Wirtschaft über alles –

2 JAHRE REGIERUNG HELMUT KOHL

"Wir Deutschen haben gut gearbeitet."

ERFOLG MACHT MUT:

Umwelt, das ist die große nationale Aufgabe unserer Zeit.

Im Umweltschutz gehen wir voran.

WIR HABEN FÜR DEN AUFSCHWUNG GEARBEITET. JETZT GEHT'S WEITER.

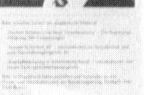

Soziale Marktwirtschaft erneuern. Wachstum schaffen. Arbeitsplätze sichern.

17. Juni: Wählt die Freiheit für Europa

CDU

CDU

DIE LANDESREGIERUNG INFORMIERT

Unser Land hilft seinen Schülern.

BERLIN IST WIEDER DA!

Das spüren alle

EBERHARD DIEPGEN BRINGT UNS WEITER

CDU

Dein Brief für unsere Zukunft in Europa

CDU

Forschungsausgaben:

1982 1983 1984
Mit uns gesteigert

Unternehmensgründungen:

1982 1983 1984
Mit uns nach oben.

Aufwärts mit Deutschland. Mit uns für Europa

CDU

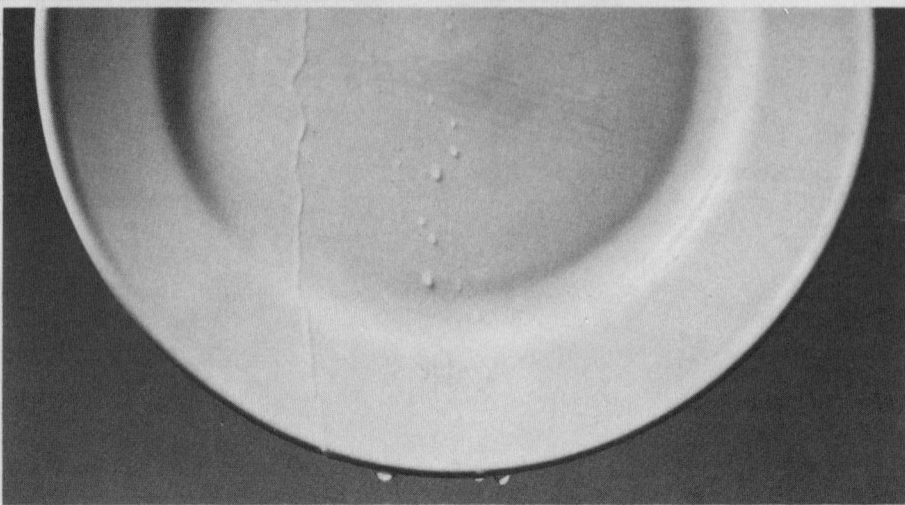

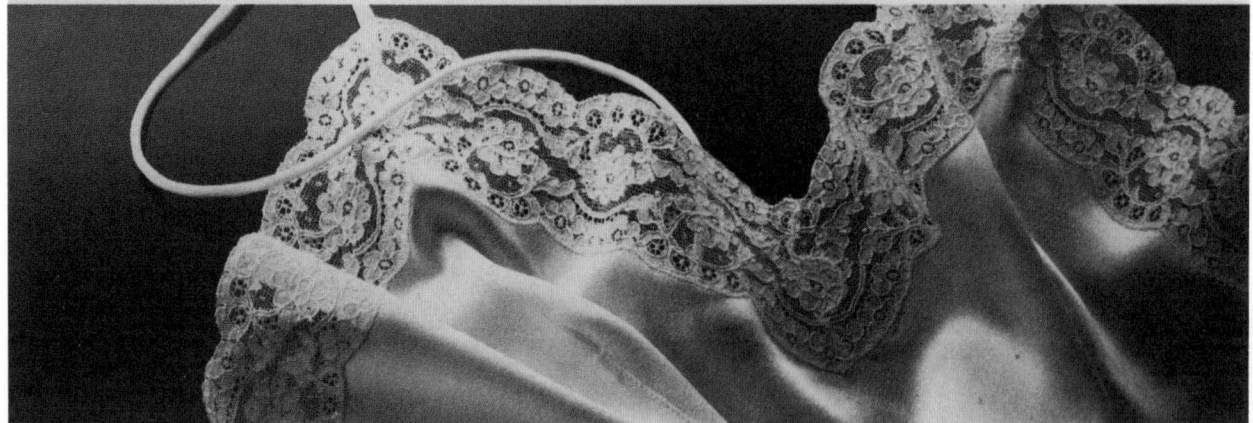

Texterin: Evelyn Froh

52

Hauptsache, die Kasse stimmt.

Wenn Sie davon träumen dürften, was Sie mit Ihrer Intelligenz und Ihrer Kreativität sonst tun könnten, was wäre das?

Würde ich so eine Art Comic-Bücher machen …

Für Kinder oder für welche Leute?

Nein, nicht für Kinder, dafür liebe ich Kinder zu wenig. Dafür ist mir auch der Phantasieraum von Kindern zu fremd. Für Erwachsene. Ich würde gerne … also z.B. Waechter wäre ich gerne oder Robert Gernhardt wäre ich

gerne oder, wer wär' ich denn noch gerne *(denkt länger nach)*. Ja, Waechter wäre ich sehr gerne …

Ist Werbung denn für sie Ersatzbefriedigung?

(Längere Pause, Glas, Schluck) Nein. *(Schluck)* Das kann man nicht sagen, Werbung ist für mich ein Tummelfeld, in dem das, was ich kann, einigermaßen gefragt ist. Es ist eine Möglichkeit, um einigermaßen pläsierlich, einigermaßen zierlich, einigermaßen unterhaltsam seine Subsistenzmittel zu verdienen.

Wie Frau Dr. A. F. in einem einzigen Schmerzmittel den ganzen Weltschmerz entdeckt.
Oder: Wie in der Marktforschung das Menschliche erforscht und ausgebeutet wird.

Was macht denn Spaß am Werben?

Es macht mir Spaß, daß die Beschäftigung mit einem Produkt – so banal, trivial oder auch schädlich es immer sein mag, wenn man sich intensiv damit beschäftigt, steht dahinter immer eine Welt. Wenn Sie sich mit Kopfschmerztabletten beschäftigen, mit Analgetika, können sie sich beschäftigen mit dem Phänomen des Schmerzes überhaupt. Wenn Sie sich mit einem solchen Produkt wie Kosmetika oder Hautpflegemittel beschäftigen, beschäftigen sie sich mit Frauen, mit Haut, mit der Bedeutung von Haut, mit der Bedeutung von Kleidung, mit allen Persönlichkeitsmerkmalen, die so im Repertoire von Menschen überhaupt existieren. Im Grunde ist es eine Beschäftigung mit Menschen, denn die Produkte sollen von Menschen gekauft werden, und zwar von bestimmten Menschen. Um sie gut zu verkaufen, müssen Sie in die Persönlichkeit, in die Welt dieser Menschen hineinkriechen.

Jaa, und dann steht in der Anzeige hinterher: „„Spalt', nur ein Wirkstoff genügt" oder so ein Quatsch.

Interessant, daß sie „Spalt" sagen, es ist aber „Aspirin". *(Gelächter)* Es ist also Aspirin, und das ist eine gute Kampagne …

… ja, warum?

Genauer: Es war eine richtig gute Kampagne, bevor sie

eine einstweilige Verfügung gekriegt hat. Früher hieß es nämlich „Aspirin – die reine Substanz". Und die ganze formal-ästhethische Gestaltung der Kampagne reflektierte diese Unbedenklichkeits-Aura von Reinheit. Diesen Geniestreich hat ihnen allerdings die Konkurrenz gerichtlich vermasselt. Heute heißt es „Weil ein einziger Wirkstoff genügt". Das ist zwar auch nicht schlecht, aber nicht mehr so gut wie der unterschwellige Appell an die Ängste der Leute, chemisch undurchsichtigen Dreck in sich hineinzufressen, wenn sie nicht zur „reinen Substanz" greifen.

Gut, und was hat diese platte Aussage, daß ein Wirkstoff genügt, damit zu tun, daß man sich mit Menschen und dem Problem des Schmerzes beschäftigt?

Das ist so grundsätzlich das Problem bei der Werbung. Sie fangen beim Kosmos an, wenn sie sich mit einem Produkt beschäftigen, und enden bei 'ner blöden Zeile.

Es ist also mehr Ihr privates Hobby denn eine Forschungsarbeit, die sich in Kampagnen niederschlägt?

Nein, es ist kein privates Hobby, es ist schon notwendig und sinnvoll. Es gehört zu den Schularbeiten, die man als

Werbemensch machen sollte. In den meisten Agenturen werden diese Schularbeiten viel zu wenig gemacht. Was rauskommt ist zwar für das unbewaffnete Auge banal, aber es ist im Unterschied zu allen übrigen Banalitäten genaugenommen die richtige Banalität, die Banalität, die den Nagel auf den Kopf trifft.

Und dazu ist eine solche philosophisch-psychologische Betrachtung über den Schmerz an sich ...

Um das entscheiden zu können, daß das die richtige Banalität ist, von den zehn anderen Banalitäten, die Sie auch ins Auge fassen könnten, empfiehlt sich das theoretische Hintergrundwissen.

Ich habe irgendwann einmal mich mit Schmerzmitteln beschäftigt, bin wirklich auf breiter Basis rangegangen. Hatte sogar ein Interview mit dem Direktor einer Schmerzklinik in Mainz, hab' mir Bücher gekauft wie: „Vom Kopfschmerz kann man sich befrei'n". Wenn ich also Werbung machen dürfte für ein Kopfschmerzmittel, so wie ich das will, dann wäre das eine Aufklärungskampagne, die sagte, also, Kopfschmerzen kann man mit autogenem Training angehen, man kann z.B. hellblau einatmen, man kann sich den Kopfschmerz so und so vorstellen, aber wenn das alles nix nutzt, kann man auch „Aspirin" nehmen oder „Quadronal".

Das würde ja dann kein Kunde kaufen, oder doch?

Da kommen wir ja zum Gipfelpunkt der Raffinesse. Also, die Leute, die Schmerzmittel nehmen, sind viel zu faul und viel zu träge, viel zu dämlich und viel zu hypochondrisch, um autogenes Training zu machen. Die werden gleich das Kopfschmerzmittel nehmen. Werden aber zu diesem Kopfschmerzmittel ein größeres Vertrauen haben, weil sie sagen: „Die woll'n mir nix einreden. Und jemand, der mir sowas vorschlägt, der muß wirklich sehr überzeugt von seinem Produkt sein."

Das heißt, zur Bewußtseinsentwicklung der Menschen würde eine solche Kampagne auch nichts beitragen, also die würden gerade nicht anfangen, autogenes Training zu machen, sondern würden dann gleich ...

(Lehrerhaft) Wir sind nicht die ideologischen Schulmeister der Nation. Dann hätte ich einen anderen Beruf wählen sollen, dann hätte ich zum Rundfunk gehen sollen oder müssen, wie Sie. ICH – bin – nun – mal – da. Ich bin in der Werbung. Und solange Sie sich innerhalb dieses Systems bewegen und nicht über den Rand hinausgucken, haben Sie auch Ihren Frieden mit diesem System. Sie können da nicht leben, nicht sein und nicht arbeiten, wenn sie ständig mit einer kognitiven Dissonanz im Kopf rumlaufen.

Wie Frau Dr. A. F. auf den FIAT PANDA abfahren würde, wenn sie Sozialarbeiterin wäre ... Oder: Wie Menschen ihre Träume, Hoffnungen und Wünsche auf die Werbung projizieren.

Ich bin keine altruistische selbstlose Frau. Ich spüre keinen pädagogischen Impetus in mir. Es ist mir ziemlich gleichgültig, solange es um Produkte geht wie Waschmaschinen, Zahnpasta, Puder, was die Leute sich da kaufen. Die Leute machen sich in jedem Falle ihre Träume und Illusionen. Wenn die Werbung ihnen nichts als Projektionsvorlage anbietet, dann holen die sich den Stoff für ihre Träume woanders her. Gemessen an all den anderen Möglichkeiten in einem Menschenleben, die sich anbieten, um sich was vorzumachen, um dumm zu werden oder zu bleiben, um sich nicht zu emanzipieren, ist die Werbung ein Tropfen auf

Wie schnell können aus Freudentränen bittere Tränen werden?

Braut und Bräutigam versprechen sich Liebe und Treue, bis der Tod sie scheidet. Doch kaum einer denkt daran, daß diese Worte plötzlich bittere Wahrheit werden können.

Gerade deshalb möchten wir mit Ihnen über eine Lebensversicherung sprechen. Weil diese Vorsorgeform die einzige ist, die Ihren Partner mit der vollen Versicherungssumme absichert. Vom ersten Beitrag an. Ohne Wartezeiten.

Und wenn Sie die Auszahlung gemeinsam erleben, können Sie auf eine Versicherungssumme zurückgreifen, die sich nach etwa 25 Jahren voraussichtlich verdoppelt hat. Durch die hohe Überschußbeteiligung.

Ob Sie verliebt, verlobt oder verheiratet sind: Mit einer Lebensversicherung gehen Sie immer eine gute Verbindung ein.

Lebensversicherung

Leben braucht Sicherheit.

LET'S FETZ, JETZT WIRD'S ROMANTISCH

Noch nie konnte man so schnell romantisch werden. gestern Surfen vor Waikiki, heute Eiscrem auf der Piazza Navona, morgen Vollmond an den Niagara-Falls, übermorgen Hochzeit machen. Mustang liefert dazu die standesgemäße Garderobe. true blue Jeans und Jackets. Die halten ewig und drei Tage.

MUSTANG

HENKELL TROCKEN hat dieses traumhafte Prickeln, das aus einer Hochzeit ein rauschendes Fest macht.

HENKELL

FÜRST VON BISMARCK

EIN FÜRSTLICHES VERGNÜGEN.

JAHRGANGSSEKT, DEUTSCHER RIESLING, FLASCHENGÄRUNG, NATURKORKEN.

Eins der zur Zeit beliebtesten Illusions-Szenarios in der Werbung: Hochzeiten, ganz in weiß …

den heißen Stein.

Haben Sie denn mal eine Kampagne gemacht, wo sie heute sagen würden: „Mir wird schlecht, wenn ich das sehe?"

Also unter ideologischen Aspekten eigentlich nicht, weil ich mich meistens mit äußerst harmlosen Produkten beschäftigt habe. Wo es völlig gleichgültig ist, ob die Leute nun „Doppel-Dusch" oder „Dusch-Das" nehmen. Ach Gott – ist mir doch egal und auch den Leuten. Trägt auch zu ihrer Menschwerdung nichts bei. Oder ob das Nivea-Reinigungsmilch ist oder von Jade. Scheißegal ...

Ja, aber dieser sogenannte Zusatznutzen, der verkauft wird mit dem Produkt: „Dann kriegst Du einen Mann", „Dann bist Du schlank, begehrenswert, erfolgreich" – das denk' ich, kann doch ein Problem sein ...

Gut, jetzt erzählen Sie mir noch mal, was Sie für ein Problem haben. Also Werbung liefert den Leuten Illusionen frei Haus, aber es ist ein Illusions-Szenario, das mehr oder weniger bewußt auch als ein solches identifiziert wird. Ich glaube nicht, daß die Leute sich ernsthaft dem Trugschluß hingeben, wenn ich das und das kaufe, wird sich mein Leben schon regeln. Dafür mußten sie schon zu oft die Erfahrung machen, daß dem nicht so ist. Denn wie oft hat ein – sagen wir mal – dreißigjähriger Mensch schon Produkte mit dazugehöriger Scheinwelt gekauft und feststellen müssen, daß sich seine reale Welt dadurch kaum ändert. Doch wohl ziemlich oft! Jede Ratte hätte da schon den Unterschied zwischen Schein und Sein gelernt. Warum nicht auch ein Mensch?

Und wenn ich die Wahl habe zwischen A und B und beide sind in ihrem praktischen Nutzen absolut identisch, dann nehme ich doch das, was mir sympathischer ist, was mehr in meine Welt paßt. Was eher zu den Träumen paßt, die ich ohnedies habe. Unabhängig vom Produkt und seiner Werbung.

Ich glaube, niemand ist so naiv, von einem simplen Objekt zum Saubermachen, zum Essen oder zum Arbeiten sich die Erfüllung seiner Lebensträume zu erwarten. Von Designer-Klamotten und ähnlichen Nobelprodukten zum Herzeigen einmal abgesehen.

Wo ist da der Unterschied?

Da glaube ich wirklich, daß solche Produkte eine wesentliche Funktion haben in der Selbstdarstellungsstrategie eines Menschen. Und diese ist ziemlich eng verknüpft mit seinem Lebensplan und mit seinen Lebensbedürfnissen.

Sagen Sie das nur, weil Sie diese Szene besser kennen, weil es Ihre eigene ist?

Kann sein, kann ich im Moment nicht beurteilen.

Was ist denn dran an dieser These, die Produkte werden gekauft, nicht wegen, sondern trotz Werbung? Oder anders: Wie gehen Sie damit um, daß sie Ihre unglaubliche (betont) Intelligenz und Kreativität in Werbeideen stecken, von denen man weiß, daß sie nicht funktionieren ...

Das stimmt ja nicht. Sie funktionieren ja.

Wie denn dann?

Es gibt ja durchaus 'ne Korrelation zwischen Kommunikation und Absatzerfolg.

Ach ja, ich dachte, die Entscheidung findet, wenn überhaupt, am Verkaufsregal und nicht schon vorher im Kopf der Leute, in ihren Träumen oder womöglich in ihrem Unbewußten statt?

„Wenn Du dieses Produkt kaufst, dann kriegst du mehr mitgeliefert als nur eine Duschabtrennung, als nur eine Seife, die saubermacht", also alles, was über den Grundnutzen hinausgeht. Und Sie meinen, das wäre gefährlich für die Psychohygiene des Volkes?

Na, ist zumindest alles Plastik, alles Lüge.

... keine Lüge, ich würde keinen Mann küssen, der aus dem Maul stinkt. *(Aufgebracht)*

Dieser Mann oder diese Tatsache, daß ich jetzt den guten Mundgeruch habe, wird mir kein Glück versprechen, auch keine Kinder und auch kein Einfamilienhaus bis ans Ende meiner Tage. Wird aber suggeriert oder erzählt.

So, dahinter steht Ihre These, daß jemand ernsthaft hingeht und Odol kauft, in der Annahme, der Mann meines Herzens, der mich bisher verschmäht, der kommt jetzt. So, jetzt kaufen Sie Odol.

Tut keiner, gut. Warum wird dann so geworben?

... weil das die einzige Chance ist, um Produkten, die sich in ihrem praktischen, sachlich-materiellen Grundnutzen überhaupt nicht voneinander unterscheiden, irgendein Eigenleben zu geben.

FIAT z.B. würde ich für einen reinen Kommunikationserfolg halten. Eine intelligente, witzige Kampagne!

Und deswegen werden diese Autos gekauft?

Würden Sie sich ein zweites Mal einen FIAT kaufen, wenn der Ihnen einmal unter dem Arsch weggerostet ist?

Nöö. Und was hat das mit der Kampagne zu tun?

Na, sie kaufen's einmal, das reicht ja.

Also kann man diese Korrelation nachweisen, zwischen FIAT-Kauf und Kampagne?

Es gibt keine Untersuchung dieser Welt, die nachweisen könnte, daß der Absatzerfolg eines Produktes eindeutig auf die Kommunikation zurückzuführen wäre. Wer das behauptet, der lügt. Aber, wahrscheinlichkeitstheoretische Überlegungen sprechen dafür, daß die Kommunikation einen nicht unerheblichen Beitrag geleistet hat. Produkte, die nicht beworben werden, laufen auch nicht.

Neigt man zu einer Selbstüberschätzung, daß man sich sagt, ah, weil ich jetzt diese tolle Kampagne gemacht habe, die mich sechs Wochen Schweiß, Blut und Tränen gekostet hat, läuft da jetzt auch was, der Kunde ist zufrieden, der Umsatz steigt und so ...

Nein, Selbstüberschätzung wird da ziemlich schnell durch Fakten widerlegt. Da können Sie noch so lange glauben, daß Sie so toll sind und daß die Kampagne toll ist, aber wenn sich das nicht in den Absatzzahlen bemerkbar macht, dann werden sie schnell auf das ihnen gemäße Maß wieder zurechtgestutzt. Viel gefährlicher ist der umgekehrte Weg, das Produkt läuft, und Sie sagen, das war die Werbung, und der Kunde sagt, das ist mein tolles Produkt oder das sind meine tollen Marketing-Maßnahmen oder meine Sales-Force – also meine Handelsmänner.

Also weiß es keiner so genau?

Doch, jeder weiß es ganz genau ...

Jeder meint, er war's.

Richtig, der Erfolg hat viele Väter, und der Mißerfolg ist ein Waisenkind. Das einzige, was ziemlich gesichert ist: wenn Sie ein Produkt nicht bewerben, wird es auch nicht gekauft. Also das können sie ziemlich deutlich an den Absatzkurven lesen. Wenn es hingegen hochgeht, wissen sie nicht, ist es der Preis, ist es die Distribution, ist es das Produkt selbst.

Wird es nicht einfach deswegen gekauft – wenn man da z.B. an einige Billigmarken denkt –, weil es billig ist?

Klar. Ja, ja, ja. Aldi ist ein glänzender Fall, also bei mir landen häufig Tabellen über Marktanteilsentwicklungen auf dem Schreibtisch. Und da tauchen Marken auf, die kenn' ich gar nicht – an zweiter Stelle! Da denk' ich immer: kann nur ein Aldi-Produkt sein. Ist es dann auch meistens.

Also, ohne Werbung läuft's dann.

Was lernen wir daraus?

Daß das, was man braucht, sowieso gekauft wird und daß Werbung überflüssig ist ...

Aldi ist unheimlich erfolgreich. Ein reines Dumping-Konzept – aber Werbung machen die auch. Die haben ihre eigenen Marken, ihre Handelsmarken, und diese stehen in der Liste derjenigen mit den hohen Marktanteilen ganz oben. Das läßt uns doch eigentlich Vertrauen fassen in den ökonomischen Sinn der Verbraucher. Also, die lassen sich nicht nur durch Werbung verdummen, sondern wenn sie wollen, können sie sich durchaus zum homo ökonomicus mausern. Wer ein solcher sein will, dem können sie sonst was erzählen. Der geht zu Aldi und sagt, da krieg' ich dasselbe, nur sehr viel billiger.

... und träumt trotzdem immer von dem Markenprodukt, das er sich nicht leisten kann.

Woher wissen Sie das?

These.

Glaub' ich nicht. Ich glaube, diese Leute ziehen ihre Befriedigung aus dem Bewußtsein, zu einer konsumintelligenten Elite zu gehören, die von all diesem Talmi unabhängig ist. Und diese Befriedigung ist mindestens genau so groß wie die Befriedigung, ein teures Produkt gekauft zu haben, ein Prestigeprodukt, mit dem sich so ein prächtiger Demonstrationskonsum veranstalten läßt.

Sind Sie selbst für Werbung empfänglich?

Bestimmt.

Wissen Sie wo?

Nehmen wir mal an, ich wäre in der Situation: Sozialarbeiterin, Lehrerin, Erzieherin – ich würde mir 'nen FIAT-Panda kaufen.

Ja, warum?

Weil mir die Ideologie, die da verkauft wird, gefällt. Ich würde gerne zu den Leuten gehören, die eine so kritisch-emanzipatorische Attitüde gegenüber gleisnerischem Konsum einnehmen, wie es diese Kampagne unterstellt.

Wohl wissend, daß alle Autos Scheiße sind und sie den Wald töten.

Alle Autos sind Scheiße? Alle Autos bewegen sich von A nach B!)Gelächter) FIAT-Panda find' ich toll, würde ich kaufen … Dann … ich glaube, wenn ich viel Geld für Kosmetika ausgäbe, was ich nicht tue, würde ich auf LINIQUE reinfallen, weil mir dieses puristische, elitäre Konzept gefällt.

Wie Frau Dr. A. F. sich putzt, um den Werbeoberhäuptlingen ein Wohlgefallen zu sein. Oder: Wie der Schein das Sein bestimmt, wie Werbefrauen schillern und Werbemänner blenden.

Wie fühlen Sie sich denn als Frau in dieser Riesenagentur. Sind da mehr Männer oder mehr Frauen?

Da wo die Luft dünn wird, da sind fast nur Männer, und da wo sie stickig ist, da sind mehr Frauen. Also die Frauen sind die Neger der Agentur. Bei uns gibt es den Zirkel der sogenannten leitenden Angestellten. Das geht vom Kontaktdirektor an aufwärts. Ich bin die erste Frau, die neu in den Laden kam und in diesen Zirkel aufgenommen wurde. Außer mir ist da noch eine Frau, die seit Jahren da ist. Bes-

ser als all die anderen Männer zusammen, und die ist erst ein halbes Jahr bevor ich dorthin kam in diesen illustren Zirkel aufgenommen worden.

Warum so spät, was macht die da?

Weil sie 'ne Frau ist, ganz einfach *(aufgebrachte Stimme)*. Die ist da Kontaktdirektorin. Das ist sie, gemessen an ihren Fähigkeiten und ihrer Effizienz sehr spät geworden. Wenn Sie also Kontaktdirektorin sind, gehören Sie automatisch zum Zirkel der Leitenden. Wobei die so ein richtiges Ritual entwickelt haben, um sich vom Fußvolk abzugrenzen. Also nur die Leitenden dürfen zu den Management-Konferenzen oder alle vierzehn Tage zu den sogenannten Montags-Drinks kommen. Nur die Leitenden genießen diese und jene Vergünstigung, Firmenwagen usw., ja. Sie hat also zwanzig Jahre dafür gebraucht, obwohl, wenn sie ein Mann gewesen wäre, mit denselben Fähigkeiten, das wäre eine Affäre von zehn Jahren gewesen.

Ist das Alter für Frauen in der Werbung kein Hindernis?

Alter ist grundsätzlich ein Hindernis für alles. Für Sexualität, für Kreativität, für Intellektualität, für Memorabilität. Für alles, was sie sich in diesem Leben denken können. Mit Ausnahme von Erfahrung. Und Erfahrung impliziert auch Souveränität. Und das zählt. In unserer Agentur spielt es durchaus eine Rolle, daß ich einigermaßen manierlich aussehe, einigermaßen so diese sozialen Repräsentationsregeln beherrsche, also zur rechten Zeit das rechte Kostüm anhabe. Also die physische Appetitlichkeit und ästhetische Attraktivität spielen eine Rolle. Das gilt nicht nur für Frauen, sondern auch für Männer. Da dürfen Sie als Mann nicht den falschen Anzug haben, nicht die falschen Schuhe tragen, nicht das falsche Auto fahren, nicht mit dem falschen Feuerzeug das Feuer geben, da müssen sie auf Status, Prestige und Repräsentation achten. Also: brauner Duffle-Coat und verbeulter VW, das güldet nicht. Und dann müssen Sie natürlich auch den Eindruck erwecken, als ob Sie auch im Leistungsbereich funktionieren. Aber noch wichtiger sind eigentlich Wohlverhalten, Opportunismus und Diplomatie. Also immer rauskrähen, was Sie denken, und auf Konfrontationskurs steuern, das ist absolut kontraindiziert.

Aber Sie sind doch eigentlich eine renitente Person?

Em. Wie kommen Sie da drauf?

Es ist so mein Gefühl, daß da so 'ne Wut im Bauch ist und auch Kritik an Lächerlichkeiten, an Dummheiten z.B. – Dummheit ist etwas, was Sie sehr schwer ertragen können.

Gut. Gesetzt den Fall, Ihre These stimmt und ich bin eine renitente Person und habe mal das heftige Bedürfnis, meiner Aggression Luft zu machen. Dann wähle ich so eine Art Mimikry und verstecke mich hinter kindlichen Verspieltheiten. Dann schreibe ich keine Aktennotiz, sondern male einen Tierchen-Comic. Wähle also den Schutzraum der Fabel, um mit einer niedlichen Camouflage die Wahrheit sagen zu können.

Dieses Versteckspielen ist aber nur statthaft, weil ich eine Frau bin. Einem Mann würde das wohl kaum zugebilligt werden. Aber im Grunde ist das 'ne kindliche Maskierung – die Satire versteckt sich hinter Liebenswürdigkeiten. Ansonsten setze ich, wenn ich ironisch oder gemein werden will, Charme und Lächeln als Waffe ein …

… die alten weiblichen Waffen …

Klar! Ja!

Wieso klar?

Wieso sollte ich neue erfinden? Oder die gleichen benutzen, die Männer auch benutzen? Nein, mit den Waffen eines Mannes würde ich scheitern. Nun sagen Sie mir mal,

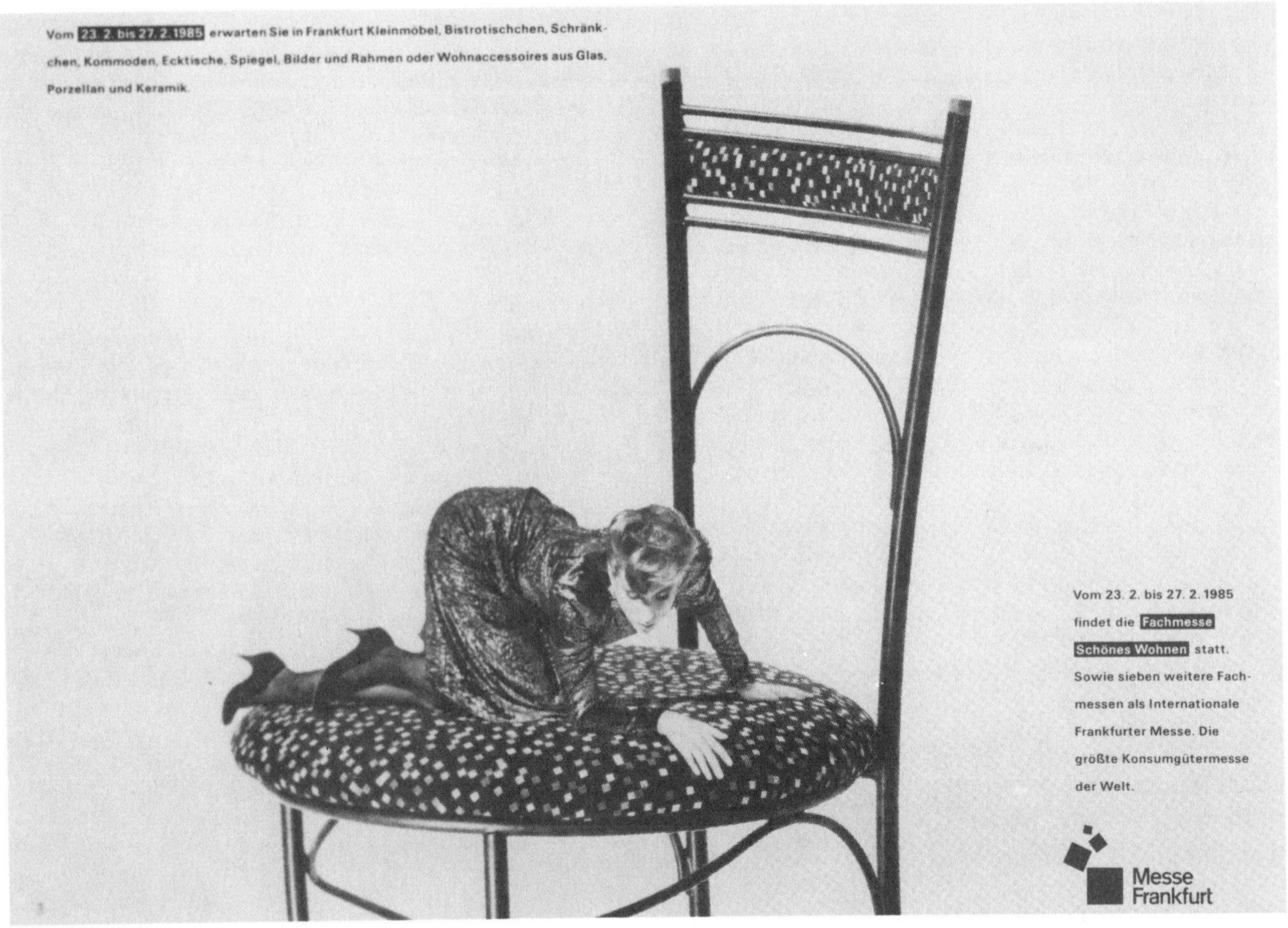

Vom 23. 2. bis 27. 2. 1985 erwarten Sie in Frankfurt Kleinmöbel, Bistrotischchen, Schränkchen, Kommoden, Ecktische, Spiegel, Bilder und Rahmen oder Wohnaccessoires aus Glas, Porzellan und Keramik.

Vom 23. 2. bis 27. 2. 1985 findet die Fachmesse Schönes Wohnen statt. Sowie sieben weitere Fachmessen als Internationale Frankfurter Messe. Die größte Konsumgütermesse der Welt.

Messe Frankfurt

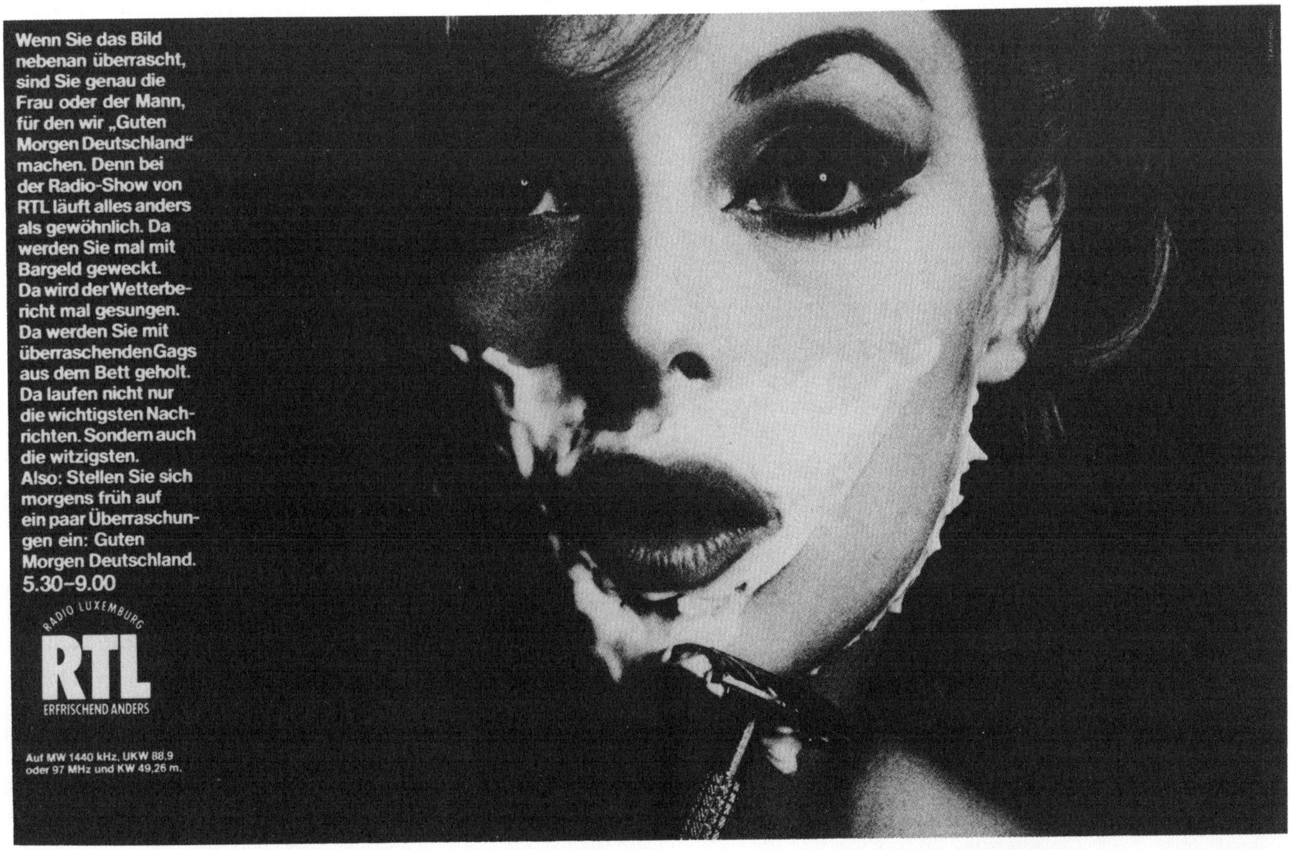

Wenn Sie das Bild nebenan überrascht, sind Sie genau die Frau oder der Mann, für den wir „Guten Morgen Deutschland" machen. Denn bei der Radio-Show von RTL läuft alles anders als gewöhnlich. Da werden Sie mal mit Bargeld geweckt. Da wird der Wetterbericht mal gesungen. Da werden Sie mit überraschenden Gags aus dem Bett geholt. Da laufen nicht nur die wichtigsten Nachrichten. Sondern auch die witzigsten. Also: Stellen Sie sich morgens früh auf ein paar Überraschungen ein: Guten Morgen Deutschland. 5.30–9.00

RADIO LUXEMBURG
RTL
ERFRISCHEND ANDERS

Auf MW 1440 kHz, UKW 88.9 oder 97 MHz und KW 49,26 m.

was sind die Waffen eines Mannes.

Dummheit und Dreistigkeit. Also so in der Art: „Ich bin mit Schwanz geboren, also habe ich das Recht, auf diesem Stuhl zu sitzen."

Meinen Sie, daß das einen Mann in einer Männergesellschaft, wo sie ja alle Schwänze haben, weiterbringt?

Weiß ich nicht, wie sehen Sie das denn?

Also, ich habe das Gefühl: innerhalb eines bestimmten Freiraumes, den man sich aber erst erkämpfen muß, kann man, wenn man die Waffen einer Frau einsetzt, sehr wohl reussieren. Das habe ich auch von einem Typ in der Agentur gelernt, der sagte: „Es zahlt dir niemand was, wenn du leidest. Setz dein Lächeln ein, Du kannst schön lachen, Du hast schöne Zähne, strahl sie an", und manchmal probier' ich das richtig. Das sind nicht nur die Waffen einer Frau. Auch für einen Mann ist dieses optimistische Lachen, das dieses Prinzip des „Positive Thinking" verkörpert, eine Waffe.

Ich setze auch nicht die Waffen einer Frau ein, da wo es erotisch, verführerisch wird – ach, das stimmt auch nicht. Als flankierende Truppen würde ich auch das einsetzen. Aber nicht im Job, sondern in den informellen Situationen, die solch ein Job auch mit sich bringt, ne.

Na, das tun Männer wahrscheinlich auch!

Wie Frau Dr. A. F. mit weiblichen Waffen kämpft. Oder: Wie es kommen kann, daß Werbefrauen nicht mehr wissen, ob sie Männlein oder Weiblein sind.

Aber zumindest das Bewußtsein dessen, daß ich als Frau eine Rolle spiele, ist vielleicht größer als bei einem Mann, der sich darüber identifiziert, über seine gespielte Rolle, oder nicht?

Ich kann das – offen gestanden – nicht beurteilen, da ich glaube, daß mein Lebensambiente, mein Lebensraum genausogut auch männlich sein könnte, aus dem einfachen Grund, weil ich nie Kinder haben wollte. Ich habe keine Kinder, keine Familie. So wie ich lebe, könnte auch ein Mann leben. Hab' immer für mich selber gesorgt, Beruf war imme wichtig. Im Gegenteil, ich kenne viele Männer, die das Maul nicht aufmachen, aber den Rücken krumm, weil sie sagen: „Ooh, ich hab' die Frau, das Haus, die beiden Kinder, ich muß die Klappe halten". Ich habe keine Angst, wenn ich da in Ungnade falle, wenn die mich rausschmeißen oder rausekeln, ich sage „Salut" und trolle mich. Ich habe kein Haus, brauche niemand zu versorgen, bin nur für mich verantwortlich, irgend jemand wird mich nehmen. Entweder für 1000 Mark weniger oder 1000 mehr. Und das macht keinen Unterschied.

Also ist es ein Vorteil, eine Frau zu sein? In einer Werbeagentur?

Es ist ein Vorteil, eine unabhängige Frau zu sein, aber Unabhängigkeit wäre auch für Männer ein Vorteil.

Die Männer haben, viele jedenfalls, Familie oder Kinder, und wenn man da als Frau was sein will, da hat man das alles nicht, ne?

Doch, hat man auch, aber es ist nicht gerade der Karriere förderlich ... Ich denke da an einen Fall, eine Frau, die ein Kind gekriegt hat, die sollte zum Etatdirektor nominiert werden. Als bekannt wurde, daß sie schwanger ist, hat man das ganz schnell wieder zurückgezogen und gesagt: „Na, warten wir das erst mal ab." Dann hatte sie das

Kind und ist ruck-zuck wiedergekommen, hat noch nicht mal den gesetzlichen Mutterschutz beansprucht. Wollte dann natürlich ihren zugesagten Titel haben, und da zierten sich die Herren unendlich. Ich hatte das Gefühl, da wartete man erst mal ab, ob das Kind kränkelt, kann ja sein, daß sie dann nur mit halber Kraft, mit halbem Herzen, halbem Hirn bei der Sache ist, mehr bei dem Kind.

Gab's denn da einen Aufstand der Frauen in Ihrer Agentur, deswegen?

Ach was!

Wieso nicht?

Ach was! Also erstens gibt es sowieso keine Solidarität, bestenfalls eine hierarchische, aber keine geschlechtsspezifische. In großen Agenturen ist man Einzelkämpfer. Jeder für sich, Gott für uns alle.

Ist das weiblich, Einzelkämpferdasein? Also diese Eigenschaften von Harmonie, weltumspannendem, in die Tiefe gehendem Denken und Fühlen, was ich denke, daß es weiblich ist, oder was gesagt wird, daß dem so sei, das macht Ihnen kein Problem in der Alltagsarbeit in dieser Agentur?

Also, (Pause), ich habe in der Agentur angefangen mit dem festen Vorsatz, nicht meinem Bedürfnis nach sozialer Geborgenheit, nach sozialer Behaglichkeit, nach Cliquenbildung nachzugeben.

Ich wollte so eine Art intentionales Außenseitertum praktizieren. Das ist mir eigentlich bislang gelungen, mit dem Preis, daß ich mich nicht besonders wohl fühle. Mit keiner Gruppe habe ich mich bisher solidarisiert, ich gehe meistens alleine zum Mittagessen, meistens ist auch etwas zu tun, denn ich möchte eigentlich mit den Leuten nichts zu schaffen haben.

Mögen Sie die nicht, die Werber?

Also, ich bin mit einem ziemlichen intellektuellen Hochmut in der Werbung angetreten, habe dort aber Leute getroffen, die um so vieles (in meinen Kategorien) sensibler, intelligenter, empfindsamer waren, als ich es mir so in meiner akademischen Universitätsweisheit je habe träumen lassen, daß ich gar nicht sagen kann, daß ich *die* Werber grundsätzlich nicht mag. Dafür kenn' ich viel zu gute Typen in der Werbung, viel zu gute Frauen *und* Männer.

Da haben Sie doch sicher schon 10000 Mal darüber nachgedacht als Psychologin, was haben die denn für 'ne Macke?

(Pause) – Oh, Gott –

Wie Frau Dr. A. F. statt von Konkurrenz von Lieben, Lesen, Katzen und Venedig träumt ... Oder: Wie aus Sensibilität und Solidarität Einzelkämpfertum und Konkurrenz wird.

Da würde ich erst mal 'nen ganz harten Schnitt machen und trennen zwischen Gestaltern und den sogenannten Beratern, Managern, Denkern. Dann einen weiteren Strich machen auf der chronologischen Achse.

Vor zehn Jahren, glaube ich, war die Werbung so ein Metier, ein Tummelfeld für Leute, die wenig konnten und damit viel Geld scheffelten. Das hat sich heute geändert. Das relative Gehaltsniveau in der Werbung ist drastisch gesunken. Dafür sind die Anforderungen ebenso dramatisch gestiegen.

Woran liegt das?

Zum einen an der Konkurrenz auf der Agenturszene und zum anderen am Verdrängungswettbewerb auf der Kundenseite. Es liegt an der Demokratisierung des techni-

In den saftigen Stücken von Kitekat ist alles, was unsere Katzen gesund hält.

kitekat

Kundenberater: Ulrike Vinck / Wolfgang Blöck, Fotos: Gisela Caspersen / Jan Paulsen

schen Fortschrittes, niemand hat einen produktspezifischen Vorteil lange für sich alleine, da zieh'n sofort die anderen mit, und alle haben wieder das gleiche.

Das erzeugt also mehr Druck für die Leute, die in der Werbung arbeiten. Die müssen ja nur noch wirbeln ...

Sag' ich doch. So vor zehn bis fünfzehn Jahren war das richtig so 'ne Goldgräberatmosphäre, da haben die da munter in ihren Kemenaten gesessen, haben Schiffe versenkt, sich dem Dart-Spiel oder dem Suff hingegeben, brauchten eigentlich nur bunte Pappen zum Kunden zu tragen und brauchten nicht zu erzählen, warum grad' diese Pappe und keine andere. Im Grunde ist heute eine Werbeagentur das Marketing-Alter-Ego für den Kunden. Und meistens sind die Agenturen – wenn sie gut sind – da besser drauf als der Kunde.

Wo endet das denn? Klappen die dann alle zusammen, weil das immer schneller wird?

Die Lebenserwartung der Werbeleute – und der Journalisten – ist die niedrigste überhaupt. Da fahren die Leute mit 40 nach Spanien und fallen auf der Piazza einfach tot um.

Und Dr. A. F. nimmt das billigend in Kauf?

Nee, Dr. A. F. denkt immer: „Was will ich? Mit 45 ausgelaugt, ausgebrannt, verbraucht sein, nur um so 'ner Karrierechimäre nachzujagen, statt mir zu sagen: hast 'ne nette Position, genügend Reputation, ist'n Job, den Du bis zum Ende deiner Arbeitstage machen kannst, also mach' das, sauber, gut und ordentlich, hast Dein Herz und Hirn frei für andere Dinge."

Für was?

Für Liebe, für Leben, für Lesen, für Schlafen, für Träumen, für Katzen, für Venedig ...

Und das geht bei einem Zehn-Stunden-Arbeitstag, denn daran wird sich ja zunächst nichts ändern?

Das ginge, ja. Ich bin davon überzeugt, wenn ich nicht weiterkommen will, und meine Leistung drossele, bin ich immer noch besser als die anderen.

Ich gehe seit einem halben Jahr mit so einem Ding schwanger, denn ich möchte z.B. dichter 'ran an die Creation, ich würde gerne so was werden wie 'ne „Creations-Muse", ne. Müßte ich denen verkaufen, müßte mich hinsetzen, was aufschreiben – komm' nicht dazu. Will vielleicht auch nicht dazu kommen. Weil – da müßte ich mich durchboxen. Karriere zu machen würde mir viel Vitalenergie abfordern. Dann denk' ich manchmal: „Diese ganzen Bücher, die sich bei mir auf dem Nachttisch stapeln, klar, das ist faszinierender, als über Sonnenschutzmittel nachzudenken, oder über Zigaretten." *(Seufzt)*

Wie Frau Dr. A. F. dafür werben würde, mit einem Geschirrspülmittel Katzenkotze zu entfernen. Oder: Was wäre, wenn sich in der Werbung das „weibliche Prinzip" durchsetzte.

Die Probleme der Frau in der Werbung sind also dieselben wie die der modernen Frau in dieser unserer Zeit? Sie werden nicht für voll genommen?

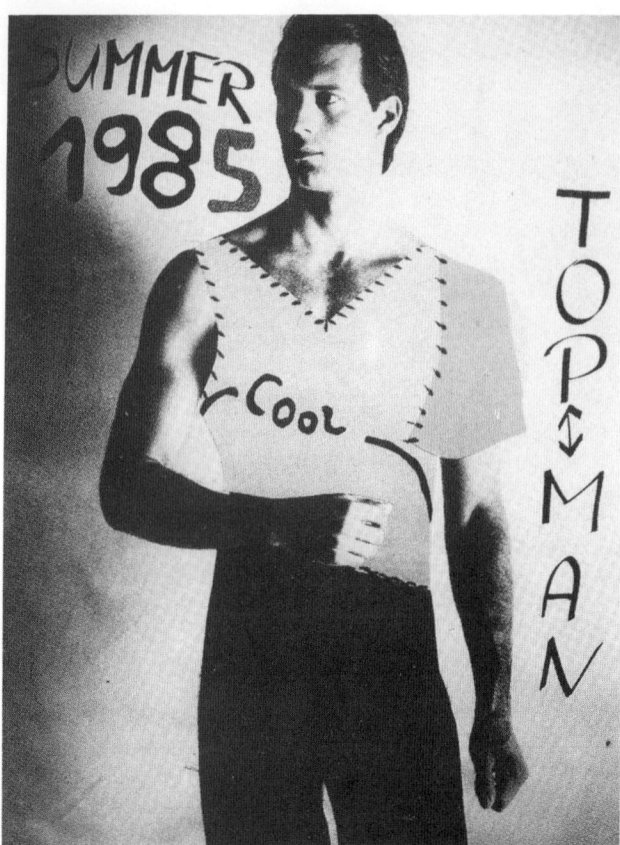

Interstoff-Promotion. Fotograf: Helmut Newton

Wir kennen das Argument vom physiologischen Schwachsinn des Weibes.

Wenn es so was wie eine weibliche Ästhetik gäbe, eine spezifisch weibliche Form des Denkens, was ich, nebenbei gesagt, nicht glaube, Intelligenzdimensionen gelten für Männer genauso wie für Frauen, und wenn ich die Probe aufs Exempel in der Praxis mache, habe ich in der Werbung mindestens genauso intelligente Frauen kennengelernt wie Männer.

Frauen sind häufig handfester, pragmatischer. Frauen kommen gerne zum Punkt, aber das liegt einfach daran, jetzt muß ich mein Lieblingswort zitieren: „daß der Mensch die Summe seiner Fähigkeiten abzüglich seiner Eitelkeiten ist". Die Männer in der Werbung (und ich glaube, das gilt nicht nur für die Werbung, sondern den Beruf generell) investieren viel Zeit in eitles Gespreize, Geprotze und Platzhirschgehabe. Frauen, als Novizinnen, tun das nicht, Können die sich gar nicht leisten! Würde ihnen auch gar keine Sau zuhören! Frauen kann man einfach ingorieren, und das wissen Frauen. Bei Männern – wenn sie einen gewissen hierarchischen Grad erklommen haben – kann man das nicht. Da können die stundenlag den Jahrmarkt der Eitelkeiten zelebrieren – es wird ihnen gelauscht.

Allerletzte Fragen: Würde sich die Werbung ändern, wenn mehr Frauen da arbeiten würden?

Zum Besseren.

Wieso?

Hmmmh. Die meiste Werbung richtet sich an Frauen, und das meiste Geld wird heute von Frauen ausgegeben. Also 70 Prozent des verfügbaren Einkommens so ungefähr werden von Frauen ausgegeben. Die restlichen 30 Prozent, also für Versicherungen, Autos, Häuser usw., da haben die Frauen (zumindest hinter den Kulissen) ein ganz entschei-

dendes Mitspracherecht. Mein Vater z.B. mußte immer Porsche kaufen, weil meine Mutter das so wollte. *Konsum* ist Frauensache, damit auch *Konsumentscheidungen*. Das heißt also: die wichtigsten Zielgruppen sind immer Frauen. Gesetzt den Fall, jetzt kommen Frauen in der Werbung stärker zum Zug, was ja 'ne Identität zwischen Subjekt und Objekt bedingen würde, dann glaube ich, daß Frauen nicht denselben Fehler wie Männer in der Werbung machen würden, nämlich ihre Geschlechtsgenossinnen für dämlich zu halten. Selbst wenn Marktforschungsinstitute stundenlang erzählen: „Das haben die Leute nicht begriffen", würden Frauen viel eher auf den Trichter kommen, weshalb die Frauen das nicht begreifen oder, woran das liegt, daß es so aussieht, als begriffen sie das nicht. Was ja ein Unterschied ist. Das ist der eine Punkt. Sie wollen jetzt sicherlich darauf hinaus, wenn die Frauen an die Regierung kämen, gäbe es weniger Krieg und so was – mag sein. Es können da allerdings Gegenbeispiele zitiert werden (die ich für unstatthaft halte) wie Margaret Thatcher und Frau Gandhi.

Aber: Gesetzt den Fall „Frauen sind das humanere Geschlecht", dann würde Werbung – obwohl das jetzt 'ne rationale Dimension ist – intelligenter sein. Humanität hat ja nicht unbedingt was mit Rationalität zu tun, sondern was mit Emotionalität. Aber das glaube ich schon, sie würde intelligenter sein. – Aber was ist mit Zigaretten? Frauen würden auch Zigarettenwerbung machen. Na klar.

... nur intelligenter, kreativer?

... einfach weil Frauen irgendwann einmal zu einem Punkt kommen, wo sie so begeistert sind von ihrer Idee, daß sie sagen: „Das machen wir jetzt, das probieren wir, das wollen wir wissen" *(verschwörerisch)*. Frauen sind nicht so engherzig, hasenfüßig, pragmatisch wie Männer, die Innovationen killen mit dem Hinweis: „Ham wir schon immer so gemacht, ham wir noch nie so gemacht, da könnte ja jeder kommen." Ich glaube, daß Frauen viel eher bereit sind zu einem Sprung ins kalte Wasser und zu dieser „Auf-zu-neuen-Ufern-Ideologie", und sei es auch nur mit dem Argument: „Laß-es-uns-doch-wenigstens-einmal-*probie-ren*", wenn's schief geht, oh, da können wir immerhin sagen: „Meine Güte, ham wir jemals etwas schon so herrlich zusammenkrachen sehen." Und diese spielerische Souveränität, die haben Männer nicht. Also bei den Frauen, die ich aus der Werbung kenne, könnte ich mir das vorstellen. Dann würden zwar mehr Flops produziert werden, mehr absolut hirnrissige Geschichten, aber der Pluralismus der Erscheinungsformen wäre viel ausgeprägter als jetzt. Im Grunde ist ja Werbung – zumindest in Deutschland – eine uniforme Angelegenheit, ne.

... wie die Politik ...

oder die Hochhäuser.

Also würde dann auch solch eine blöde Frau Tilly aus der Werbung verschwinden?

Ich kenn' die Frau Tilly gar nicht *(bedauernd)*.

Eben so 'ne blöde Hausfrau, die immer sagt, wenn alles blank geputzt und sauber ist, nicht, ist eben auch die Welt in Ordnung, die Frau hat kein schlechtes Gewissen und ist glücklich.

Also die Frau Tilly würde dann z.B. sagen: Katzenkotze von Teppichen kriegen sie mit unserem Geschirrspülmittel hervorragend weg, und nebenbei macht's auch Teller sauber. So was könnte ich mir vorstellen, daß das 'ner Frau einfällt und daß die dann auch die Lust und den Impetus hat, sowas durchzusetzen. Was von 'nem Mann sofort runtergenagelt wird, ne. Und das ist das, was ich mit experimentellen Ausreißern meine. Das Verspielte, Unernste, was

Frauen möglicherweise eher eignet als Männern und was Schopenhauer ja auch zu der Vision veranlaßt hat, daß der Unterschied zwischen Kindern und Weibern nur ein gradueller ist, blöd sind sie beide – *(lacht)*, daß dies der Werbung zugute käme, ne.

Wie Frau Dr. A. F. erklärt, warum die Frauen selbst Schuld sind, wenn sie ihren Schwiegermüttern gefallen wollen, warum die „intelligente" Ruhrgebietsanzeige nicht im „Bild der Frau" erscheint usw. ...

So eine Werbung wäre nicht in „Bild der Frau", denn dies wäre nicht die Zielgruppe. Zielgruppe sind hier die sog. Meinungseliten, weiß der Deubel was, Leute, die ins Ruhrgebiet investieren sollen oder dorthin ziehen sollen oder mal besuchen sollen. Aber ich bin davon überzeugt, daß selbst die Leserin von „Bild der Frau" zu 50 oder 75 Prozent das begreifen würde – auch wenn sie nicht in der Lage wäre, es zu artikulieren.

Gut, die kriegen statt dessen angeboten, daß Jacobs Krönung so wunderbar ist, weil dann die Schwiegermutter zufrieden ist.

Hm *(zustimmend)* – also, Frauen, die so blöd sind, nur deswegen den Kaffee zu kaufen, ham's nicht besser verdient. Find' ich, also jetzt werden wir mal brutal und zynisch. Jedes Volk, jedes Publikum hat im Grunde die Werbung, die es verdient. *(Klopft auf den Tisch)*.

Altmodisches Frauenbild trotz modernen Designs: Die Küche als Argument für eine Rückkehr in die Ehe ...

Was mir nicht ganz leicht fällt, das kann meine Küche: Ordnung halten. „Ich habe zwei Berufe: Journalistin und Mutter. Die Mutter in mir sagt: Moritz braucht was Anständiges zu essen. Die Journalistin sagt: Nimm Dir doch eine Küchenhilfe. Und tatsächlich habe ich eine ideale Küchenhilfe gefunden: meine neue bulthaup-Küche. Mit ihr macht das Kochen halb soviel Arbeit aber doppelt soviel Vergnügen. Alles ist bis ins Detail durchdacht. Sogar mit verbundenen Augen würde ich hier jedes Messer, jede Pfanne, jedes Gewürz auf Anhieb finden. Obwohl ich wirklich nicht die Ordentlichste bin. Meine Küche ist halt ordentlich. Ich liebe meine Küche". Soweit Marion de Beer. Lesen Sie bitte in unseren weiteren Anzeigen, wie sich Frank, ein Feinschmecker und Hobbykoch und zwei Studenten und eine große Familie und ein berufstätiges Ehepaar und ein Junggeselle ihre völlig verschiedenen Vorstellungen von guter Küche mit bulthaup verwirklicht haben. Und wenn Sie uns anrufen oder schreiben, schicken wir Ihnen unseren Katalog mit beispielhaften Kücheneinrichtungen. Sowie die Adressen empfehlenswerter Küchen-Einrichter. Bulthaup GmbH & Co. Systemmöbel Industrie. D-8318 Aich über Landshut. Tel. 08741/801. Bulthaup Schweiz. Schönburgstrasse 41, CH-3013 Bern. Tel. 031/414342.

bulthaup

Das bulthaup Küchen-System der unbegrenzten Möglichkeiten.

Modernes Frauenbild in der Haushaltswerbung – noch selten; hier zum Beispiel „bulthaup"-Küchen (Kundenberater: Inge Drachsler / Hanspetrer Schöder, Grafikerin: Beate Mayer)

Ist doch in Ordnung, wenn diese Frauen über ihre Schwiegermütter noch nicht hinausgewachsen sind, sich von ihren Schwiegermüttern noch nicht emanzipiert haben. Die Götter sind gerecht: „Aus unseren Leidenschaften schaffen sie das Werkzeug, uns zu geißeln." Dasselbe gilt für die Werbung. Die ist auch gerecht: Aus unserer Dummheit schafft sie das Werkzeug, uns zu verführen.

Ich glaube, die Fähigkeiten der Werbung, Trend zu inaugurieren, werden oft überschätzt. Werbung kann den Zeitgeist, sozialpolitische Trends reflektieren und damit ganz sicherlich verstärken und demokratisieren, aber sie kann ihn nicht produzieren.

Sie sagen gerade Zeitgeist – wenn man auf der anderen Seite sagen wir mal „Brigitte"-Untersuchungen nimmt, wo daraus hervorgeht, daß die jungen Frauen zumindest Berufstätigkeit inzwischen enorm wichtig finden – natürlich nach wie vor aber auch Kinder und Familie usw. –, finde ich die Werbung mindestens 50 Jahre zurück, was die Klischees betrifft, wie Frauen sein sollen.

Dann gucken Sie sich mal die Werbung von Springer / Jacoby an für Haushaltsgeräte, ich glaube, in diesem Falle ist es Panasonic. Da geht es genau um diese Problematik, daß Frauen keine Lust haben, in der Küche zu stehen, keine Lust haben abzuspülen, keine Zeit haben, dauernd ihre krähende Familie zu füttern, weil sie was Besseres zu tun haben. Das ist wirklich emanzipatorische Werbung. Aber eher die Ausnahmme. Was dafür spricht, daß Werbung hinterherhinkt, ne. Jetzt haben wir aus derselben Agentur 'ne ganz andere Kampagne, da geht es um Miele. Und da sind wir genau auf dem alten Gleis. Die Tochter hat denselben Geschirrspülautomaten wie die Mutter. Also die Mutter als Empfehlungsinstanz, was im Grunde ein Apell an das Bedürfnis nach Sicherheit in einer heilen Welt traditioneller Werte ist. Was Mammi machte war gut, da hat das Zeug gehalten, deshalb macht es auch die Tochter so. Aus dem Produkt heraus sicherlich klug und richtig, aber aus Ihrer emanzipatorisch-kritischen Ecke heraus 'ne Petrifizierung von gesellschaftlichen Verhältnissen.

Ja, wie finden Sie das, wenn Sie so Bücher lesen wie „My Mother, Myself" oder so?

Das hab' ich nun grade nicht gelesen. (Gelächter) … Nochmal zu Ihrer Frage. Meine Aufmerksamkeit läßt nach – aber das macht nichts.

Ja, anstrengend ist das.

Katrin Klinger

38, Media Adviser

Wenn's in der Brust klemmt, hilft eine Werbeagentur

L'ESTELLE
L'ESTELLE

„Und wie ist es denn mit der Werbung?" fragte ich mein Vis-à-vis. „Unter uns, Kollegin, da läuft überhaupt nichts, denn wir haben gerade das Nötigste zu verkaufen, und das geht auch noch ,unterm Ladentisch' weg, wenn Sie wissen, was ich meine", sagte ein kleiner, dicklicher, reizender, parteilich gut geschulter Mensch zu mir, als ich die Stelle eines Leiters für Öffentlichkeitsarbeit in Halle / Saale übernahm.

1983. Die gleiche Frage. Doch diesmal wurde sie von einem netten, freundlichen, beeindruckend bundesdeutschen Menschen gestellt, in Oberursel. Ein Mann, der sich ehemaliger Ostdeutscher annahm.

Der mittlere Kulturschock des Wechsels von Deutschland Ost nach Deutschland West als Mitdreißigerin in den Anfängen der 80er Jahre saß mir noch im Gemüt.

Werbung, ein durch und durch kapitalistisches Metier. Das kann ich nie. Aber es reizte. Nun war ich schon mal im „Westen", besaß einen grünen Paß, die Freiheit, über mich selbst zu entscheiden. Werbung. Da war schon wieder eine Tür, hinter der sich verbarg, was ich noch nicht kannte.

Herzklopfen, anrufen, und das auch noch sächselnd. Luerzer, Conrad & Leo Burnett Frankfurt. Da saß ein drahtiger Typ, Creative Supervisor. Er gefiel mir. Ich interessierte ihn weniger mit dem, was ich erzählte. Irgendwelche Lebensläufe in Deutschland Ost. Doch Ost gab dann das Einstiegswort für mehr Interesse. „Was, aus dem Osten? Wer das geschafft hat, kann auch mehr." Vielleicht Werbung, dachte ich, denn schließlich mußte ich ja auch mein Brot verdienen. Probearbeit. Unter 30 fiel die Wahl, wie das so heißt, auf mich.

Ein Arbeitsvertrag bei Lueco. Juniorcopywriter. Keine Ahnung, was sich dahinter verbirgt.

Braves blaues Kostüm am ersten Tag. Wie eine Maus verkroch ich mich hinter meinem weißen Schreibtisch. Ich

Zur Mode.

Bogner

Art Director: Christine Brauer

Creative Director: Margot Müller/Fred Bühler, Kundenberater: Ursula Müller/Gerd Lehmann

schämte mich (wovor?), hatte Angst vor all den vielen gut designten Menschen, vor der Lockerheit des Umgangstons, vor der Lautsprecheranlage des Hauses. Da hatten welche die Beine auf dem Tisch, andere brüllten laut aus sich heraus, was sie gerade bewegte, gerichtet gegen einen Kontakter.

Was ist so anders, daß die Leute so selbstbewußt sind? Meine Ehrfurcht war grenzenlos. In der Brustgegend klemmte alles. Nie und nimmer könnte ich jemals Sätze aufs Papier setzen. Und wenn, dann waren die sowieso zu lang. Die Übermacht des Selbstbewußtseins aller, wie ich glaubte, gelingt mir nie anzusprechen. Magic Marker, Meeting. Mein Gott, was war das schon wieder? Layout. Noch nie gehört. Headline, Subline, Copy. Bewegte ich mich im Ausland? Natürlich. Im anderen System.

Es dauerte nahezu sechs Monate, ehe ich überhaupt etwas aufs Papier brachte. Vorher hatte ich mich wohl zu sehr für die einzelnen Menschen in diesem Hause interessiert.

All die stolzen, erfolgreichen Damen (aus meiner Mäusesicht) kamen mit mir ins Gespräch. Oder ich mit ihnen. Sie gingen zum Bodybuilding, manche auch zur Psychotherapeutin, hatten ihren In-Friseur, sprachen über die und die Kneipe und hatten – welch menschliche Regung für mich – auch Liebeskummer.

Ich blieb nur ein Jahr dort und ging nach London, um Englisch zu lernen. Ich ging schweren Herzens und mit Tränen. Sie, die stolzen Damen und die brüllenden Herren, haben mir Einstieg ins westliche Leben verschafft, durch Wärme, Herzlichkeit, Gesprächsbereitschaft. Sie haben nicht nur Bodybuilding und Friseur im Kopf. Ihr politisches Interesse, ihr sportliches oder kulturelles Engagement, ihre beruflichen Erfahrungen waren für mich mehr wert als ein Besuch an einer Werbeschule.

Sie gaben mir die Selbstsicherheit, das Neue des anderen Systems beruflich wie privat ohne Scham und Frust (welch ein westdeutsches Wort) aufzunehmen.

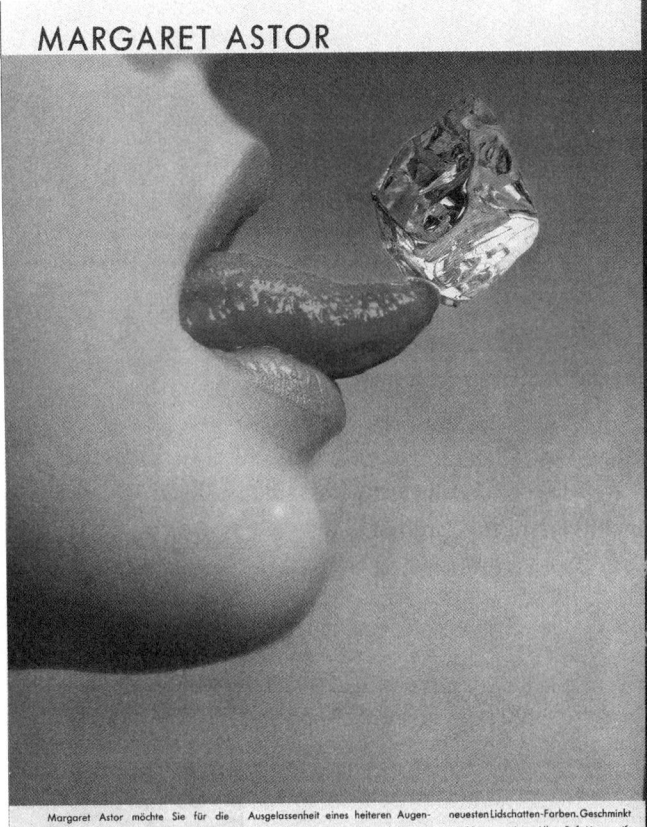

MARGARET ASTOR

Margaret Astor möchte Sie für die frischesten und mutigsten Farben gewinnen. Die neuesten sind Icy Pink. Für die Ausgelassenheit eines heiteren Augenblicks. Icy Pink Colours gibt es als Lippenstift und Nagellack. Dazu passend die neuesten Lidschatten-Farben. Geschminkt mit Margaret Astor Ultra Soft Lippenstift und Ultra Diamant Nagellack Nr. 20.

Ein ausdrucksvolles Parfum mit einem Hauch Magie.

MYSTERE

ROCHAS
PARIS

mon parfum

Paloma Picasso

PARFUMS PALOMA PICASSO

IHR GEHEIMNIS

POISON

von Parfums Christian Dior
PARIS

Chromacom
Das Synonym für perfekte elektronische Bildbearbeitung. Mit Features, die man vor gar nicht langer Zeit für unvorstellbar gehalten hat. Die gänzlich neuen, aus der Reproduktionstechnik kommenden Manipulationsmöglichkeiten sind fantastisch.

Grafik-Designer und Producer wird's interessieren: Qualitätsverluste gegenüber den Vorlagen durch Umkopieren und manuellen Einfarben gibt es nicht mehr. Wenn Sie schwierige Aufträge direkt überfolgen wollen, ist am Monitor kann von den manipulierten Bilddaten schon zum Original zurückgeschaltet werden.

Composing als Unikat
Übrigens bietet Hell den ersten Farbbildrecorder, der aus der Materialleuchtfarbig auf Dias oder Aufsichtsmaterial belichtet. Was bedeutet Ihre Arbeit mit Chromacom-Repro häufen? Sie sind in der Lage, Ihren Kunden keine Teilbilder, sondern Unikate zu liefern! Bis zu 54 × 73,5 cm.

Nota bene
Spezielle Druckschriften »Chromacom« Neue Dimensionen für Designer und Producere und »Praxistips für Producer und Reprotechniker« für Reprotechniker und Drucker stehen zur Verfügung.

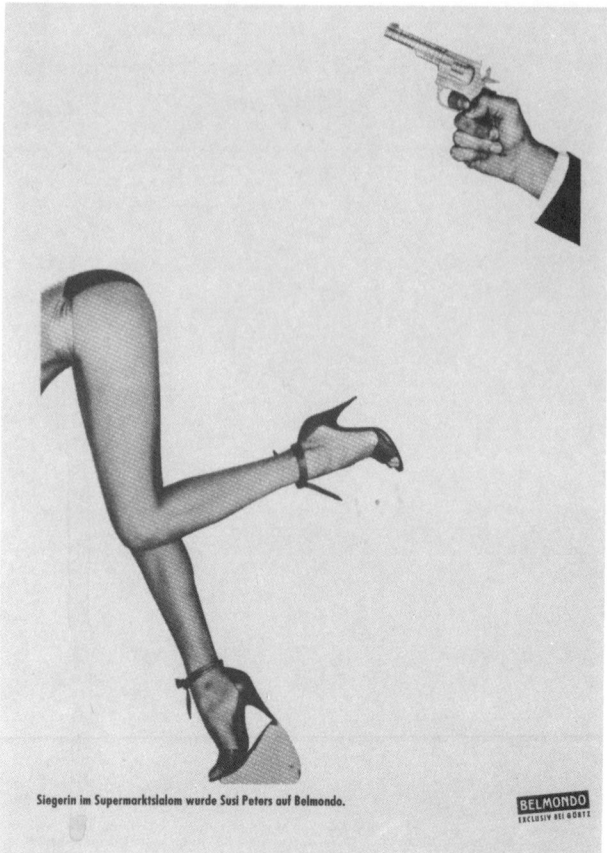

Siegerin im Supermarktslalom wurde Susi Peters auf Belmondo.

BELMONDO
EXCLUSIV BEI GÖRTZ

Daß MÄRZ so schicke Strickjacken aus meiner Wolle macht, will in meiner Herde wieder keiner glauben. Solche Schafe sind das.

MÄRZ macht die Mode, das Material die Natur.

märz münchen

Produktmanager: Angela Staffa, Adolf Schneider

D. Krause

Kundenberaterin

Ich glaube, es ist ein Vorteil, als Frau in der Werbung zu arbeiten.

Wer in der Werbung arbeitet, hat sicher einen der abwechslungsreichsten Berufe gewählt, die es gibt. Durch die jeweils verschiedenen Kunden ergeben sich immer neue Aufgabenstellungen. Zwar fehlt dem harten Alltag der Glimmer und das „Freakige", das sich viele Leute unter diesem Beruf vorstellen. Trotzdem sind Kreativität, Engagement und Spaß an der Arbeit eine Grundvoraussetzung, um diesen Beruf gern auszuüben.

Unter hartem Alltag verstehe ich bei meinem Job in einer Werbeagentur den ständigen Termindruck, unter dem man arbeitet. Meist hat man viele verschiedene Kunden gleichzeitig zu betreuen. Man muß immer aufnahmebereit sein, Probleme lösen, mit Kunden und Lieferanten verhandeln und Lösungen im Sinne des Kunden und des Arbeitgebers erarbeiten – und trotzdem immer freundlich sein, denn man arbeitet ja schließlich in einem Dienstleistungsunternehmen.

Die ganze Person ist tagsüber für den Job reserviert – manchmal auch bis in den Feierabend hinein. Für persönliche Gedanken oder Gespräche bleibt nicht viel Platz. Und nach der Arbeit braucht man auch noch einige Zeit, um abschalten zu können und wieder Privat-Mensch zu werden.

Ich hatte das Glück, zwei Seiten der Werbung kennenzulernen: Zum einen auf der Kundenseite, nämlich in der Marketingabteilung eines großen Berliner Industrieunternehmens, zum anderen als Kundenberaterin und Assistentin der Geschäftsleitung in einer namhaften Berliner Werbeagentur.

In der Marketingabteilung des Industrieunternehmens arbeitete ich als Werbeassistentin im Bereich Werbung, d.h. ich war unter anderem zuständig für Prospekte, Anzeigen, Werbegeschenke und auch für die werbliche Betreuung des Außendienstes. Als mein direkter Vorgesetzter ein Vierteljahr, nachdem ich dort angefangen hatte, kündigte, mußte ich ins kalte Wasser springen und versuchen, mit den gestellten Aufgaben allein fertig zu werden. Mit der kräftigen Hilfe der Kollegen habe ich das, so glaube ich wenigstens, ganz gut geschafft.

Egal auf welcher Seite man steht, meistens hat man es mit männlichen Gesprächspartnern zu tun. Als ich Teile der Werbung in dem großen Industrieunternehmen zu betreuen hatte, war mein direkter Ansprechpartner im Hause und in der betreuenden Werbeagentur ein Mann. Beide Gesprächspartner behandelten mich stets zuvorkommend und akzeptierten mich auch fachlich. Niemals hatte ich das Gefühl, daß ich irgendwie Nachteile daraus hatte, weil ich eine Frau bin.

Bei der Arbeit in der Werbeagentur sieht das ein kleines bißchen anders aus. Wenn der erste Termin mit einem neuen Kunden stattfindet (meist mit männlichen Gesprächspartnern), meine ich doch Überraschung beim Kunden feststellen zu können. Vielleicht rechnet ein Mann zuerst einmal nicht damit, eine weibliche Kundenberaterin vor sich zu haben. Erschwerend kommt dann noch dazu, daß ich noch nicht so alt an Jahren bin. Gleich zu Beginn der Gespräche versuche ich natürlich, den Kunden davon

Eine ganz normale Frau in einem zwar anstrengenden, aber auch faszinierenden Job: als Thema von Werbung eine absolute Ausnahme – in der Realität der Agenturen die Regel.

zu überzeugen, daß eine weibliche Kundenberaterin die gleiche Arbeit leistet wie ein Mann. Meist steige ich sofort in das anliegende Thema ein. Vielleicht muß man *als Frau* doch mit mehr Engagement und fachlichen Qualitäten in ein Gespräch gehen.

Die leisen Vorbehalte spürt man meist nur am Anfang eines Gespräches. Das äußert sich nach meinen Erfahrungen durch zweifelnde Blicke, durch öftere Zwischenfragen. Bei einem Kunden, der mit technischen Produkten zu tun hat, erlebte ich es einmal, daß ich auch als technischer Laie einen komplizierten technischen Zusammenhang auf Anhieb verstand und der Kunde sehr erstaunt war, daß ich dies bei einem nächsten Gespräch einbringen konnte.

Alles in allem muß ich aber sagen, daß, wenn das erste Gespräch erst einmal stattgefunden hat, es den Kunden oft ganz angenehm ist, eine weibliche Kundenberaterin zu haben. Die Atmosphäre ist locker, und oft ist es vorgekommen, daß nach den geschäftlichen Problemen auch über nicht-geschäftliche Dinge gesprochen wird. Ein Kunde hat zum Beispiel einmal mitbekommen, daß ich einen Motorroller fahre und hat mir daraufhin begeistert von seinem Hobby erzählt: einer 1000er BMW-Maschine. Bei jedem Telefonat erzählten wir uns auch von unseren neuesten Roller- und Motorrad-Abenteuern. Das hat mir auch sehr viel Spaß gemacht, und die Abwicklung der Aufträge wurde zum Vergnügen.

Niemals ist ein Kunde über das Ziel hinausgeschossen und hat mir gezeigt, daß eine Frau für solch einen Job nicht geeignet sei und doch lieber Hausfrau und Mutter sein sollte. Im Gegenteil – den Charme, den manchmal Kunden entwickeln, empfinde ich als positiv. Die Höflichkeit, die mir dann entgegengebracht wird, verstehe ich als Respekt gegenüber meiner Person, als Geschäftspartnerin und als Frau.

Ich glaube, daß es ein Vorteil ist, als Frau in der Werbung zu arbeiten. Bestimmt liegt es an der Persönlichkeit der Frau, wie sie sich in die Arbeit einbringt und wie sie ihre Stellung in der Gesellschaft sieht – nämlich gleichberechtigt. Mit dem nötigen Selbstbewußtsein kann eine Frau eigentlich jede Situation meistern und „ihren Mann stehen".

Ilse Witt

Anfang 60, Berlinerin, seit zwei Jahrzehnten in Unterfranken. Journalistin und Werbeberaterin. Schwerpunkt: Investitionsgüter-Industrie. Spezialgebiet: Text und Konzeption. Liebt Tiere, malt Aquarelle. Im Sternzeichen „Fische" geboren, fühlt sie sich besonders wohl am und im Wasser.

... das ist wie bei Hund und Katze: wedelt er mit dem Schwanz, fühlt sie sich angegriffen, und schnurrt sie freundlich, hält er das für Knurren.

1 Stunde Lachen ersetzt 1 Ei. Dieser Satz stammt nicht etwa aus der Hungerzeit vor 1948, sondern aus einer meiner Direct-mail-Kampagnen in den fünfziger Jahren. Damals war die Werbung und speziell die für Investitions- und Gebrauchsgüter gewissermaßen „jungfräulicher Boden".

Mein erster Flirt mit der „Reklame begann allerdings wesentlich früher. Nach Schul- und Handelsschulzeit (studiert habe ich erst später „berufsbegleitend") in Berlin geriet ich kurzfristig in einen Bettfederngroßhandel. Neben erstklassigen Briefen brachte ich ein völliges Tohuwabohu in der Buchhaltung zustande. So bekam das tägliche „M'Se Schluß, s'is fümfe" meines Chefs schon bald etwas Endgültiges ...

Zum Glück erhielt ich kurz darauf die heiß ersehnte Volontärstelle in einem Fachzeitschriftenverlag. Nach der Sa-

che mit den Bettfedern war ich mächtig stolz auf meinen ersten gelungenen Umbruch, die erste Kundenzeitschrift, die ich (vertretungsweise) selbständig redigieren durfte! Meine ersten Werbebriefe schrieb ich ebenfalls und – unterschrieb sie auch gleich selbst, ein Vergehen, das mir nur verziehen wurde, weil meine „Erstlingswerke" Erfolg hatten. (Allerdings hatte ich die betreffenden Kunden vorsichtshalber nochmal angerufen). Auf diese Weise lernte ich gleich etwas sehr Wichtiges: Gute Nachfaßwerbung kann die Resonanz verfielfachen.

Begeistert stürzte ich mich in die Arbeit, studierte nebenbei Volkswirtschaft und Zeitungswissenschaft – alles in einem Zehn-Stunden-Arbeitstag. Wie ich noch Zeit für Schwimmen, Theater, Konzerte und Gesangsstunden fand, weiß ich wirklich nicht. Indes – die (kriegsbedingten) Papiersparmaßnahmen machten nach wenigen Jahren allem ein Ende.

Auf welches Pferd sollte ich jetzt setzen? Wie ich als „Parteilose" der Dienstverpflichtung entgehen und in eine mich ebenfalls interessierende soziale Aufgabe schlüpfen konnte, ist eine andere Geschichte. Ich überspringe ein paar Jahre und bleibe bei einem weiteren „Neubeginn" 1950 stehen.

Die meisten „heimgekehrten" oder „übriggebliebenen" jungen Deutschen waren nicht so mutlos, wie man das heute zuweilen darstellt. Ich hatte jedenfalls ein Gefühl neu gewonnener Freiheit und war davon überzeugt, daß ich so ziemlich alles erreichen könne.

Während der Jahre zuvor hatte ich u.a. im Auftrag einer Schweizer Hilfsorganisation Broschüren für heimatlose deutsche Jugendliche verfaßt, die sehr gut aufgenommen wurden. Das bestärkte mich in dem Wunsch, meine Brötchen künftig mit Schreiben zu verdienen. Eine Stellung in Presse oder Werbung fand ich zwar nicht gleich, konnte aber bei einem im Aufbau befindlichen Automobil-Hersteller anfangen. Die Abteilung Presse und Werbung war in einer Baracke untergebracht, der Werbeleiter war Kunstmaler, der Assistent für Grafik ehemaliger Schauspieler. Der Werbeassistent für Text und Druck fehlte, das heißt, er (sie!) war schon da – die anderen wußten es nur noch nicht. Nach sechs Monaten (mein selbst gesetztes Limit!) wußten sie's. Einschließlich Konkurrenz- und Pressebeobachtung ergab sich jetzt für mich wieder ein Zehn-Stunden-Tag. Ohne Überstunden-Entgelt, versteht sich. Ehrgeizig, wie ich war, hat mir das wenig ausgemacht. Es ist mir immer mehr um den Erfolg und – ja, auch um den Spaß an meiner Arbeit gegangen als ums Geld. Deshalb war ich nicht ganz glücklich, als für die kreative Arbeit weitgehend Agenturen eingesetzt wurden. Heute weiß ich, daß dies in dem rasch wachsenden Konzern nicht anders ging. Nun, ich fand noch eine „kreative Lücke": Ich bewarb mich um die Herstellung von Kundendienst-Anweisungen – einem auch heute noch von der Werbung stiefmütterlich behandelten Gebiet.

Um diese Anweisungen zu schreiben („Was tun Sie, wenn der Motor streikt?") mußte ich entsprechende Kenntnisse erwerben. Ich lernte ja gerade erst *Motorrad* fahren! Also nahm ich an Monteurkursen teil und ging mit unseren Testfahrern auf die Strecke.

Die Männer freuten sich, mir etwas beibringen zu können, und waren stets fair, was ich von den „Schreibtischtätern" nicht sagen kann, denn da begannen jetzt die Konkurrenzkämpfe, auf Seite der „Herren" mit Fallen stellen und Grabenkämpfen, Mitteln, die mir nicht zu Gebote standen. Ich mußte einfach mehr leisten.

Man sollte auf die Barrikaden gehen ...

Das ist bis heute so geblieben: Frauen müssen um 30 bis 50 Prozent besser sein als ihre männlichen Kollegen, um eine (führende) Stellung zu erreichen und zu halten. Dennoch verdienen sie um ca. 20 Prozent weniger. Man sollte auf die Barrikaden gehen, aber – man zeige mir die Gruppe erfolgreicher Frauen, die bereit ist, für gemeinsame Ziele zu kämpfen ... Doch das ist ein weites Feld.

Als meine Arbeitsstätte ins Rheinland verlegt wurde, ging ich nicht mit, weil ich mir zu jenem Zeitpunkt keine Chance ausrechnete, als Frau weiter voranzukommen.

Etwas Bestürzendes war geschehen: Die Frauen, als „Ersatz-Arbeitskräfte" im Krieg und als Trümmerfrauen kurz danach hoch geschätzt, wurden nun mit sanfter Gewalt in eine Weibchen-Rolle gedrängt, eine Rolle, der sie innerlich längst entwachsen waren.

Nach einem kurzen Gastspiel in der Exportabteilung einer Maschinenfabrik bekam ich endlich meine erste Stellung als Werbeleiterin, runde 500 Kilometer von meinem Wohnort entfernt. Es handelte sich um einen Betrieb, der einerseits Waschmaschinen, andererseits Steinformmaschinen herstellte. Ich war eingestellt worden, weil mein Briefstil gefiel. Von den Aufgaben eines Werbeleiters hatten die Herren, wie ich später erkannte, allerdings abenteuerliche Vorstellungen. Als ich nämlich meinen ersten Etat-Plan vorlegte, mit Finanzbedarf, Timing und allem, was dazugehört, erntete ich lediglich ein müdes Lächeln und ein vages „Wir werden mal sehen". Vergebens versuchte ich zu überzeugen – diesen Kampf verlor ich, gewann aber dafür das Vertrauen eines anderen Unternehmers. Wir waren gleichaltrig. Er dachte forschrittlich, steckte wie ich voller Tatendrang und Phantasie. Dennoch waren wir nicht von Anfang an Freunde; vielleicht waren wir uns zu ähnlich. Letztlich akzeptierte er jedoch Argumente, die mit Festigkeit und Sachverstand vorgetragen wurden.

Die Werbefrau braucht viel Stehvermögen, auch wenn ihr Chef oder Auftraggeber „mitgeht". Was die Männer nur schwer begreifen: Die Fachfrau steht voll in der Verantwortung, so, als ob es ihr eigener Betrieb wäre. Sie *muß* einfach um der Sache willen ihre Ideen und Erkennnisse durchsetzen. Diese Sachlichkeit und Logik traut uns der Mann nicht ohne weiteres zu. Hier ist die Quelle so mancher Mißverständnisse. Das ist wie bei Hund und Katze: jeder spricht für den anderen eine Fremdsprache. Wedelt er mit dem Schwanz, fühlt sie sich angegriffen, und schnurrt sie freundlich, dann hält er das für Knurren.

Nun, ich konnte mich durchsetzen. Innerhalb von dreieinhalb Jahren stieg die Beschäftigtenzahl auf das Achtfache. Die gesamte Branche wußte, daß es hier nicht in erster Linie auf das Produkt selbst ankam; das stellten viele her. Zu 90 Prozent brachte das Marketing-Mix, vor allem die Werbung, den Erfolg. Noch viele Jahre später hat mein ehemaliger Chef, der mich immer wieder einmal zu Round-Table-Gesprächen einlud, bestätigt, was ich längst wußte: daß meine Arbeit den Grund gelegt hatte für eine Firmenentwicklung, wie sie selbst im Wirtschaftswunderland nicht allzu häufig war.

Das motiviert ungeheur und läßt leichter über ein weitgehend „verpaßtes" Privatleben hinwegsehen. Indes – wo steht geschrieben, daß der Schöpfungsakt, vielfach im Geistigen stattfindend, nicht ähnlich effizient ist wie der zwischen Mann und Frau vollzogene? Mit anderen Worten: Ich habe Kinder nie vermißt, und Männer? Alle meine Kun-

Ilse Witt: „In Anzeigen der Technischen Industrie erscheinen Frauen leider auch heute noch (wenn überhaupt!) häufig als Sex-Objekte. Der Bogen spannt sich von relativ harmlosen bis zu Darstellungen, die einwandfrei das ästhetische Empfinden verletzen. Das ist allerdings nicht zu beweisen ... Auch handelt es sich nicht immer um Profi-Entwürfe."

den, die meisten meiner Freunde, waren männlichen Geschlechts. Andererseits weiß ich, daß ich im wesentlichen nach kurzem „Abtasten" oder auch kleinen Scharmützeln recht gut mit ihnen auskaum, *weil* ich immer gern und ganz *Frau* bin.

Mit beiden Beinen
auf dem Boden der Wirklichkeit

Bei der Frage nach der Arbeitsbelastung sollte man eines nicht vergessen: Im Geschäft bleibt nur derjenige, der bereit ist, ständig hinzuzulernen. Um für eine Sache zu werben, muß ich sie kennen, ob es sich um neue Schleifverfahren, Mikroelektronik oder den voraussichtlichen Trend in der Jugendmode handelt. Auch Neben-Tätigkeiten wie Lehrlingsbetreuung, Fachvorträge und Seminare, die ich nicht nur besuchte, sondern auch selbst hielt, trugen dazu bei, daß mir keine Scheuklappen wuchsen und daß ich das tat, was Auftraggeber an mir schätzten: Ich blieb mit beiden Beinen auf dem Boden der Wirklichkeit. Ich informierte, anstatt Phrasen zu verwenden. Natürlich kann auf die Ansprache des Emotionellen nicht verzichtet werden, denn Männer sind in erster Linie Menschen, erst recht, wenn sie als Chefkonstrukteure oder Buchhalter ihr Geld verdienen. Man muß das eben vorsichtig und mit Charme machen. Man sollte sich einfach fragen: „Wie würde ich reagieren, wenn ich Dr. Y. wäre?"

Hier liegt der Hund begraben, wenn es um Erfolg oder Mißerfolg der Werbung geht. (Sie lesen richtig – ich spreche nicht von Resonanz, sondern vom *Erfolg* der vor-verkaufenden Werbung.) Schöne Bildchen und wohlklingende Texte bringen's nicht. Das sehen wir besonders deutlich bei der Konsumgüter-Werbung, die im Verlauf ihrer Entwicklung bis heute zunehmend weltfremder zu werden scheint, mit wenigen – glänzenden! – Ausnahmen. Wie widersinnig, daß ausgerechnet junge Männer Werbung für Dinge machen, die hauptsächlich von Frauen verwendet werden! Woher sollen sie zum Beispiel wissen, daß es *kein* Fortschritt ist, ein bewährtes Waschmittel mit einem Weichspüler zu versehen? Oder wie „erstrebenswert" sind ausgerechnet flauschig-weiche Oberhemd-Kragen und -Manschetten? Spiegelnde Fußböden sind wegen der Rutschgefahr auch nicht jedermanns Sache. Oder nehmen Sie nur die Darstellung halb vertrottelter Omas und seniler Opas! Sie sollten sich mal mit den „Grauen Panthern" unterhalten. Warum wird an dieser wichtigen Zielgruppe stracks vorbeigeworben? Andererseits – woher sollen die ach so krea*tiefen* Agentur-Boys das wissen? Woher? Von wem? – Oder die Hausfrauen, die so gezeigt werden, wie Werbe-Fritzchen es in seinem Schul-Lesebuch für die unteren Klassen gelernt hat. Aber bitte – keine Regel ohne Ausnahme! Es gibt großartige Spots, Anzeigen und Druckschriften; es sind nur leider zu wenige.

Dieses Vorbeigehen an der Wirklichkeit und die Überheblichkeit, die darin (weithin übrigens!) gesehen wird, hat mir die Lust genommen, mich auf diesem Gebiet zu engagieren. Bei der Investitionsgüter-Werbung hingegen habe ich in kurzer Zeit mein Erfolgserlebnis oder das Gegenteil. Hier hängt es klar vom Ergebnis ab, ob ich im Geschäft bleibe oder nicht.

Einige Jahre später zeigte es sich, daß eine Reihe von Unternehmern gern mit mir gearbeitet hätten, falls ich frei gewesen wäre. Ich machte mich also selbständig und beriet die verschiedensten Unternehmen in Marketing- und Werbefragen.

Zeitweise war ich im Außendienst tätig, hielt Vorträge in Schulen über Jugendliteratur, veranstaltete Hausfrauen-Abende. In diesen „Lern- und Wanderjahren" lernte ich das Merketing-Mix an der Basis kennen. Dieser „Unterbau" hatte mir, das muß ich ehrlich zugeben, trotz meiner Erfolge in den vorangegangenen Jahren, gefehlt. Als ich die große Werbeabteilung einer bedeutenden Landmaschinenfabrik übernahm, hatte ich viel dazugelernt, so daß es mir nicht schwerfiel, eine weltweite Händler-Organisation und eine Reihe sehr unterschiedlicher Produktlinien zu betreuen.

Immer mehr erkannte ich aber auch, daß meine Stärke im organisatorisch-konzeptionellen Bereich lag, speziell in Kundenberatung, Werbeplanung und Text. Als ein großer deutscher Fachzeitschriftenverlag seinen Cheftexter suchte, bewarb ich mich wie etwa 130 weitere Interessenten; eigentlich mehr zum Spaß nahm ich an diesem „Wettbewerb" teil. Außerdem hat man ab und zu das Bedürfnis, herauszufinden, wie gut man eigentlich noch ist. Zu meiner Überraschung und Freude hielt ich wenige Tage, nachdem ich meine Prüfungsarbeit abgesandt hatte, das Einstellungs-Telegramm in Händen.

Lebenslanges Lernen

Da sitze ich nun seit vielen Jahren, habe ein paar neue Abteilungen ins Leben gerufen und tue das, was mir am meisten Spaß macht: Ich bewerbe die Inserenten, die keine eigene Agentur oder Werbeabteilung haben, konzipiere und texte die verschiedensten Werbemittel von der Anzeige bis zum Prospekt, vom Werbebrief bis zum Fachartikel. Außerdem widme ich mich allen Aufgaben, die im Rahmen des von mir eingerichteten „Service" anfallen. Täglich begegnen mir neue Unternehmen, Produkte, Verfahren, Technologien. Deshalb ist „Lebenslanges Lernen" mein Schicksal.

Das alles befriedigt mich ebensosehr wie die gelegentlichen Arbeiten für befreundete Gewerbetreibende. So finden sich in meiner Arbeitsmappe die Schrittmotoren-Firma neben dem Schrauben-Hersteller, das Nobel-Hotel neben dem Coiffeur, der Autohändler neben dem Jugendmode-Filialisten, das Großversandhaus neben dem Reise-Unternehmen.

Was wird die Zukunft bringen? Vielleicht Btx und Datenbanken; die neuen Medien interessieren mich sehr. – Eine Kundenzeitschrift oder etwas in der Art würde ich gern wieder einmal machen …

Wenn Sie mich fragen, was mich an meinem Beruf fasziniert und immer wieder neu begeistert: Es ist die Tatsache, daß ich täglich etwas Neues beginnen kann und muß. Die Grenzen meiner Leistungsfähigkeit bestimme ich selbst. Über alldem habe ich beinahe vergessen, daß ich als Frau in ständigem Wettbewerb stehe. Ich empfinde das jetzt nicht mehr so stark. Wenn ich – als älteres Semester – Kunden besuche, ihnen von meinem Können, meiner Erfahrung und meiner Begeisterung einiges vermitteln darf, dann bin ich immer wieder froh zu erleben, daß ich sie mitreißen und optimistisch stimmen kann. Es macht einfach Freude, erfolgreich zu sein in einem „Männerberuf", der im Grunde genommen „eine ganze Frau" erfordert. Wenn alles einigermaßen so bleibt wie es ist (und warum sollte es eigentlich nicht?), dann habe ich gut lachen. Was zu beweisen war, denn: *1 Stunde Lachen ersetzt 1 Ei.*

Traude Weber-Sieb

Von links: Traude Weber-Sieb, Sohn Kai, Enkel Jan, Tochter Birgit, Tochter Janthe, Sohn Sven, Sohn Jörg.

Eine Frau in der Direktwerbung

Am interessantesten an mir als Frau in der Direktwerbung scheint zu sein, daß ich *trotz Beruf fünf Kinder habe*. Warum eigentlich? Jedenfalls hatte ich keine Probleme, trotz Beruf schwanger zu werden. Wirklich nicht! Auch, daß ich *trotz fünf Kindern pausenlos meinen Beruf ausgeübt habe*, erscheint vielen unverständlich. Angesichts der Probleme, die Frauen in anderen Branchen haben, verstehe ich dies sehr gut. Aber in der Direktwerbung geht eben beides: Kinder haben und Karriere machen. Glücklicherweise wurde mein Talent für die Direktwerbung gerade noch rechtzeitig entdeckt.

Trotz Beruf ...

Morgens sagte mir Alfred Gerardi, daß ich ein Werbetalent sei, am frühen Abend bestätigte der Arzt meine Schwangerschaft. Bleiben mir also rund sieben Monate für die Werbung, dachte ich, und fing an zu texten. Das war 1958 und dauerte statt der vorgesehenen sieben Monate neun Jahre: ich war schwanger und textete; beides mit Unterbrechungen (insgesamt gesehen aber doch ziemlich regelmäßig), beides mit Erfolg. Ab 1966 war ich nicht mehr schwanger, textete jedoch weiter. Bis 1977 hatten meine Kinder Vorrang, die Werbung lief mehr so nebenbei. Heute ist es umgekehrt. „Zurück ins Büro" war problematischer als seinerzeit die Verlegung meines Schreibplatzes an Küchen- und Couchtisch. Da saß ich nun in meinem schicken Agentur-Büro, starrte mal auf die Schreibmaschine, mal aus dem Fenster. Am liebsten hätte ich Eimer und Lappen hergenommen und die Scheiben blank geputzt. Meine Hände waren nun einmal gewohnt zu putzen, zu bügeln, Kartoffeln zu schälen, während mein Kopf ein Mailing konzipierte. Beim Staubwischen waren Headlines für den Prospekt entstanden, bem Teigrühren Johnson-Box für den Brief, beim Salatabschmecken der Umschlagteaser. Block und Stift lagen immer in Reichweite und überall herum. So galt es abends nur noch, die Texte zusammen- und in die richtige Reihenfolge zu bringen, ungefähr zwanzigmal neu abzutippen und dann wegzuschicken. Mangels Putzlappen

oder Kartoffeln, die gepellt werden mußten, gab ich meinen Händen nun Schachteln zum Aufreißen, hübsche weiße Stäbchen zum Halten, Ascheabschnippen und Ausdrücken. Nach vier Wochen rauchte ich Kette, hatte mich an die Arbeit im Büro gewöhnt und konnte endlich Karriere machen. Warum sonst hätte ich Kinder, Küche und mein kleines Kaff verlassen sollen? Das waren die Stationen: In der ersten Agentur Texterin, in der zweiten Leiterin der Abteilung Konzeption und Text, heute in der dritten Agentur geschäftsführende Gesellschafterin, die konzipiert, textet und kontaktet.

Trotz fünf Kindern ...

Die Direktwerbung hält, was sie verspricht: Alles wird kostenlos per Post direkt ins Haus geliefert. Informationen zur Weiterbildung kommen täglich, oft sogar doppelt und dreifach an aufeinanderfolgenden Tagen. Wie die Lehrinhalte ist auch dies total praxisbezogen. Wer hat schon täglich Zeit für die Direktmarketing-Lektion. Wer einen Briefkasten besitzt, dazu Augen, um zu sehen und zu lesen, weiß immer, was in der Direktwerbung gerade gefragt ist, welche Produkte wie verkauft werden, was die Post neuerdings erlaubt, welche Fortschritte die Personalisierung und die Dünne des Papiers machen. Und weil für eine Frau in der Direktwerbung Selbstvertrauen ungeheuer wichtig ist, gibt's dieses als kostenlose Zugabe. Nach jeder Lektion aus dem Briefkasten ist da die herrliche Gewißheit, es mindestens genausogut, vermutlich viel, viel besser zu können.

Nachbarn, Verwandte, Freunde und sogar Feinde sind gerne und jederzeit bereit, mit dem Inhalt ihrer Briefkästen die Weiterbildung zu unterstützen. Das ist deshalb so wichtig, weil es manchmal tatsächlich vorkommt, daß jemand zu einer Zielgruppe gehört, die einen selbst bisher verschmäht hat. Aber nicht nur der Briefkasten hält eine Frau in der Direktwerbung, die gerade ein paar Jahre daheim bleibt und sich mit ihren Kindern vergnügt, beruflich auf dem laufenden. Da sind noch die Zeitungen und Zeitschriften und natürlich das Fernsehen. Werbespots sind ziemlich uninteressant. Viel bildender sind die Serien mit hohen Einschaltquoten. Hier gibt's für ein paar Pfennige (der Berechnung zugrunde liegt die TV-Gebühr) die besten Lektionen für die zielgruppenspezifische Ansprache. Momentan muß natürlich jeder Direktwerber wissen, was Sue-Ellen und Pam am schönen Leib tragen, was J. R. sagt und säuft, muß höllisch aufpassen, um nicht zu verpassen, welches Zaubermittel Bobbys Augen wieder heilmacht.

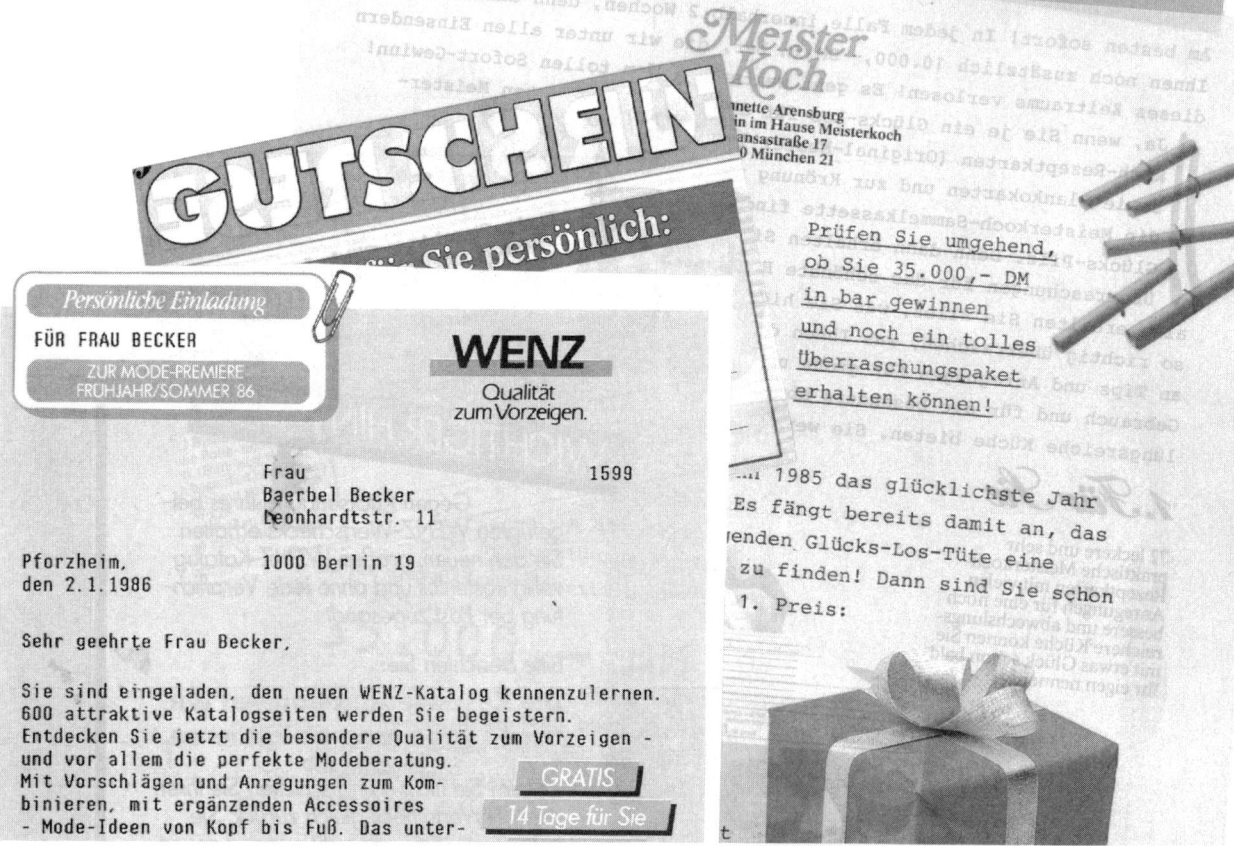

Ein Tag in Baerbel Beckers Briefkasten

Antworten von Traude Weber-Sieb auf eine Umfrage in: BUNTE-Interninfo für die Werbebranche April 1984

Gisela Schalk

1941 geboren, von 1962 bis 1972 in der Werbung tätig, unter anderem als Texterin, was immer mein „Traumberuf" gewesen war. Dann wegen Geburt von zwei Töchtern erst einmal Familienfrau. Relativ spät peilte ich meinen zweiten „Traumberuf" – Autorin – an. Schreibe Erzählungen, Kindergeschichten und ähnliches.
Der Werbung stehe ich heute distanziert freundlich gegenüber.
(Foto: Fern Mehring)

Gisela Schalk: „Diese Anzeige erschien um 1970 herum. Heute lehne ich Werbung für Alkohol generell ab, diese Art ganz besonders."

Ein netter Besuch

Nahm das denn nie ein Ende? Die Mappen auf meinem Schreibtisch mit den Textaufträgen türmten sich immer höher. Dabei hatte ich vor meinem Hochzeitsurlaub alles wegarbeiten wollen.

Noch drei Anzeigentexte für alkoholfreies Bier, der Geschmack sollte betont werden. Meinetwegen, Geschmack war eben Geschmackssache. Einmal sieben Zeilen für die Händlerwerbung von Siebel-Dosenöffnern, den Packungstext für Meiers Paniermehl ändern. Dann eine neue Headline für Käse aus Kraftland – wenn's geht drei Worte, jedes mit vier Buchstaben – Wunsch der Grafik. Waren die denn total verrückt? Ein Packungstext für WC-Reiniger, garantiert umweltfreundlich. Na, wer's glaubte!

Und dann war da noch der neue Malzkaffee mit Coffein. Ich hatte die ganze Einführungskampagne textlich gestaltet. Auch der Slogan „Kiri-Kaffee zum Frühstück – und der Tag gehört dir" war meiner Schreibmaschine entsprungen. Schade, daß ich selber unverbesserliche Teetrinkerin war. Der Text mußte sofort raus. Der Kunde erwartete noch heute über Fernschreiber einige überzeugende Sätze für

zusätzliche Werbemaßnahmen. Sollte er haben. Ich brauchte praktisch nur Vorhandenes zusammenzuschreiben.

„… Aufmunternd wirkt dieses köstliche Getränk am Morgen, erfrischend nach dem Mittagessen, wohltuend am Abend … und das ist neu: Kiri-Kaffee entfaltet sein vollwürziges Aroma auch, wenn sie kaltes Wasser statt …" Das war allerdings entsetzlich! Kaltes Wasser für ein Kaffeegetränk. Brrr …! Dabei hatte der Kunde keine Mühen gescheut und uns reichlich mit Kostproben versehen. Aber das spielte jetzt alles keine Rolle. Der Text mußte gleich raus. Also: „… ganz besonders die Vitamine … Vor allem für berufstätige Frauen ist Kiri-Kaffee sehr praktisch." Ach ja, nach meiner Heirat würde ich selbstverständlich im Beruf bleiben. „Kiri-Kaffee ist im Handumdrehen fertig. Ein gehäufter Teelöffel Kiri-Kaffee in die Tasse, heißes oder kaltes Wasser drauf – umrühren – fertig! Mit Panda-Milch schmeckt's besonders herzhaft." Der Kunde hatte auf dieser Formulierung bestanden. Gab's eigentlich nie etwas Neues? Egal, weiter. Der Slogan noch: „Kiri-Kaffee zum Frühstück – und der Tag gehört dir." Warum mußte eigentlich immer ich diese Art von Texten machen? Klar, als Frau …

Wenige Tage später zu Hause endlich eine andere Sorte Gedichtetes. „Ihre Vermählung geben bekannt"? Um Gottes willen, für eine Texterin wäre das rufschädigend gewesen. Lieber: „Jetzt hat's uns auch erwischt." Klingeln. Ach, du Schreck. Die Veronika-Geschenkedienst-Vertreterin.

Kein frischvermähltes Paar kam drum 'rum. Das fehlte mir gerade noch. Obwohl ... die Werbegeschenke wollte ich ja durchaus haben. Hoffentlich machte sie es kurz und schmerzlos. Aber genau das tat sie nicht. Sie packte Stück für Stück aus und versorgte mich mit den einschlägigen Informationen. Schließlich handelte es sich um die „hochwertigen Produkte vieler Markenartikelhersteller". „Hören Sie", sagte ich, „diese ganzen Werbesprüche können Sie sich sparen."

Aber die blonde Dame vom Veronika-Dienst schüttelte nur energisch den Kopf und pries die Fertiggerichte von Schnellfix an. Was mich besonders ärgerte, war dieser Ton. Als würde sie frisch weg von der Leber erzählen und mir nur ein paar Tips geben, ganz frei improvisiert. Ausgerechnet mir! Ich probierte es noch einmal: „Wissen Sie, es ist völlig überflüssig, wenn Sie mir etwas erzählen, ich ..."

Meine Stimme versagte, denn die blonde Veronika hatte ein wenig mehr Schärfe in ihre Stimme gelegt und empfahl jetzt die Produkte einer Schweizer Firma, die Küchengeräte herstellte. Und was sie sagte: Platteste, allerplatteste Werbung ... Wer machte bloß so einen Kram? „Und wenn Sie es später einmal eilig haben, so wird Kiri-Kaffee Ihnen eine wertvolle Hilfe im Alltag sein ..." Aua! Das war die Strafe, wenn man als Frau einen derartigen Beruf ergriff.

„Hören Sie auf. Es ist absolut zwecklos, mir ..." Doch die Blonde war unerbittlich. „Und das ist neu. Kiri-Kaffee entfaltet sein volles Aroma auch, wenn sie kaltes Wasser ..."

Ich versuchte es mit plumper Freundlichkeit. „Darf ich Ihnen eine Tasse Tee anbieten?" Sie warf mir einen rügenden Blick zu und wiederholte zur Strafe mit abermals verschärftem Ton ihre Botschaft: „Kiri-Kaffee entfaltet sein volles Aroma auch, wenn Sie kaltes Wasser nehmen." Ausnahmsweise ließ sich die Dame zu einer persönlichen Bemerkung hinreißen. „Das können Sie sicherlich erst beurteilen, wenn Sie den neuen Kiri-Kaffee selber probiert haben."

„Hab' ich doch," jammerte ich. Sie warf mir einen mißbilligenden Blick zu. „Kiri-Kaffee in der Zusammensetzung aus Roggen, Malz und echten Kaffeebohnen ist neu auf dem deutschen Markt." „Stimmt", sagte ich und erntete einen bösen Blick. „Außerdem ist Kiri-Kaffee gesund und ..."

„Urgesund", verbesserte ich sie. Jetzt wich der feste Wille, sich nicht unterbrechen zu lassen, einer gewissen Ratlosigkeit. „Außerdem ist Kiri-Kaffee urgesund und ..." Ich unterbrach sie: „... und enthält die Vitamine A, B und F sowie wertvolle Spurenelemente."

Die Blonde sah mich völlig irritiert an, und plötzlich fühlte ich mich wieder wohl auf meinem Stuhl. „Kiri-Kaffee ist im Handumdrehen zubereitet. Ein gehäufter Teelöffel Kiri-Kaffee in die Tasse, heißes oder kaltes Wasser drauf – umrühren – fertig. Und mit Panda-Milch schmeckt Kiri-Kaffee besonders herzhaft!"

Ich lächelte die verstörte Dame vom Veronika-Dienst freundlich an. Sie konnte schließlich nichts dafür, daß ich ein so ungeeignetes Opfer für ihren Vortrag war. Dann fuhr ich fort: „Kiri-Kaffee zum Frühstück – und der Tag gehört dir!" Und weil die Dame in Erstarrung verharrte, zitierte ich noch einige Sätze aus der Händlerwerbung. Ich kam richtig in Schwung und legte ungeheure Überzeugungskraft in meine Worte. Es schien mir, als habe ich allein für diesen Moment jahrelang harte Texterarbeit geleistet. Endlich fand mein Besuch wieder Worte.

„Sind Sie ... ich meine ... arbeiten Sie bei der Firma?" „Nein, nein. Ich habe nur den Text geschrieben, den Sie so schön auswendig gelernt haben. Ich arbeite bei einer Werbeagentur. Aber Sie haben das wirklich sehr gut gemacht. Bis auf diesen einen kleinen Fehler. Sehr gut, wirklich." Das hätte ich nicht sagen dürfen. Noch einmal ein Blick zu mir 'rüber. Eine Mischung aus Verwirrung und Wut. Dann gönnte sie den eben noch so hochwertigen Produkten keinen Blick mehr, nahm Jacke und Handtasche und rauschte zur Tür.

„Ich wünsche Ihnen, daß Sie nie mehr eine Werbetexterin besuchen müssen", rief ich ihr nach. „Und vielen Dank, daß Sie gekommen sind. Eigentlich hat mich Ihr Besuch wirklich sehr gefreut."

Baerbel Becker

Die Präsentation oder: Wie wir bald unser blaues Wunder erleben werden

Mit quietschenden Reifen fährt der alte Benz vor. Rocco und sein Bruder Riccie hasten – vollbepackt – zum Haupteingang. Dem Pförtner werfen sie ein schnelles „Zu Milker" hin und rasen zum Fahrstuhl. Kurze Verschnaufpause, letzter Check: „Also du machst das wie abgesprochen, ich halt' mich erstmal noch im Hintergrund", sagt Rocco und fragt sich, warum das hier genauso stressig ablaufen muß wie damals in der Agentur. Vielleicht hätten sie doch ihren Job nicht an den Nagel hängen sollen. Kling, achter Stock, zu spät. „Guten Tag, meine Herren", meint Milker frostig, „ich hoffe, wir können gleich anfangen". Ricchie legt den Film ein, das Licht geht aus:

Frau S. blinzelt dem neuen Tag entgegen. Behutsam schlägt sie die faltenfreie Acryl-Bettdecke zur Seite und greift neben sich. Bodo schläft noch in seinem modernen Frotteeschlafanzug. Ein wohliges Gefühl überkommt sie: Es gibt nichts besseres – als Bodo. Mit ihrem Satina-weichen Handrücken streift sie seine Wange. Doch da! Was ist das? Kratzig und spröde. Sie springt auf: „Bodo, mein Liebling, du solltest deine drei verschiedenen Bartstufen schnell porentief rein rasieren. Ich hab dir doch das neue Care No 2 After Shave geschenkt" – bevor es eine andere tut, denkt sie weiter.

Bodo öffnet vorsichtig die Augen. Ist sie nicht eine wundervolle Hausfrau mit dem flotten Guhl-Shampoo-dauergewellten Lockenköpfchen? Sie ist meine First Lady unter den Colorationen, meine Poly Lady. Ich werde ihr einen Moulinex Entsafter schenken.

Träumerisch schaut er ihr beim Ankleiden im schneeweißen Möbelparadies von Möbel Hübner zu. Wenn er doch jetzt Polaroid sprechen könnte, er würde ihr soviel sagen wollen. Sie ist die zarteste Versuchung seit es Schokolade gibt. Bevor er sie umarmen kann, hat sie auch schon ihr goldenes Kaufhof-Angebot übergestreift, die Anti-Faltencreme mit Zweifachwirkung aufgetragen und steht im Badezimmer, um Bodo mit dem naturtrüb weichgespülten weißen Badehandtuch abzurubbeln, weil er so sauber wie gekocht sein soll. Er genießt wohlig ihren Durft, diese unverwechselbare echte Aprilfrische und entspannt genüßlich.

Jetzt heißt es aber sich beeilen, denn Frau S. möchte ihren Lieben das tägliche Gute-Laune-Frühstück in der Flötotto-Kombinationsküche Rustikal zusammenstellen – mit Unserer Guten Butter, dem Bioghurt aus Erfahrung gut und den Eiern aus deutschen Landen frisch auf den Tisch. Sie gießt gerade die Tasse Jacobs Kaffee Wunderbar mit dem Verwöhnaroma ein, da fällt ihr ein, sie hat die cremige und ergiebige Dosenmilch vergessen. Und die liebt Bodo so sehr. Wie sagt er doch immer? Kaffee ohne Dosenmilch ist wie Werbung ohne Weiber – sie schmunzelt in sich hinein. Diese Männer.

Plötzlich kommt Martina angelaufen: „Mutti, Mutti, Papi hat noch überhaupt nicht gebohrt", ruft sie und baut sich provozierend vor ihr auf. „Aber Martina, du darfst nicht petzen. Und außerdem soll Papi auch nicht mehr bohren. Die Black and Decker ist für Männerhände viel zu chic, das weißt du doch."

Laut hustend kommt Bodo die Treppe herunter. „Du rauchst zu viel, Liebling, Zähneputzen allein genügt nicht", ruft sie ihm zu. „Ich rauche gern, das weißt du doch, dieser verblüffende Geschmack und überhaupt", entgegnet er barsch, „alle reden vom Wetter, warum *wir* nicht?" „Hab' ich wohl was falsch gemacht", denkt sie bestürzt, „er hat heute doch wieder einen anstrengenden Arbeitstag in seiner Chefetage." Kurzentschlossen öffnet sie die Schrankwand aus der Welt des Wohnens, schleicht sich von hinten an Bodo heran, umarmt ihn und gibt ihm ein Ferrero Küßchen mit der Knuspernuß. Jetzt ist ihr Gewissen wieder rein. Das gibt ihr Sicherheit für den ganzen Tag.

Während sie ihm noch vom Balkon aus nachwinkt, springen ihr schon die Schmierschmutzstreifen ins Auge. O mein General. Wie sollen wir das nur so schnell schaffen, so doch Mutter, Schwiegermutter und meine Freundinnen heute nachmittag zum Kaffee kommen. „Tätäterätä" – kein Problem, Meister Propper putzt so sauber, daß man sich drin spiegeln kann. Dixan läßt den Flecken keine Chance, mit dem weißen Wirbelwind noch mehr gesunde Sauberkeit und streifenlos blank, ich nehm' die große echte Frische und den Express Backofen-Spray mit dem roten Dreieck, dann noch schnell das tolle Ding von Vileda, dieser Wischmob macht Schluß mit schmutzig nassen Händen und Bücken. Juchuu, ganz einfach für alle glatten Böden, Ecken und Treppen, ich will viel, ich spül mit Pril – so! Fertig! Darauf einen Dujardin!

Es klingelt! Frau S. steckt sich schnell noch eine Nelke an ihr kleines schwarzes Küchenkleid und öffnet. Da stehen ihre Lieben, „Mein Kind, wie wunderbar es hier duftet, so rein und frisch", schwärmt ihre Mutter. „Ach wie herrlich deine Küche glänzt", ergänzt die Schwiegermamma, und auch ihre Freundinnen sind begeistert – natürlich auch, weil sie an die Denise-Törtchen gedacht hat. „Tja, so eine richtige Knack-und-Back-Hausfrau weiß eben, was ihre wählerischen Gäste mögen", schießt es Frau S. durch den Kopf, „es ist schon was besonderes, einen guten Geschmack zu haben." Fröhlich werden die letzten Neuigkeiten ausgetauscht, und es wird gelacht und gescherzt.

Wo Marianne nur bleibt. Das Telefon schellt. Frau S. hält den Hörer wie versteinert. „Waaas?", schreit sie, „oh, wie schrecklich. Herzliches Beileid." Kreideweiß kommt sie zum Tisch zurück, „Stellt Euch vor, Mariannes Mutter ist umgebracht worden." Im Nu ist es totenstill. Hedwig unterbricht die Stille: „Weiß man denn schon, wer's getan hat?" Frau S. schüttelt den Kopf: „Nicht sicher. Der Komissar vermutet, ihr Hüfthalter war's." – Jede trinkt gedankenversunken ihre beste Bohne aus.

Beim Abschied nimmt Renate Frau S. noch mal zur Seite: „Was ich eben nicht so laut sagen wollte: Sie sollten mehr aus Ihrem Typ machen. Es ist so einfch, kaufen sie ihm nur noch Unterhosen von Hom. Sie werden sehen, sie haben viel mehr vom Leben. Und vielen Dank für den schönen Nachmittag."

Ja, das war er wirklich, wenn nicht Mariannes Mutter ... Was Bodo wohl dazu sagen wird? Schließlich war er mal mit Marianne verlobt??? ... !!!

Fortsetzung folgt

Das Licht im Vorführraum geht an. Redakteur Milker lehnt sich zurück. Und schaut die beiden lange an. „Nicht zu glauben, meine Herren. Ein gelúngenes Werk. Ich habe lange nicht mehr einen so wahrheitsgetreuen Film gesehen, der die Menschen wie du und ich dermaßen differenziert und auch in ihren Kommunikationsstrukturen so treffénd auf den Punkt problematisiert. Das wird ein Renner, ich sage es Ihnen, gerade heute, wo keiner mehr so recht weiß, wo er hingehört.

Ich würde sagen, wir beginnen mit 98 Folgen und werden dann weitersehen. Diese Dramaturgie! Ja, Sie verstehen Ihr Handwerk. Einfach gelungen, diese Mischung aus gesundem Menschenverstand und erlesenem Geschmack. Damit werden sich unsere Zuschauer identifizieren können, weil die Dinge, die man täglich braucht, endlich mal beim Namen genannt werden. Auch das Surounding – klar, sauber, eine typisch deutsche Familie. Herzlichen Glückwunsch auch, daß Sie den ewig nörgelnden Konsumverzichtsideologen und den dauernd geifernden Emanzen paroli bieten. Es wurde ja auch Zeit, daß die paar, die es noch gibt, sich auch umstellen. Das Blatt hat sich ja Gottlob gewendet. Und diese Farben …"

Er strahlt die beiden ehemaligen Werbetexter an. „So, meine Herren, darauf müssen wir anstoßen", und lauter „Fräulein Susie, bringen Sie uns doch schnell drei Becks-Bier für unseren Männerdurst. Es ist alles getan."

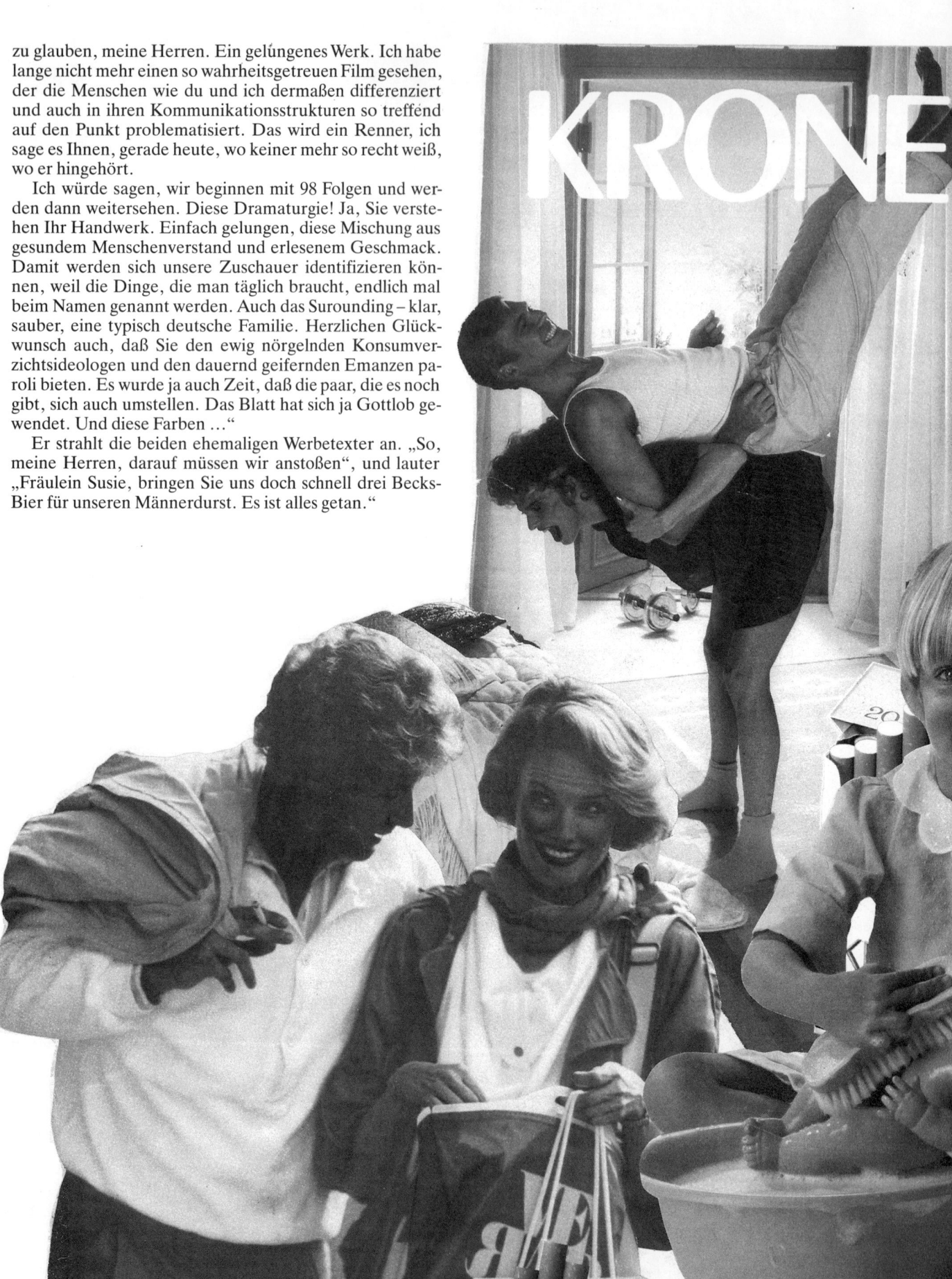

Inés Schaaf

Frauen lassen sich nicht kaufen. Das sind diese grauen Anzüge, die sich kaufen lassen.

Interview von Baerbel Becker und Heide Wohlers

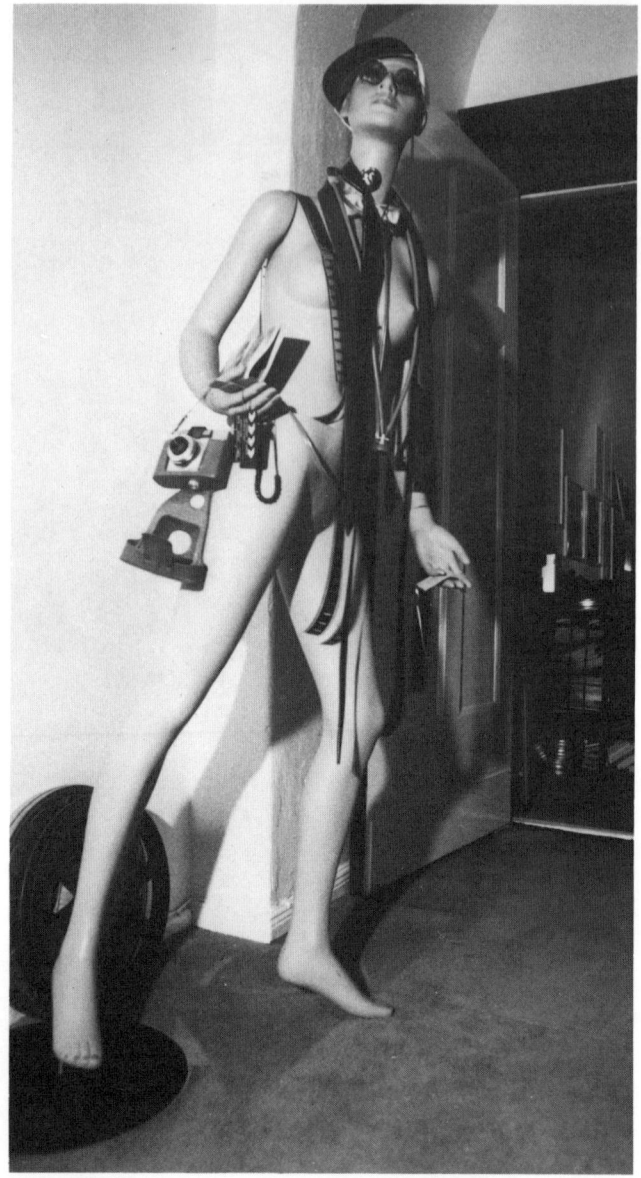

Inés Schaaf, eine burschikose Power-Frau von 40 Jahren, ist selbständige Regisseurin. Obwohl sie als gelernte Filmemacherin vielen Herren noch was vormachen konnte, mußte auch sie den langen Marsch durch die Kompetenzstreitigkeiten und Eifersüchteleien antreten. Heute sucht sie sich aus, was und mit wem sie arbeitet. In ihrem kleinen Studio unterm Dach ihrer Villa residiert sie mit ihrer Sekretärin „Frau Baumann". Leider ist Frau Baumann dauernd in Kur oder gleitet, so daß noch kein Mensch diese ominöse Person zu Gesicht bekommen hat. (Inés Schaaf gestand uns, daß das ihr einziges Zugeständnis an die üblichen Geschäftsgepflogenheiten war, denn ohne Sekretärin ist man in der Branche 'ne Null ...) Also führt sie ihre Selbstgespräche mit Frau Baumann weiter und träumt beim Schneiden der 30-Sekunden-Spots vom Drei-Millionen-Mark-Spielfilm, der als Drehbuch schon fertig in der Schublade lauert.

Werbefilm-Studio Inés Schaaf (Fotos: Hucky Porzner)

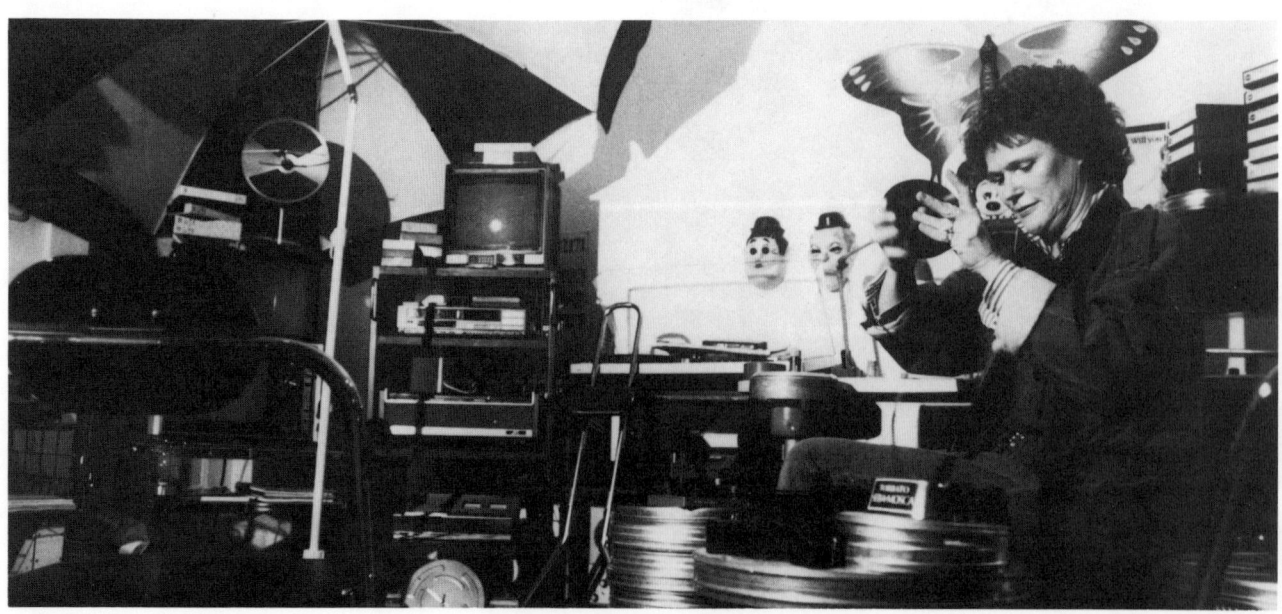

Warum für I.S. die Küchen-Else und die ARIEL-Tante längst nicht so attraktiv sind wie PEPSI-COLA

Wo hat sich Ihnen der Magen umgedreht wegen eines bestimmten Frauenbildes in einem Spot?

Also, die Farbfilme mit Shampoo, das ist alles lächerlich – die Frau immer so: „Hach, seitdem ich das nehme, naaiin, ist ja mein Haar sooo schöön." – Dann rennt'se halt

immer durch den Park, und alles weht mit Slow-Motion durch den Birkenwald. Und dieses „Ich hab' überhaupt keine Probleme mehr" oder die Tussi von Palmolive, furchtbar, nicht? Da können wir aber nix dran ändern, das wird sich weiterhin durchziehen. Das Niveau der Werbung – und das freut mich – ist auf jeden Fall besser geworden, z.B. die Baccardi-Filme oder Camel sind ein Genuß, Langnese, oder die Rama.

Die Ajax-Werbung, die find' ich ja herrlich – haben Sie die mal gesehen? Wo sie dem Freund das Ajax auf die Platte schmiert und fragt: „Bodo, kratzt das?"

Na aber, ist doch toll, bleibt doch hängen! *(völlig begeistert)* Solche Sachen, das ist ein Imagefilm. Es ist super, aber keine Aussage für das Produkt. Die meisten Herren wollen eben gerne dann doch, daß die Else am Becken steht: „ganz weiß, keine Kratzer, ohne Nachwischen".

Aber Bodo macht doch den Effekt auch?

Weil Ajax so eingesessen ist, die können sich das erlauben.

Eben haben Sie gesagt: Camel z.B. wäre toll. Filmisch ist er das bestimmt. Aber wie erklären Sie sich, daß die Leute, also das kritische Publikum im Kino, darüber lacht, wie das immer so ist. Finden Sie das in Ordnung?

Ja. Natürlich sieht man den Film rein optisch, und ich denke an die Leute, die den Genuß hatten, diese Reise zu

Musik

Frau: kichert „Moment mal, Bodo....,"

...kratzt das?"
Bodo: (schüttelt verneinend den Kopf) „Mh, mh."

Sprecher:
„Ja, der neue Ajax Sanftreiniger bringt Glanz ohne Kratzer!"

Agentur:
Marken-Werbung International (MWi)
Idee: Frau Zeuner
Kontakterin: Frau Dürchen

machen. Das sind ja Traumreisen. Da fährt ein Team von 20 Leuten dort runter, und die machen sich tolle vierzehn Tage. Das Ganze kostet dann fünf bis sechshunderttausend Mark, und dieser Typ, der das über Jahre hinweg macht, ist auch saniert. Darüber freue ich mich. Nur, das Produkt kommt dabei überhaupt nicht 'raus. Die Lord-Extra-Filme waren auch ein Traum. Alle vom Flugzeug aus. Reine Kulturfilme. Bei Marlboro, da schreit das Kino inzwischen auf, wenn die Pferde kommen, und trotzdem sind die in, diese Filme. Da, finde ich allerdings, sollte man sich wirklich was Neues überlegen. – Der Camel-Typ ist im Grunde auch abgeklappert, und sie können das gar nicht mehr unterscheiden, ob das Camel oder Ernte ist, die haben alle die gleichen Filme. Danach kommt Baccardi, oder Wick, da schreit der aus dem Urwald. Alles das Gleiche, kannste alles austauschen.

Na, dann geht der Schuß aber nach hinten los!

Ja, da will ich Ihnen was sagen, was meine Kollegen nicht hören sollten: die Filme sind gar nicht so notwendig.

Daß durch solche Filme Freiheit und Abenteuer mit Zigaretten assoziiert werden sollen, haben Sie da keine Probleme mit?

Ja, natürlich, ganz große Probleme. Ich finde es erstaunlich, daß das noch nicht verboten ist. In der Art: „Ich rauche gerne", oder „Die Nr. 1 für mich ist so und so", diese unmöglichen Dinge wird es auch nicht mehr lange geben. Auf der Packung steht drauf: „ist krebsgefährdend", und dann kommt da also: „Meine Freiheit genießen mit weiß ich was." Oder dieses Männliche: „Ich kann nur im Lastwagen rauchen. Go West." Die Nummer mit dem Lastwagen im Grand Canyon war damals wirklich toll, aber der Geschmack hat sich ja auch total umgestellt. Das sieht man ganz deutlich, wenn Sie einmal im Jahr nach Cannes zum Festival fahren, wo international die Engländer, Japaner und Amerikaner, Australier und Franzosen ihre besten Filme bringen, nur Werbefilme. Dieses Jahr in Cannes war ein preisgekrönter Film von Pepsi Cola da. So richtig eine kleine Geschichte, wie E.T. aufgebaut. Super. Im Weltraum treffen sich junge Menschen, Alter fünfzehn, sechzehn, und gehen mit einem Typen aus der Unendlichen Geschichte, so 'nem alten Greis, durch Schutt und Kohle und alles so ein bißchen mystisch mit Musik. Alle haben ne Pepsi-Cola-Büchse in der Hand. Darüber wird aber nicht einmal gesprochen, daß das schmeckt oder so. Tja, wir suchen einen Schatz, und wir werden den noch finden, und da gräbt der in dem Schutt, der aussieht wie Mondsand, und holt eine uralte, verschmutzte Coca-Cola-Flasche 'raus. Dann sagt er: „Oh, I know this", mehr nicht. Das war ja solch ein Jubel, ein Spitzenfilm. Wäre in Deutschland nicht möglich. Daß zwei Produkte, die so hart kämpfen, sich gegenseitig veralbern – eigentlich haben die über Coca-Cola gelacht, nicht?

Das ist ja viel raffinierter als glatte Konsumwerbung, warum gibt es das nicht bei uns?

Das ist auch 'ne Frage des Geldes. Das können sich nur große Firmen leisten.

Gute Ideen sind doch nicht so teuer, oder?

Da können Sie gerne mal in der Agentur vorbeischauen – ich weiß es ja selbst –, so was Gutes wird dort vom Tisch gefegt, das geht alles in den Papierkorb, und nach sechs Meetings hat man diese Filme dann, wie Sie sie jeden Abend sehen.

Und vor allem im Fernsehen ist es dann für die doofen Verbraucher?

... die da wirklich auf den Arm genommen werden – was ich immer wieder sage. Dabei liegt es nicht an der Konzeption der Agentur oder am Realisator, sondern am Kunden, weil der immer Angst hat, sein Produkt kommt nicht richtig bei weg. Der will eben immer wieder sagen, daß er der Größte ist, am besten und am preiswertesten und, und, und. Die Gespräche vorher sind aber so tödlich, daß die wirklich guten Ideen, die auch in Deutschland auf dem Tisch liegen, kaputtgemacht werden, weil die Kunden – Henkel, Colgate, Unilever oder wie sie alle heißen – zuerst sagen: „Machen Sie mal." Und danach heißt es: „Nee, diese Typen können wir nicht nehmen, diese Hausfrau sieht ja so aus, als ob sie nicht gepflegt wäre." Hinterher haben wir dann schön geschminkte Damen am Herd, die aussehen, als ob sie gleich zum Ball gehen.

Woran liegt das denn, sind die irgendwie krank, die Männer bei den Firmen, weil die sich immer solche Frauenbilder zurechtlegen?

Sie sind der Meinung, man muß es einfach so darstellen.

Ja, woher kommt das, haben Sie dazu eine These?

Die Mentalität der Deutschen. Muß alles ordentlich sein. Auch kein Humor. Um Gottes Willen. Bloß nicht. Mal so 'nen kleinen Gag, daß man drüber lacht und die Werbung etwas in Frage stellt, wie die Engländer das machen. Die werden dann aber auch in Cannes prämiert mit ihrem Guiness-Bier. Das ist Anti-Werbung, und da lacht man drüber.

Bezogen auf Frauen, was fällt Ihnen da ein in dieser Richtung?

(Schnauft) Das sind dann Frauen, die haben dann eben 'nen Goldzahn vorne oder 'ne Lücke im Haar oder sind ein bißchen dicker, oder sehen gar nicht gut aus, aber auch nicht mit den Lockenwicklern. Das ist das andere Extrem ... Sind einfach Typen und haben nicht das kleine, dunkle Nachmittagskleid an, wenn sie in der Küche stehen.

Hier sieht das so aus: Wenn Nescafé singt, singt Jacobs Kaffee spätestens vierzehn Tage später. Tschibo singt mit Harry Belafonte, dann kommt Eduscho mit Rex Gildo oder so. Das ist 'ne Sache, da können Sie sich nicht gegen wehren, und es wird gesungen. Alles mit sanf-ten, zar-ten Männerstimmen.

Sie haben keine Gewissensbisse, Werbung zu machen?

NEIN, überhaupt nicht. Nö, weil ich ehrlich dazu stehe, ich sage ja auch, daß ganz fürchterlich gelogen wird. Wenn wir für Meister Propper 'nen Film drehen und die eine Seite soll spiegeln und die andere stumpf sein: das Spiegeln hinzukriegen bedeutet für uns drei Tage Arbeit, und ich sage dann: „Kinder, was machen wir hier für einen Blödsinn." Oder das Vileda-Tuch, dafür arbeiten wir sechs Wochen, um das so hinzukriegen. Oder mit dieser Weißkrafttablette, die man da reinschmeißen mußte. Dazu habe ich die ganze Nacht gebraucht. Die Wäschestücke, die da anfangs drinlagen, die gab's hinterher gar nicht mehr, die hatten sich aufgelöst, und daraus haben wir einen Film gemacht und das angeboten. *(Gelächter)* Dabei habe ich kein schlechtes Gewissen, weil ich denke: wie kann man so was eigentlich machen? Dann hat der zu mir gesagt: „Das kommt ja auch wieder vom Markt, wir wollten ja nur mal testen." Dann mußten wir diesen Flm machen: herkömmliches Waschmittel: grau, und mit der Tablette: weiß. Das

ging dann so aus: das eine mußten wir grau einfärben statt zu waschen, und das andere wurde mit weiß und Extraspotlicht von der Seite eingeleuchtet.

Auch bei Meetings bin ich ja immer ganz ehrlich. Wenn ich's zu fürchterlich finde, sag' ich: „Kinder, das kann ich nicht" und mach's dann auch nicht. Ich bin keine Nutte, die sich anbiedert und sagt, och, wenn ich dafür Geld kriege, dann verkauf' ich mich und mach' dafür alles, inzwischen kann ich mir das auch leisten zu sagen: nee, das mach' ich nicht. Zum Beispiel für Proctor & Gamble mach' ich nicht einen Spot mehr.

Warum nicht?

NEIN. Diese Ariel-Tante, die ja inzwischen nicht mehr da ist. Mit der kann ich nicht leben. Das ist für mich tödlich, da mach ich nicht mit, so doof ist keine Hausfrau.

Wer hat sich denn diese Ariel-Tante ausgedacht?

Männer. Vielleicht stellen sich Männer Frauen so vor, ich weiß es nicht. Nur: fraulich ist sie gar nicht, ist doch wie'n Kerl. Wenn sie mit ihrer Schiebermütze 'reinkommt. „Unsere" komische Waschnudel, und die verkauft „unser"

Produkt. Nur eins muß ich schon sagen, sie hat das Produkt an den ersten Platz gebracht. Das ist wirklich Tatsache. Persil war über Jahrzehnte das Produkt Nr. 1 in der Waschmittelbranche, und jetzt ist es Ariel.

Früher habe ich viel für Waschmittelfirmen gemacht. Das war'n dann noch die Herren, die mich nicht begrüßt haben, wenn ich kam. Dann hab' ich beim zweiten Mal mir einen knallroten Hosenanzug angezogen … kamen die dann rein *(klopft):* „So, können wir anfangen?" Ich hab NIX gesagt, auch nicht: Würden Sie mich netterweise mal begrüßen. Fragt der: „Ja, warum setzen Sie sich denn nicht?" Da stand ich und sagte: „Nö, wenn ich nicht aufgefordert werde, mich hinzusetzen, dann kann ich das auch im Stehen machen, geht ja relativ kurz, können wir uns vielleicht die Filme ansehen, dann fliege ich gleich wieder zurück." Mit der Zeit hat sich dann ergeben, daß sie das akzeptiert haben, aber es war wirklich wahn-sin-nig schwierig. Jetzt nicht mehr. Nun mach ich das 20 Jahre, mit Ausbildung, dann kommt der Punkt … daß Leute auf mich zukommen.

Warum I.S. lieber in ihrem kleinen Studio arbeitet, als in der Champagner-Welt ein bißchen nett zu den Herren zu sein.

Wie hat das bei Ihnen eigentlich angefangen?

Ich hab die Filmfachschule besucht, drei Jahre, Praktikum bei der Mosaik-Film gemacht, bin bei sämtlichen Abteilungen durch, vom Kopierwerk bis zum Tonatelier.

Vom Praktikum bin ich als Cutter-Assistentin zur Filmproduktion gegangen, die nur Werbefilme realisiert hat. Und somit hat sich das aufgebaut. Da fing es schon an: da sind sie gar nichts als Assistentin. Da hatt' ich so 'nen alten Knochen als Vorgesetzen, der hat mich nur hinterm Vorhang numerieren lassen, ja. Ich durfte gar nicht rein, bis ich irgendwann mal abends meine Zeit investiert habe. Ich hab' mir gesagt: „Wenn der jetzt nach Hause geht, dann fragst du, ob du den Film zu Ende schneiden darfst." Dabei haben sie gemerkt, daß ich das kann. Dazu kam dann noch, daß der mir an den Rock wollte. Weil ich diesen Mann haßte, hab' ich das natürlich erzählt, und just zwei Tage später war der draußen und ich hatte meinen Platz und konnte schneiden. Dann hab ich da also fünf Jahre geschnitten. Danach habe ich mich bei einer anderen Produktion beworben, auch wieder Werbung. Die Technik dort ist ja nun inzwischen ganz anders als beim Spielfilm. Sie müssen ja die Sequenzen bildchenweise schneiden, und trotzdem muß es noch rüberkommen. Bei der anderen Produktion fing das dann an, daß ich gedacht habe: „Jetzt machst du das acht Jahre und mußt die Fehler deiner Regisseure am Tisch immer ausmerzen. Wenn die die Anschlüsse nicht gedreht haben, können wir sie am Tisch auch nicht kriegen, also, wenn du doch Regie machen und alles mal von der Konzeptionsseite her kennenlernen könntest!" Danach habe ich dann drei Jahre lang die Film/Funk/Fernseh-Abteilung geleitet. Das war so mit die größte Erfahrung, die ich gemacht habe in meinem Leben. Plötzlich war ich für alle meine lieben Kollegen die Größte, wurde mit Geschenken überschüttet, mit Reisen, mit Angeboten, einfach … weil ich plötzlich der Auftraggeber war. Als es denen nicht mehr so gut ging, bin ich da weg und habe mich selbständig gemacht.

Wie lange ist das her?

Zehn Jahre. Just an dem Tag, an dem ich mich selbständig machte, hatte ich keine Freunde mehr. Alle, die mich überschüttet hatten mit Essen gehen – vom Feinsten, „Ritz" und „Maître" –, die waren plötzlich weg. Aus.

Ich hatte viele Etats gehabt: Volvo, Elbeo, Varta, Trumph-Schokolade, Söhnlein, Fürst Metternich, Vodka Gorbatschow, die ganzen Tabaksachen. Also irrsinnig viel. Philipps, Schering, und da war ich dadurch hochinteressant. Ich konnte Aufträge von hunderttausend Mark verteilen. Und dann: Nicht mal mehr 'nen Kalender habe ich zu Weihnachten gekriegt, kein Mensch hat mich mehr eingeladen, das ist doch sehr traurig.

Sind Sie denn auch verführbar, wenn Sie sagen Maître, Anselmo … diese Glitzerwelt …

Nee, die konnte ich mir ja selber leisten.

Aber sicher würden Sie das ja genau so machen, wenn man den ganzen Tag über zusammen arbeitet, den Film gedreht hat, dann geht man abends zusammen essen. Die Kosten einer Filmproduktion haben das mit drin in ihrem Etat. Selbstverständlich. Die zahlen das ja nicht aus eigener Tasche. Geschenke habe ich ja gar nicht angenommen,

das kommt hinten wieder zurück. Da heißt es dann: die läßt sich ja bestechen. So was ist ja ÜBLICH, geht ganz schnell. Mancher Producer hat so kleine Fernseher, manchmal weiterentwickelt zum Wochenendhaus am Starnberger See, keine Seltenheit.

Sind Männer dafür anfälliger als Frauen? Sich kaufen zu lassen?

Ich glaube, Frauen lassen sich überhaupt nicht kaufen. Das sind diese grauen Anzüge, die sich kaufen lassen, wissen Sie. Die zu Hause auch das Glimmern nicht haben, weil sie in einer Drei-Zimmer-Wohnung wohnen und nicht diese große weite Welt mit Champagner kennen. Die lassen sich bestechen, sehr sogar. Darf man ja gar nicht erzählen, aber es ist so. Auch wenn sie sich nur bestechen lassen, in den Puff zu gehen, das find' ich ja auch unmöglich. Als Frau kann man mir das doch nicht anbieten, nach dem Essen … In London sagte mir mal ein Werbeleiter von D., als ich fragte, ob er noch ins Kabarett wolle: „Nein, ich möchte noch was ganz Schlimmes." Daraufhin habe ich an der nächsten Ecke einen Kneipier angesprochen, wo denn hier „was ganz Schlimmes" ist, da sagte der: „Gibt's hier nicht."

Und dann ist der Herr unbefriedigt geblieben an diesem Abend?

Wahrscheinlich. Ich sagte nur: „Ich benötige nix Schlimmes und geh' jetzt." Aber das Erlebnis war keine Ausnahme.

Das nützt Ihnen also gar nichts, daß Sie keine 25 mehr, sondern eine gestandene Frau sind?

Nee, wenn Sie bei Präsentationen das Mützchen raushängen lassen oder charmante Frau oder die Hilflose spielen: „Wie, gefällt Ihnen der Film gar nicht?" – das nützt nix. Klappt nicht. Aber *(senkt die Stimme auf männliche Lage hinab):* „Hab' Ihnen 'nen Film mitgebracht, woll'n wer erst'n Schnaps trinken oder Puff oder später?" Diese Geschichten zieh'n. Nicht, daß sie mir dann immer gleich einen dreckigen Witz erzählen – das hatte ich gerade vorgestern, da lach' ich ja dann auch drüber …

Erzählen Sie doch mal genauer.

Na, so Andeutungen. Auf Reisen, wenn der Kunde meint, na nu hat se 'nen Auftrag von mir, nun müßte sie ja auch ein bißchen netter sein. Ne, dann besorg' ich dem 'ne Frau, und zwar innerhalb von einer Viertelstunde haben die ihre Frau auf'm Schoß. Hatte ich alles schon.

Oder, einer hat mal direkt am Schneidetisch zu mir gesagt: „Also, eines darf ich Sie mal gleich fragen – entweder schlafen Sie heute mit mir oder geh'n mit mir in den Puff, aber zahlen das." Daraufhin bin ich aufgestanden und habe gesagt: „Beide Lösungen finde ich nicht in Ordnung, ich werde mich daraufhin erstmal beschweren." Dann hat mein Vorgesetzter damals bei D. gesagt: „Aber Frau Schaaf, so ein bißchen hätten Sie da doch mitmachen können." Das war eigentlich der Moment, wo ich dachte: „Am besten machste dich jetzt selbständig." Ja.

Oder 'ne andere Geschichte. Da war ich in Lappland, um einen Film dort zu drehen, hatte den Kunden mit, und abends fing der dann auch an: „Sag mal, wie stellste dir denn das vor, heute abend, ich muß ja irgend 'ne Frau haben." Daraufhin sagte ich: „Mich klammerste mal aus, und hier unsere Darstellerin läßte bitte auch in Ruhe, die soll morgen gedreht werden mit Close-ups, und dann hat die solche Ringe drunter, tu mir den Gefallen." Dann hab' ich die kleine Serviererin herangerufen. „Entschuldigen Sie, hätten Sie heute abend 'n bißchen Zeit, kommen Sie doch mal mit." *(lacht)* Und dann hab' ich sie ihm einfach auf den Schoß gesetzt – und die blieb auch sitzen, hat ein bißchen

Geld gekriegt dafür –, und die Sache war in Ordnung. Der fand dann meinen Film nachher gut.

Mit Ihrer Rolle als Kupplerin, haben Sie da keine Probleme?

Wieso denn? Man kann doch darüber ganz offen reden, da gibt es ja auch Mädchen, die finden das in Ordnung. Ich werde das nie tun und habe es nie getan, daß ich übers Bett meine Karriere mache. Das geht nicht. Wenn Sie da einmal mit anfangen, ist sowieso der Ofen aus.

Und die Models?

Die denken, wenn sie sich nicht ausziehen, nimmt sie der Regisseur nie wieder. Meine Kollegen nutzen das aus, weiß ich hundertprozentig. Die armen Mädchen, tun mir sowieso leid. Aber erst mal sind sie alle dumm. Müssen wir aber nehmen, denn nehmen wir wirklich gute Schauspieler, sind die bekannt und dürfen dann nicht usw. Am liebsten arbeite ich mit Schauspielern. Models – die könnte ich pausenlos … Dieses ewige „War ich gut?" Da gab es doch diesen Film „Blow up", genauso ist es. Die sind so blöde. Denen habe ich schon oft gesagt: „Kinder, laßt den Kameramann in Ruhe und den Auftraggeber, ihr kriegt keinen Auftrag mehr, wenn ihr mit dem pennt" – aber sie machen's.

Das hört sich ja an wie ein Klischee?

So ist es auch.

(Unisono). Aha. (Etwas sehr betrappstes Schweigen.)

Warum I. S. glaubt, daß die Frauen der Manager auch lieber den Tischlermeister als den englischen Lord auf dem Tretboot sehen würden.

Wie sind Sie denn früher mit der Mißachtung Ihrer Fähigkeiten als Filmerin umgegangen? Da steckt man ja nicht einfach so weg, ne?

Ne, ich hab' mir gesagt: „Nu wartet mal ab." Ich war bisher die Einzige in Deutschland, die Werbefilme gemacht hat, weil Frauen nämlich gar nicht rankamen. Ich hatte das Glück, daß ich einen Arbeitgeber hatte, der meinte: „Ach, Mensch, Sie könnten das eigentlich ruhig mal machen." Weil ich immer geschnitten habe. Darüber war ich dann sehr glücklich, und der hat mich also auf das eine Produkt angesetzt. Damit hatten wir wiederum das Problem – was ich auch nie verstand –, daß die Leute nacher wollten, daß „Frau Schaaf unsere Filme macht" und mein Arbeitgeber dann plötzlich eifersüchtig wurde und wir uns getrennt haben.

Was haben Sie denn anders gemacht, weswegen der Kunde dann so scharf drauf war, daß Frau Schaaf die Filme macht?

Ich bin einfach sensibler rangegangen. Das ist das, was Frauen wirklich besser machen. Auch mit Kosmetik. Wenn's z.B. um CD geht, sind in der Agentur immer Frauen. Vielleicht können sie aus eigener Erfahrung auch besser rangehen. Optisch feinfühliger, ästhetischer. Das Gefühl in der Regie bei Männern, würde ich meinen, ist nur in ganz bestimmten Richtungen besser … Zum Beispiel in der komischen Richtung oder in der technischen Richtung, wo es um Kameras geht oder für SONY-Techniken.

Dann stellen die 'ne Frau mit wallenden Chiffon-Gewändern auf den FIAT Uno …

Nein, neinnein, das mein' ich nicht. In der Autobranche gibt es doch wirklich schöne Filme. … Mercedes und Prosche haben doch sehr schöne Filme im Sommer rausgebracht. Also technisch, rhytmisch-technisch können Sie das gut. Kinderfilme, wo man sensibel 'rangehen muß oder

Die Bielefelder Frauenbewegung hat dem Fiat Uno die schwarze Schwanzfeder für frauenfeindliche Werbung verliehen.

Wie tief dieser Vorwurf trifft, kann das goldene Blatt (siehe unten) nur knapp verbergen.

Fiat Uno 70 S

Tiere oder Natur – da würd' ich immer meinen, daß die Frau besser ist. Auch am Schneidetisch gibt es mehr Cutterinnen, weil das eine Sache des Gefühls ist. Damit will ich nicht sagen, daß Männer nur Nägel in die Wand schlagen können, da will ich sie nicht angreifen. In der Kosmetik wird immer begrüßt, wenn es 'ne Frau macht: „Na, das ist schön, die kann sich da reinfühlen", Aber für einen Rasierer, z.B. Gillette, einen Film machen, da fragen die Kunden sich doch: „Meinen Sie denn, daß die das kann?"

Wie würden Sie denn so 'nen Kerl ansprechen? Einen Mann, der sich Gillette kaufen soll?

Die übliche Konzeption ist ja die: In allen Filmen stehen die Männer mit dem Frotteehandtuch da, weiß natürlich, dahinter 'ne Palme, ein bißchen angeschnitten. *(Keifende Stimme mimend)*: „Liebling, Frühstück ist fertig." – „Ja.

Moment." *(amüsiert)*: „Ooo, bist du glatt …" Ja, was anderes passiert doch nicht.

Was würden Sie denn da machen?

(gelangweilt) Das kann ich spontan nicht so sagen, aber in 'ne schöne Geschichte verpackt, und die Frau doch mit einbezogen. Auch ein bißchen erotisch. Wird immer weniger gemacht – find' ich. Da könnte man noch viel mehr so'n Kribbeln einbauen, hm. Machen sie in Amerika und England auch. Bei uns ist alles immer so ohgottogott – so heile Familie – mein bac, dein bac – am Frühstückstisch. Und immer ist die Frau zu Hause – *(angehobene Stime)* „Wiederseh'n, mein Liebling", und der Mann geht im dunklen Anzug mit der Tasche aus dem Haus. Das sind immer Geschäftsleute.

Geht also keiner zu Siemens ans Band zur Frühschicht?

86

Nein. Wir haben ja nur Führungskräfte in Deutschland. Die haben alle nur Häuser, nicht? Keiner in einer Mietwohnung. Zwar alle Reihenhäuser …

Ist das dann so, daß diese Werbemänner sich selber darstellen? Sind ja auch alles Führungskräfte.

Jajajaja. … Jetzt hatte ich gerade wieder so ein Thema. Da krieg' ich einen Film für die Sparkasse, es ging um ein älteres Paar, das war so 'ne Idee von mir. Da hatte ich wirklich einen Super-Tischlermeister, ah, toll. Die Idee fanden sie gut, aber: „Kann man doch nicht machen, der muß doch gut aussehen." Ich: „Der ist doch ein Typ, Mensch, der hat 'nen Schnäuzer, 'ne Halbglatze, ein duftes Gesicht." Der hatte ein *Gesicht.* „Ja. Aber, aber da muß sich doch jeder angesprochen fühlen", hieß es dann … Was hab ich dann genommen? 'Nen englischen Lord. Und 'ne Französin, ein sehr, sehr gepflegtes Paar. Beide durchgestylt, sie mit 'nem kleinen Hütchen, so 'nem spitzen … ist ja auch schön, … Aber, warum kann man nicht mal jemanden Normales da hinsetzen? Es ging um eine Lebensversicherung. Altersversicherung. Es sollte rüberkommen: „Wenn Sie frühzeitig sparen, können Sie sich im Alter Ihr Leben schön gestalten." So. Das mit dem Lord hab' ich in Schildhorn gedreht auf so einem alten Wassertretboot … Im Alter das Leben auf einem Treetboot genießen ist ja nu' nicht des Lebens Krönung. Aber als Idee fand ich das ganz witzig. Die sitzen da nun auf ihrem Tretboot, ein Tisch mit Hummer drauf und Champagner daneben und sitzen da in der Abendsonne und genießen ihr Leben. Wir sagen dann auch „Schöne, glückliche Stunden im Herbst ihres Lebens …" – dann haben sie noch ihren Vogelbauer dabei. Mit Wellensittich, und alles ein bißchen komisch. Da kann ich doch auch Typen dahinsetzen!! Und nicht den Persil-Präsenter in etwas älter. Mit Frau Tilly Lauenstein, die Palmen-Else da, nicht?

Inés Schaaf: „Einmal gab's einen kleinen Unfall. Sie wollte vorwärts, er rückwärts, und wupp ging der Käfig mit den Vögeln baden. Das war richtig tragisch, denn die Vögel hatten wir geliehen, und zwei haben das Bad nicht überlebt …"

Das gleiche war bei 'ner Serie – da sollten junge Leute angesprochen werden. Das kleine Mädchen soll mal Tierärztin werden, davon träumt sie. Eigentlich ist das ein sehr hübscher Film geworden. Da hatte ich eine niedliche Kleine, so Rauscheengel mit ganz tollen Locken. Da wurde mir gesagt: „Können wir nicht nehmen, sieht ja türksch aus." Da sag' ich: „Um Gottes Willen, sie soll nicht blond und nicht dunkel sein, was soll ich nehmen, rot?" Rot! Also

OFF: Für den finanziellen Sonnenschein im Herbst des Lebens können Sie heute schon vorsorgen.

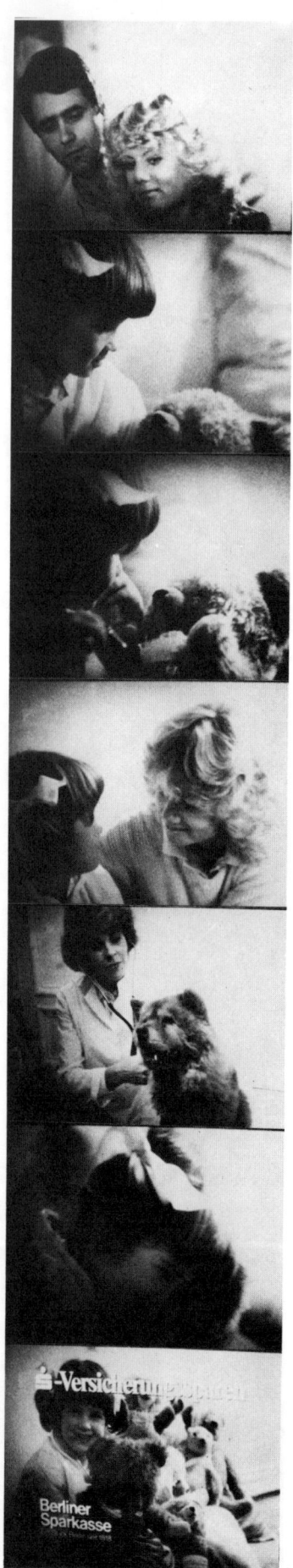

Mutter: Das hast Du aber fein gemacht, Evchen. Evchen: Ich will ja auch mal Teddyärztin werden. OFF: Die Träume ihrer Kinder brauchen eine reale Basis. Jetzt ist die Sparkasse ihr Partner.

Inés Schaaf: „Wenn man sich vorstellt, daß unter dem Tisch während der gesamten Dreharbeiten die Hundebesitzerin beruhigend auf ihren Liebling einredete, der Hund selbst mit Schlaftabletten besänftigt wurde, und dann natürlich die übliche Hektik bei Dreharbeiten …"

hmmm. Nun hatte die Kleine Naturlocken. Die mußte dann unbedingt Zöpfe haben und Schleifen. Daß das nicht zu ihrem Gesicht paßt – da darf ich dann nichts mehr sagen. Das bleibt, wenn die Agentur sagt: „Wir finden die aber so niedlich." Auf jeden Fall, die Idee kam von mir, nur: dies ist das beste Beispiel dafür, daß das, was ich dann im Film sehe, nicht mehr das eigene Werk ist, da haben hundert Leute mitgeredet, da muß ich mit umgeh'n – oder aufhören.

Das wollen Sie aber nicht?

Kann ich nicht, wenn ich einen Kunden habe wie Sparkasse, die sehr treu sind … da finden wir dann einen Mittelweg, aber leider mit sehr viel Federn, die man läßt. Jetzt hatte ich ihnen einen Image-Film angeboten, wo ich sagte: „Lassen sie mich mal ganz alleine machen." Es – geht – nicht *(seufzt)*. Weil diese Herren vom Marketing ihre Vorstände haben, und die geben das Geld und sagen dann: „Unmöglich, und meine Frau hat ja auch gesagt, das findet sie nicht gut." Dann fangen sie wieder an zu streichen.

Kann das nicht auch umgekehrt passieren, daß die Gattinen von diesen Herren sagen: „Mensch, mach doch mal was anderes?"

Die beeindurckt nur, wenn ihre Vorstellung, die sie haben, und die meist ins sehr Einfache oder sagen wir Konventionelle geht, wenn das bestätigt wird von ihren Frauen, das bringen sie dann mit am nächsten Tag. Aber wenn die Frau sagt: „Mach doch mal end-lich was anderes", das wird ja nicht mit auf den Tisch gelegt. Dann ist die Frau ja dumm, dann versteht die das ja nicht.

Warum I. S. ein weiches Schnitzel genauso haßt wie das besonders gut gebügelte Hemd.

Wieviel Stunden arbeiten Sie am Tag?

Weiß ich nicht. Im Moment vielleicht achtzehn, wenn ich drehe, dann gibt's gar keine Grenzen … Dann geht das Tag und Nacht *(Stimme wird immer leiser.)* Aber für Freiberufler ist das oft so. Hinterher haben sie dann wieder ganze Wochen frei.

Wie haben Sie das mit Ihrer Familie geschafft? Haben Sie Kinder?

Eins. Das habe ich gebraucht übernommen *(lacht)*. Mein Mann war schon einmal verheiratet und hat mir das dann als Überraschung mitgebracht. Das geht sehr gut, muß ich sagen, auch wenn ich manchmal nur sehr wenig Zeit habe für ihn, er findet es toll, daß ich engagiert bin. Ich beziehe ihn auch mit ein. Er macht schon mal in Filmen mit. Da ist er dann ganz oben. Kinder, die nur 'ne Mutter haben, die mit der Kittelschürze an der Türe stehen und sagen: „Komm, stell deinen Tornister ab, das Essen ist fertig", sind bestimmt nicht glücklicher als ein Kind, das merkt, daß seine Mutter am Schneidetisch sitzt und das auch mal mitkommt oder mal ein bißchen assistiert. Wirklich, es ist ganz prima bei uns. Ich könnte nicht mit dem Lob über das weiche Schnitzel leben, oder: „Das Hemd ist ja besonders gut gebügelt."

Sie sagten mal, daß die großen Filmemacher wie z.B. Steven Spielberg alle mit Werbung angefangen haben, sehen sie Ihre Zeit jetzt in der Werbung auch als Anfang?

Ja, genau das ist mein Ziel. Das macht mir einen Riesenspaß, weil ich da viel mehr Möglichkeiten sehe zu inszenieren und mit Schauspielern zu arbeiten.

Können Sie das denn oder sind Sie durch die Werbung versaut?

Ja, das kann ich. Im Gegenteil. Durch die Werbung sind Sie natürlich ganz aufmerksam. Ich habe es immer wieder gehört von den Schauspielern: „Es macht so Spaß mit Ihnen zu arbeiten, weil sie so präzise sind." Und, ein Schauspieler ist froh, wenn er gefordert wird. Jeder. Und das lernen sie in der Werbung. Das ist wirklich der einzige Vorteil – manchesmal geht es bis zu Tränen.

Und dann trösten sie?

Ja, immer wieder kommt das von Frauen: Ach, ist das schön, mit 'ner Frau zu arbeiten, und auch von Schauspielern kommt das.

Zurück zum Spielfilm, was würden sie gerne drehen?

Also, mein Traumfilm ist schon geschrieben, schon lange. Dann kam meine Ehe dazwischen, da hatte ich dann nicht mehr so viel Zeit, das dann in die Hand zu nehmen. Humor. Geht in die Richtung Tati. Es gibt schon genug Problemfilme.

Kommen in Ihrem Film auch Frauen vor?

Ja, auch. Ganz normale. Wirklich, sie fallen nicht so groß auf. Es ist allerdings das Thema über einen Mann, der morgens aus dem Hause geht und abends doch recht unglücklich zurückkommt. Die Geschichte will ich nicht erzählen, ich werd' sie drehen.

Foto: Hucky Porzner

DAS KIND
EIN SÜSSER KÖDER

Von Christian Pfannenschmidt
und Michael Somoroff (Fotos)

Kinderarbeit ist in Deutschland verboten, Kinderarbeit ist tabu. Aber wie es Tabus so ergeht: Im Halbdunkel werden sie kräftig gebrochen. Auch bei uns gibt es Kinderarbeit, tausendfach und unter staatlicher Aufsicht: Werbung ohne die Kleinen wäre nicht auszudenken. Kaum etwas verführt Kunden leichter zum Kaufen als der Lockvogel Kind

Jennifer hat es geschafft. Während sie fürs Werbefoto hergerichtet wird, stehen die anderen Kinder mit ihren Eltern noch Schlange, um sich für ihre Eignung als Modell auf den Zahn fühlen zu lassen. »Casting« heißt diese Prozedur. Dazu ein Vater: »Das ist wie Pferdebeschau«

Aus: Zeit-Magazin 49/1985

Baerbel Becker

Models, Mannequins — Massenware???

Die Verführerinnen *vor* der Kamera

Was würde die Werbung machen ohne die Schönen, die Immer-Freundlichen, die Hübschen und Schlanken? Wir kennen sie alle, die Frauen, die die Produkte mit ihrem besten Lächeln an den Mann und die Frau bringen. Wir kennen sie von Plakatwänden, Zeitschriften, Fernsehspots. Wir kennen ihre Fassade, aber wie's dahinter aussieht …?

War das wirklich ihr Traum, mit dem Putzlappen in der Hand Frau Saubermann von nebenan zu markieren, für immer und ewig die Waschmittel-Tante zu sein oder mal mit Slip-Einlagen, Büstenhaltern, Zigaretten oder Alkohol durch die Medien zu rauschen?

Warum machen heute Frauen, die oft ausgebildete Schauspielerinnen, Fotomodelle oder Mannequins sind, Werbung? Ist es nur das viele Geld, das die hehren Vorsätze von der großen Karriere in den Hintergrund treten läßt, oder was ist es?

Gabi Heinecke
35, Schauspielerin

„Für mich hat Werbung immer einen besonderen Nervenkitzel"

Gabi Heinecke hat sich dafür entschieden, nicht so bekannt zu werden wie einige Werbefrauen. Sie taucht im Werbefernsehen auf, zieht mal ein TEMPO-Taschentuch aus der TEMPO-Box, sinniert am Telefon über MENTA-DENT C, sucht Rat bei ihrem Apotheker „Mein Zahnfleisch blutet, was mach' ich nur?" und steht in einem großen Berliner Möbelhaus vor der rustikalen Schrankwand.

Angefangen hat es bei ihr vor ca. zehn Jahren. Nach ihrer Schauspielausbildung meldete sie sich bei der ZBF (Zentrale Bühnen-, Fernsehen- und Filmvermittlung der Bundesanstalt für Arbeit in Berlin), gab ihre Fotos ab für die Rubriken Schauspiel, Fernsehspiel und Werbung und wartete mit den anderen arbeitslosen Schauspielern auf das Traumangebot.

Neben einer größeren Rolle im Fernsehspiel „Ich heirate eine Familie" und einem Boulevardstück „Die Zierpflanze" steht Gabi Heinecke immer wieder „werbemäßig" vor der Kamera. Aber die Konkurrenz schläft auch nicht.

„Heute wird das ganz anders gemacht als vor zehn Jahren. In den Casting-Studios werden vorher erstmal Probeaufnahmen gemacht. Das muß man auch jedesmal neu machen, für Zahnpasta oder Persil oder weiß der Kuckuck was, eine bestimmte Situation muß gespielt werden, ein bestimmter Text gesprochen werden, das Produkt muß ange-

GEHEUERT MIT HAUT UND HAAREN

Eine Handvoll Top-Modelle ist bei Mode- und Kosmetikfirmen exklusiv unter Vertrag. Für den dollarschweren Job als Aushängeschild lassen sie sich wie Puppen gängeln

Isabella Rosselini lächelt für den französischen Schönheitsmittelkonzern Lancôme, Inès de la Fressange für das Pariser Haus Chanel, Jose Borain für das Mode- und Kosmetikimperium des Amerikaners Calvin Klein. Exklusiv, versteht sich. Das kostet.

Die drei Fotomodelle gehören zu den Spitzenverdienerinnen ihrer Branche. Sie haben einen der begehrten, aber raren Verträge ergattert, die sie für Unsummen fest an ein bestimmtes Unternehmen binden.

Auf die Idee, ein Produkt mit Hilfe eines schönen Gesichtes zu vermarkten, war Ende der zwanziger Jahre die amerikanische Kosmetikhersteller Max Factor gekommen. Die US-Filmschauspielerin Claudette Colbert machte damals Reklame für seinen Gesichtspuder. Ein Freundschaftsdienst, ohne Gage.

Heute ist so ein Deal hartes Business. Ingrid Bergmans Tochter Isabella sahnt bei Lancôme zwei Millionen Dollar ab. Dafür muß sie fünf Jahre lang genau 35 Tage per anno zur Verfügung stehen. Modemacher Karl Lagerfeld holte die schöne Archäologie-Studentin Ines als Aushängeschild. Chanel-Inhaber Alain Wertheimer über diese Wahl: »Inès ist Coco. Es ist eben ein Unterschied, ob man ein Mannequin oder eine Persönlichkeit verpflich-

Calvin Klein ist für drei Jahre Herr über die 21jährige Jose Borain. Mit Frisur, Figur, Terminkalender und Lebenswandel muß sich das Fotomodell nach den Wünschen des Mode-Meisters richten

tet.« Den Unterschied läßt er sich sieben Jahre lang je 220 000 Dollar kosten.

»Mannequins lieben diese Verträge«, sagt John Casablancas, Inhaber der renommierten Modell-Agentur »Elite« in New York und Paris. »Sie lieben die Sicherheit, die damit verbunden ist.« Der Mädchen-Manager sieht solche Kontrakte, obwohl er davon immerhin bis zu 20 Prozent Provision kassiert, jedoch mit eher gemischten Gefühlen. »Für die Modelle liegt darin eine versteckte Aufmunterung, faul zu werden und an Beweglichkeit zu verlieren.«

Damit die teuer bezahlten Damen nicht rosten, sind die Verträge knallhart abgefaßt. Wie sehr die Mädchen unter Kuratel gestellt werden, zeigen Einzelheiten der Vereinbarungen zwischen dem New Yorker Designer Calvin Klein und dem Fotomodell Jose Borain, die das US-Magazin »Harper's« präsentierte. Die brünette Schönheit verpflichtet sich

● »zu Dienstleistungen jeglicher Art ohne Einschränkung für die gesamte Werbung in Fernsehen, Rundfunk, Kino und in Druckerzeugnissen wie Titelseiten, Verpackungen bis hin zu Etiketten;

● Calvin Klein über ihren Terminkalender auf dem laufenden zu halten, wenn sie an mehr als zwei aufeinanderfolgenden Tagen nicht in New York ist;

● ihren Haarstil, ihre Haarfarbe sowie alle wesentlichen Merkmale ihrer Physiognomie beizubehalten, wie sie zum Zeitpunkt des Vertragsabschlusses sind;

● ihr Gewicht von 120 bis 125 Pfund zu halten und auf keinen Fall über 130 Pfund zu steigern;

● Frisuren, Make-up, Kleidung und Accessoires zu tragen, die Kleins Vorstellungen entsprechen;

● zu Friseuren zu gehen, die Klein billigt;

● Diät und ein körperliches Training einzuhalten, damit sie ihre Dienstleistungen stets erfüllen kann;

● bestimmte Ärzte, Trainer, Haar- und Make-up-Stylisten zu konsultieren und deren Ratschläge zu befolgen, wenn Klein es wünscht;

● einen persönlichen Lebensstil zu führen, der nach Kleins alleinigem subjektivem Urteil für sie geeignet scheint, der dem Image und dem hohen Niveau der Marke entspricht und nicht das Prestige oder Ansehen des Markenzeichens in irgendeiner Weise schmälert.«

Verstößt Jose Borain gegen diese Regeln, kann Klein den Vertrag jederzeit kündigen. Und zwar, wenn sie

»nach Kleins alleinigem Urteil durch Krankheit, Unfall oder andere physische oder psychische Beeinträchtigung verunstaltet oder arbeitsunfähig wird;

● aufgrund ihres absichtlichen oder unabsichtlichen Verhaltens ihren Ruf in Mißkredit bringt oder herabsetzt, weil er dann nicht mehr mit dem gewünschten Image von Würde und Niveau des Hauses Klein zu vereinbaren ist.«

Jose Borain hat alle Bedingungen akzeptiert. Mit Haut und Haaren ist die 21jährige dem Modemacher Klein drei Jahre lang ausgeliefert. Lohn der Fron: eine Million Dollar.
ANGELIKA RICARD-WOLF

Mit Haut und Haar verkauft: moderne Sklaverei in der Werbung. Aus: Stern, Dezember 1985

boten werden, und dann wird das größtenteils parallel gemacht in Hamburg, Berlin, München und auch Frankfurt. Die ganzen Video-Bänder, die innerhalb einer Woche bespielt worden sind mit 400, 500 Schauspielerinnen und Schauspielern werden an diese Firma geschickt, die dieses Produkt herstellt, die suchen drei aus oder auch auf Anhieb die eine, wenn die ihren Vorstellungen entspricht. Die sind ganz genau, z.B., die muß brünett, ein bißchen pummelig sein, von der Stimme her etwas mütterlich, aber nicht zu spießig, und nach diesen Kriterien wird dann ausgesucht."

Die Stunde Arbeit wird dann mit 42 Mark vergütet, und für die abgewiesenen Frauen bleibt dann das Warten auf das nächste Casting. Ist man allerdings die Glückliche, kann es passieren, daß daraus ein „Lebensjob" wird.

Obwohl für Gabi Heinecke das Arbeiten in der Werbung immer wieder spannend ist, z.B. weil man in einer bestimmten Zeit in einer besonderen Art mit der gewünschten Mimik und Gestik das eine Produkt verkaufen muß, hat sie sich dann doch gegen eine „Dauerstellung" gewehrt.

„Ich hab' mal eine Werbung für Damenbinden abgesagt. Erst mal war ich davon nicht überzeugt. Da ich auch auf der Bühne stehe und diese Werbung so groß angelegt werden sollte, daß man nicht nur einen Zweijahresvertrag exklusiv für dieses Produkt hatte, sondern man auch durch die Presse gezogen wurde, und das ist natürlich eine schwierige Sache, weil, man sieht das ja bei der Dame für ARIEL, die ja auch Schauspielerin und mittlerweile richtig abgestempelt ist. Ich hatte einfach Angst, wenn ich dann auf der Bühne stehe, daß jeder sagt: ‚Ach, das ist ja die für die Damenbinden', und ich fand allein die Vorstellung entsetzlich. Da dachte ich, du mußt dich entscheiden. Entweder Damenbinden und so viel Geld, daß du das andere nicht mehr brauchst, oder weiter Schauspielerin. Naja. Die Damenbinden wären für mich nicht die Erfüllung gewesen."

Werbung läuft bei Gabi Heinecke nach wie vor nebenbei, denn es könnte ja passieren, daß sie für eine Hauptrolle neben Götz George entdeckt wird.

Zum Schluß wollte ich noch wissen, ob man denn bei den Werbejobs auch mal was abstauben kann, Pröbchen oder so. Dazu Gabi Heinecke: „Ich hab' mich nie getraut zu fragen. Vielleicht, wenn ich Hans Jürgen Bäumler oder Harald Juhnke wär', hätte ich jetzt auch meinen BMW und ein paar Fernseher."

Foto: Dietmar Friton

Uta Rath
20, Damenmaßschneiderin, Fotomodell, Mannequin

„Werbung.
Das ist alles eine Frage des Geldes."

Mit fünfzehn wurde sie von einem Fotografen entdeckt, ihre Fotogeschichte im Jugendmagazin „Neues Leben" veröffentlicht, Titel: „Erwachen", mit sechzehn begann sie eine Damenschneiderlehre, bekam ihre Zulassung vom Modeinstitut für zwei Jahre und durfte dann „laufen" als Mannequin z.B. auf der Leipziger Messe. Uta Rath begann ihre Karriere in der DDR. Als sich „Leute aus dem Volk" bei der Zeitschrift über das Modell Uta Rath beschwerten, sie sei „eine zu elitäre Erscheinung", mit der sich die Leserinnen „nicht identifizieren könnten", war dies Anlaß genug, einen Ausreiseantrag zu stellen. Seit einigen Monaten lebt sie in West-Berlin.

Ihre ersten Begegnungen mit der Mode-Scene hier und der „westlichen" Art, sich und die Klamotten zu verkaufen, hat sie bereits hinter sich. „Ich war bei der OFF-LINE. Das war die erste große Modeveranstaltung, seit ich hier bin. Da war ich so richtig enttäuscht, oder anders gesagt, die Angst vor der Konkurrenz ist seitdem weg. Ich glaubte, bei so 'ner Riesenveranstaltung, wo viele Leute hinkommen, sind wirklich Supermädels da, die sogenannten Rassepferde – wie sie immer so nett genannt werden –, aber es war einfach Durchschnitt. Es waren zwar ganz nette Mädchen, die auch ein bißchen Charme hatte, aber keine Frau dabei, die auch nur ein bißchen Ausstrahlung hatte." Die Frauen, die Uta Rath dort hat laufen sehen, hätte sie alle nicht auf die Bühne gestellt. Für sie sollten Mannequins „nicht dieses langweilige Schöne haben". „Wie bei DALLAS oder DENVER?" frage ich. „Nein, das ist schon wieder was anderes, die haben ja so'n bißchen was Bösartiges, finde ich. Es gibt noch Langweiligeres. Das sind die richtigen Rehlein, runde große Augen, schöne lange blonde Haare und 'nen kleinen Kußmund, die dann über die

Uta Rath (hinten Mitte) mit ihren Kolleginnen in der DDR

Bühne schweben, denken, sie wären die schönsten, aber nichts kommt dabei 'rüber."

Uta Rath ist kein schönes Rehlein. Wenn sie auftaucht mit ihren 1,82 m, fällt sie schon auf, und das mit ihrer Ausstrahlung stimmt auch, so die Agenturen, bei denen sie sich vorgestellt hatte. Konkrete Angebote hat sie allerdings noch nicht. „Daß man sich hier hochschläft, wenn man 'ne Modell-Karriere machen will, hab' ich mal gehört. Ich kann mir das vorstellen, weil hier die Konkurrenz größer ist. Grundsätzlich würde ich erstmals sagen, ich würd' aus Prinzip schon nicht mit 'nem Typen schlafen, der da was zu sagen hat, einfach weil ich glaube, daß ich das psychisch nicht verkraften würde, das ist so meine Moral. Nicht, daß ich prüde wär', ich hab mit 15 schon Aktfotos gemacht, aber das ist so 'ne Sache von Verkaufen und Nicht-Verkaufen, dann würd' ich nicht nur mein Äußeres, sondern auch meine Psyche dafür hergeben. Ich hätt' dann keinen Bock mehr auf den Job."

In der DDR gab's das nicht, daß die Karriere über's Bett lief. Die staatliche Prüfungskommission, die zu 90 Prozent aus Frauen bestand, entschied, ob man ins Modeinstitut übernommen wurde. Damit war dann auch die Gage gesichert: Pro Modenschau 50 bis maximal 100 Mark, die veröffentlichten Fotos brachten 15 Mark pro Foto, jedes erste aus der Serie 25. Alle zwei Jahre entschied dann die Kommission, ob die Mannequins noch „weiterlaufen" können, ob sie nicht zu dick, zu dünn oder zu „auffällig" geworden waren. Denn als Mannequin in der DDR darf man nichts Falsches machen: „Wenn mich irgendeiner von diesem Modeinstitut nackt in der Zeitung gesehen hätte, dann

Aus: „Für dich" (DDR-Frauenillustrierte) 16/85

kannste den Rest deiner Jahre als Mannequin vergessen, weil das Öffentlichkeitsarbeit und ‚die sozialistische Moral' ist. Total prüde halt."

Aber nicht nur das kann einem Mannequin die Zukunft beenden, vor jeder Modemesse muß jede unterschreiben, keinen „Westkontakt mit Ausländern aus dem kapitalistischen Ausland" zu haben, und da passiert es dann schon mal, daß aus den eigenen Reihen gepfiffen wird.

Wie es für Uta Rath hier weitergeht, weiß sie noch nicht so genau. Sie läßt sich überraschen, und auf meine Frage, ob sie auch in die Werbung einsteigen würde: „Eigentlich nicht so gerne, weil ich eher 'n Modefreak bin, aber das ist alles eine Frage des Geldes."

94

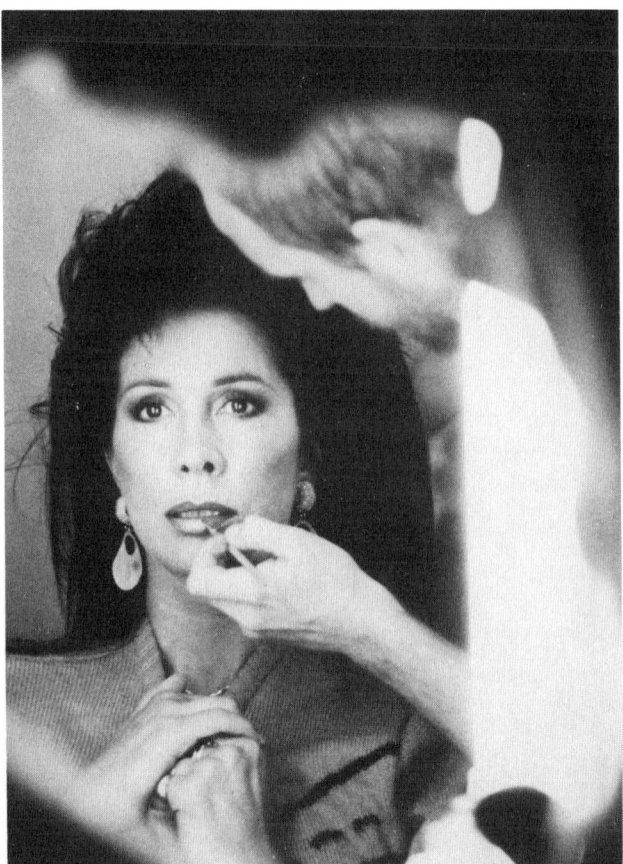

Hilde Kulbach
42, Ex-Fotomodell und Mannequin

„Ich hab' endlich die köstliche Freiheit, mir nichts mehr vormachen zu müssen."

Berlin 1983

Ein Film macht Furore. „Mit starrem Blick aufs Geld" nennt Helga Reidemeister ihren Dokumentarfilm, in dem sie ihre Schwester Hilde Kulbach erzählen, agieren, auspacken läßt. Mit starrem Blick aufs Geld rast Hilde von einem Fototermin zum anderen über Laufstege, durch Werbespots, quält sich mit Jogging, Lockenwicklern und Gesichtsmasken. Hilde Kulbach ist Fotomodell und Mannequin – gewesen, müßte man besser sagen, denn der Film war nicht nur „authentische Geschichte eines Models", sondern für Hilde K. spektakulärer Schlußstrich unter ihre Karriere, die „eher mittelmäßig war, nie ‚top'". Trotzdem kamen durchschnittlich 15 000 bis 20 000 Mark zusammen; die 200 Quadratmeter große Atelierwohnung im Münchener Schwabing, „wo vier Mal im Jahr die Feste stiegen, und die Zeitungen schrieben, wer da war", paßte ebenso ins Bild wie die Autos, die teuren Restaurants und die Hotels in Paris, New York oder sonstwo. – Aus und vorbei.

„Was ich jetzt machen werde, ist noch offen. Ich laß' mir Zeit. Wenn mir überhaupt nichts einfällt, mach' ich 'ne Kneipe auf, weil ich gerne koche", sagte Hilde Kulbach im Mai '83 in einem Interview zu Anke Kuckuck.

Dezember 1985

Um Hilde Kulbach ist es still geworden. Sie lebt mit ihrer (anderen) Schwester in München. Als sie ihre Mutter in Berlin besucht, verabreden wir uns zum Interview. Ich wußte zwar, daß sie gut aussieht, aber vor mit stand eine faszinierende Frau, die trotz Hektik eine verblüffende Ausstrahlung hat. Jetzt bin ich erst recht neugierig geworden, was aus dem Model geworden ist. Sie sitzt mir gegenüber und strahlt:

„Das witzige ist, daß das im Drehbuch stand mit der Kneipe. Ich hab die letzten zweieinhalb Jahre den RONCALLI-Kaffewagen gemacht und organisiert, ich bin zwar nicht immer mitgereist, aber die erste Woche war ich immer da. In meinem zweiten Leben bin ich mit dem RONCALLI-Zirkus verheiratet, und ganz sicher ist, ich werden im Jahr '86 den Kaffewagen machen, der ist jetzt umgebaut und vergrößert, und zum zehnjährigen Bestehen werden wir in verschiedene Städte fahren, auch nach Moskau, das ist aber noch geheim. Da fahre ich mit und lebe auch mit dem Zirkus, ich will auch nicht im Hotel oder privat wohnen, sondern sieben Monate mit dem Zirkus reisen. Das war schon ein Wunsch seit meiner Kindheit. Meine Eltern mußten mich immer vom Zirkus wegholen. Die Zirkusleute, das ist ein Volk, bei denen ich mich wohlfühle, die haben für mich noch Illusionen und ganz andere Probleme, wie die meinen waren; die Menschen faszinieren mich.

Angefangen hat's beim RONCALLI wie im Film. Der Zirkusdirektor hat sich in mich verliebt, ich mich auch ein bißchen in ihn, aber eigentlich mehr in den Zirkus, und ich hab' den Zirkusdirektor benutzt. Inzwischen sind wir eigentlich wie Bruder und Schwester zusammen und mögen uns sehr. Ich glaube, mit dem Zirkus zu leben ist schon sehr viel schwieriger, als sich man das vorstellt. Als Model vor der Kamera und auf dem Laufsteg hat man ein ganz anderes Erfolgsgefühl, ein sehr schnelles, war allerdings auch schnell vorbeigeht. Nach einem Tag Fotos oder einer Modenschau frage man sich nur: Ist das was geworden, war ich gut, werd' ich wieder genommen? Das ist mehr so eine äußere Befriedigung. Im Zirkus, jetzt im Kaffewagen, ist das mehr hinter den Kulissen, also, ich hab' gekocht von morgens bis abends und selber eingekauft. Das war mehr so 'ne innere Befriedigung für mich, da hab' ich Ruhe gefunden. Der Job früher war sehr aufreibend und im Hinblick auf Geld sehr wichtig für mich. Das, was ich jetzt mache, hat mir bis jetzt noch keinen Pfennig eingebracht."

So wie sie das Geld früher rausgeschmissen hat, so hält sie es jetzt zusammen. „Mein Verhältnis zum Geld ist sehr realistischer und nicht so ausgeflippt wie andere denken. Ich wohne jetzt in einem spießigen Reihenaus in Ramersdorf und geh' auch schon mal zu Fuß." Allerdings, am Hungertuche nagt sie auch heute nicht. Neben einer Rente ihres verstorbenen Mannes und einer gut angelegten Lebensversicherung macht sie hin und wieder kleinere Jobs – „heimlich", wie sie sagt –, wo sie mal einem Apotheker die PR bei der Eröffnung organisiert, dann fotografiert und schreibt sie für kleinere Modezeitschriften, kauft für Freundinnen auf den Modemessen ein – „alles freiwillig", wie sie betont. „Aber je älter ich werde, desto mehr will ich tun."

In ihrem „zweiten Leben" ist alles anders. Auch die Leute, mit denen sie zusammen ist, sind zu 90 Prozent nicht aus der Modebranche. Jetzt genießt sie es, mal in der Kneipe Skat zu spielen oder sich in Ruhe zu unterhalten: „Für viele Dinge hatte ich 20 Jahre keine Zeit, z.B. mich

mit Leuten richtig auseinanderzusetzen. Das gab's in unserm Job nicht. Kein Mensch setzt sich hin und redet während der Arbeit mit mir über meine Probleme oder über meine Mutter oder die Beziehung zu meinem Freund. Ich mußte sogar meine Kinder zehn Jahre lang verheimlichen, ich hatte mit 27 meine beiden Töchter, und da wär' ich ja gleich 37 gewesen, das war absolut nicht möglich."

Ich glaub', ich hab' den Leuten, mit denen ich umgegangen bin, immer wieder bewiesen, daß die Mädchen nicht so dumm sind wie das Klischee." Werbung hat Hilde Kulbach sehr gern gemacht, sie fand es immer spannend, weil es gerade hier darauf ankommt, nicht sich selber, sondern das Produkt zu verkaufen. Für Alkohol, Zigaretten und Waschmittel hat sie am meisten spielen müssen. „Es war toll, in kurzer Zeit mußte ich lernen, wie ich das Produkt am besten verkaufen sollte. Diese Vermarktung hat mir Spaß gemacht. Man hatte so'n direktes Erfolgsgefühl. Werbung lief ja meistens an einem Tag und wurde über die Maßen gut bezahlt, nicht wie bei einer Schau, wo man eine Woche geprobt hat und völlig erschöpft war und am Ende nur noch froh war, daß man die Beine voreinander setzen konnte. Bei der Werbung konnte ich direkt beweisen, daß ich verkaufen konnte. 'Ne Verkäuferin verkauft das und ich hab' halt auch – für mehr Geld – Produkte verkauft."

Das könnte sich Hilde Kulbach auch für später noch sehr lustig vorstellen, als „ältere Hausfrau mit Knoten mit Frau Schmitz von nebenan vor der Kamera für 2000 Mark Waschmittel zu verkaufen".

Jetzt genießt sie die „köstliche Freiheit, sagen zu können, was sie denkt", ohne Angst haben zu müssen, daß sie einer rausschmeißt oder nicht mehr beschäftigt. Das Wichtigste für Hilde Kulbach ist, daß sie nicht mehr lügen muß und vor allem sich nichts mehr vormachen muß. Ihr Traum wäre, noch mal einen Dokumentarfilm mit ihrer Schwester zu machen. Wenn sie Oma wird, vielleicht. „Aber dann nicht mehr mit starrem Blick aufs Geld, sondern … mit Blick auf meine Gefühle."

Damals war es für Hilde Kulbach selbstverständlich, daß der Job dann vorgehen muß. Sie stand mit Lockenwicklern in der Küche und verwandelte sich innerhalb von Minuten in die Diva. „Ich bin wie eine Pflanze, die sich assimiliert – soll ich grün werden, werde ich grün, soll ich rot werden, werde ich rot …", sagte sie damals im Film. Heute glaubt sie, daß diese Eigenschaft ihr zwar den Erfolg gebracht hat, aber „im Nachhinein ist das ganz schmerzlich zu wissen, daß ich so viele Jahre verpaßt habe, wo die Kinder so klein waren und ich vielleicht auch meine Ehe vernachlässigte. Damals hab' ich das einfach nicht realisiert."

„Das Klischee vom dummen Model ist nichts weiter als ein saudummes Märchen."

Heute möchte sie nicht mehr tauschen, zumal sich die Zahl der Models vervielfacht hat. „Der Job ist härter geworden, nur die Profis sind gefragt. Kein Fotograf oder Choreograph hat die Zeit, mit Anfängern zu proben. Das muß in kürzester Zeit sitzen, die müssen pünktlich sein, mit Accessoires richtig umgehen können und vor allem hart gegen sich selbst sein. Früher da wurde die halt blau im Schnee und hat sich halb tot gefroren, durfte sich drei Stunden hinsetzen und aufwärmen, das gibt's heute nicht. Heute ist man entweder top, und dann ist man auch selber knallhart gegen sich, dann kriegt man viel Geld, und man gibt viel. Was mittelmäßig ist und unten rumkrebst, das kann man gleich vergessen, die werden dann nie über die Runden kommen, die enden dann – weiß ich – in Dörfern auf'm Laufsteg, müssen mit miesen Leuten zusammenarbeiten – der Job ist knallhart geworden, und Zeit für Menschlichkeit gibt's ganz selten.

Das Klischee vom dummen Model – da könnt' ich mich jedesmal aufregen, weil ich so tolle Frauen unter diesen Mädchen kenne, die außer Mann oder Freund und Kindern so diszipliniert sind und ernsthaft sind im Kopf und so viel dahintersteckt – ich hab den Job wirklich 20 Jahre gemacht und ich kenne kaum jemand unter diesen hunderten von Mädchen, die sich durch die Betten hochgebracht haben. Im Gegenteil, für mich gehören viel Einführungsvermögen, Intelligenz und positive Eigenschaften dazu, diesen Job machen zu können, so daß das eher hinderlich ist, wenn man sich mit den Fotografen oder wem auch immer einläßt. Dann wird man einmal gebraucht und fertig, aus der Traum."

Viel dümmer findet Hilde Kulbach die Leute, die hinter der Kamera stehen, die Fofografen, die Werbemenschen. Sie sind es, die die Mädchen als dumme Miezen darstellen, sie hin- und herstoßen und als Nummern behandeln. „Damit kann ich nur umgehen, wenn ich – mit starrem Blick aufs Geld – weiß, am Abend hab' ich 2000 Mark verdient. Ich laß' mich lieber zehn Stunden von 'nem dummen Fotografen traktieren und weiß dann, wofür, als wenn ich 'ne Verkäuferin wäre, die mit drei oder vier Chefs zu tun hat und auch ganz fürchterlich traktiert wird, das aber nicht so brutal merkt. Das ist dann eher ein schleichendes Gift. Ich konnte mir die Jobs aussuchen. Ich bin zwar nicht so wahnsinnig intelligent, aber auch nicht so blöd, um nicht zu merken, daß mich irgendeiner in ein Klischee reindrückt, wo ich nicht rein will.

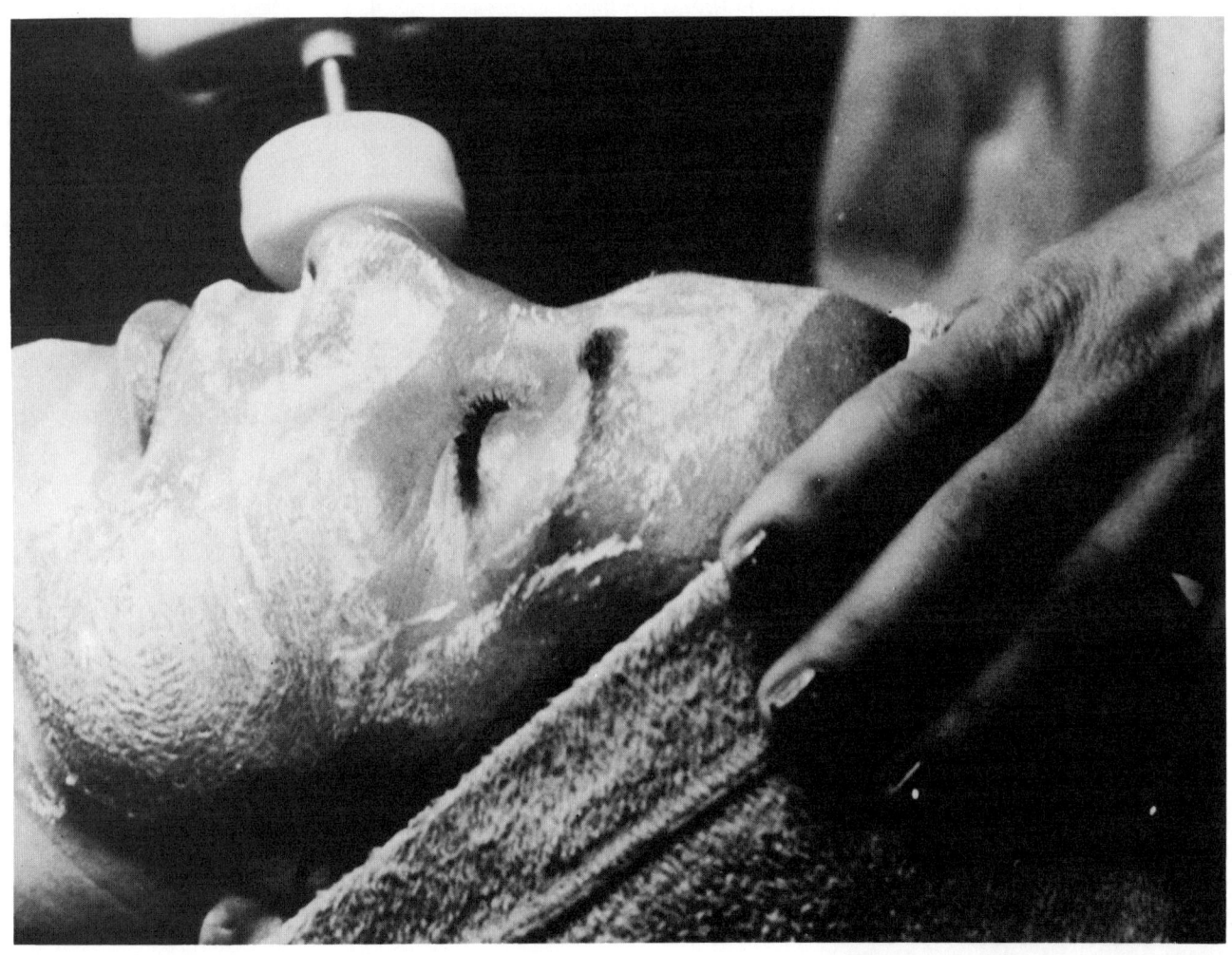

Campari. Was sonst.

*Was fällt Ihnen
zu dieser Anzeige ein?*

Erika Mademann, Anfang 40, Creative Director

Das ist schick und gut gemacht, für einen Drink. Ein-
prägsam. Sie hat was sehr strenges und guckt ihn gar nicht
an, 'ne coole Sache. Find' ich nicht schlecht. Sie ist zumindest genau so stark mit sich beschäftigt, wie er mit sich. Die
Frau erscheint mir souverän. Sie hat auf diesem Gebiet
keine Probleme mit sich.

Campari. Was sonst.

2/3 Campari,
1/3 Soda.

Campari on the rocks.

CAMPARI®

Michael Fröhling, 33, Impresario

Die beiden kennen sich seit dreieinhalb Jahren und tun so, als ob sie nichts miteinander zu tun hätten. Den Ohrring gibt's in der Goethestraße, ganz billige Werbung. Man müßte da 'ne Sprechblase drüberdenken. Er: „Ob der Fotograf wohl bald das richtige Foto im Kasten hat?" Sie: „Sitzt meine Locke noch richtig?" Und noch was: er ist ein reines Handmodell, guck mal, der hat schöne Hände, sonst nichts. Deswegen muß der sich auch so drehen.

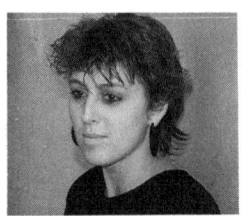

Barbare Tetzner, 29, Kauffrau

Die sehen so aus, als ob die sich gerade kennengelernt hätten. Die geben nichts von sich her, total distanziert. Ich mach' das zu Anfang auch so, erstmal nichts sagen und abwarten. Sie sieht aus, als würd' sie sagen: „Oooch ist das langweilig." Und er: „Das Parfüm ist zum Kotzen." Aber – die Leute find' ich eigentlich weniger interessant. Ich find' den Tresen ganz schön.

Maruta Schmidt, 41, Verlegerin

Die haben mir immer gut gefallen, die Campari-Anzeigen, ja, ich bin da immer fast neidisch geworden. Den ersten Campari hab' ich nämlich in Holland am Meer getrunken, im zwölften Stock, frisch verliebt. Das war eine Stimmung, andere assoziieren immer Italien mit Campari, für mich ist das Holland. Trotzdem macht die auch den Eindruck, als würde sie arbeiten, ein bißchen was Gehobenes, also, wenn ich nicht selbst Verlegerin wäre, würde ich sagen: Verlegerin.

Norbert Kerkhey, 31, Geschichtsfälscher

Ich finde, das ist ein typischer Fall von schlecht gelungener Planung. Er hat ihr einen Drink ausgegeben und meint, das wird ihn sympathisch machen, aber zum einen hat er

dadurch eine Fahne – deswegen dreht sie sich auch weg –, und zum anderen ist sie Alkoholikerin – das sieht man an ihrem aufgedunsenen Gesicht – und hat nur Augen für den Drink. Alles klar. Campari, was sonst, den Typen also nicht.

Burghard Seidel, 37, Journalist

On the rocks. Da läuft nichts. Die Stimmung ist sehr unterkühlt, und die mag ich auch nicht. Mit der Frau würd' ich nie 'nen Campari trinken. Die repräsentieren die Welt der besseren Gefühle, diejenige, die jenseits der Trivialität steht. Und noch eins. Wenn ich genau hingucke, der steht ja mitten in einer Vulva. Da kannst du nur cool bleiben. Das ganze hat was Frigides. Und er steht wie die Flasche.

Ingo Hövener, 23, Haushandwerker

Man kommt an „kalt" nicht vorbei, Krampfstil. Die haben bestimmt 'ne Beziehung miteinander, sonst würden die nicht so zusammenstehen. Das merkwürdigste an dem Bild ist, daß die Campari trinken. Die sind wie hingestellt und Luft anhalten.

Holly-Jane Rahlens, 35, Journalistin / Schauspielerin

Irgendwie sind die wie die neuen Reichen, so ein bißchen auf anmachen. Zwischen den beiden gibt's keine Beziehung. Das sind zwei Mannequins, das sieht man, die spielen „cool". Da sind keine Emotionen auf dem Foto. Man sieht nichts. Sie guckt in die Kamera, er zum Fotografen, der hat gesagt, wie die stehen sollen. Ich frag' mich, warum sie die Tür offen haben.

Dr. Michael Meißner, 40, Kommunikations-wissenschaftler

Ich hab' keine Lust, über Werbung zu reden. Eins scheint nur gut zu sein: Die meisten Alkohol-Werbungen sind auf Geselligkeit abgestimmt, aber die auf „cool" bleiben. Einer fleischt den andern ab, dann müssen sie zusammenkommen.

Hilde Filser

Ich bin 24 Jahre alt, lebe in Freising und studiere an der Fachhochschule in München Grafik-Design im fünften Semester. Dem gingen zwei Jahre Germanistik, Theaterwissenschaften und Philosophie voraus. Zunächst wollte ich zum Theater, ließ diesen Wunsch aber fallen, da es als Frau fast unmöglich ist, dort eine gute Stellung zu bekommen. Das Studium war auch nicht so aufregend, daß ich es um seiner selbst willen gemacht hätte. Im Nachhinein bin ich froh, gewechselt zu haben, da mir mein jetziges Studium viel Freude macht. Nebenher kann ich für Agenturen und Privatkunden arbeiten und lerne dadurch eine Menge für meinen Beruf.

Meine Anfänge als Grafikerin

Die Palette meiner Erfahrungen als Grafikerin ist noch nicht besonders groß. Allerdings konnte ich bereits am Anfang feststellen, daß es etwas Besonderes ist, als Frau Werbung zu machen.

Bei meinen Vorstellungsgesprächen versuchte ich, mich bestmöglich zu verkaufen, und dachte zunächst, mein Kapital sei meine Fähigkeit im grafischen Bereich, aber nein, ich merkte bald, daß mein Kapital weit größer war. Ich bin eine Frau! Mit dieser Tatsache verbanden meine Auftraggeber eine Unzahl an Wünschen, Träumen. Werbung, mittendrin. Nicht ein Produkt wird gekauft, sondern die damit verbundenen Wunschvorstellungen. Das ist die schöne Theorie im Studium, überall praktiziert, doch als sie mich betraf, war ich wütend, enttäuscht. Ich fühlte mich als Person abgewertet.

Bereits in der Zeit meines Praktikums wurde ich von Kunden, für die die Agentur arbeitete, als hübsches Inventar, als angenehme Auflockerung der Gespräche betrachtet und meine Arbeit selbst ins Abseits gedrängt. Im Gegensatz zu den beiden männlichen Grafikern wurden bei mir

die Kleidung, mein Äußeres besprochen, und obwohl ich noch zu keinem der Kunden eine Beziehung aufbauen konnte, erfolgten schon nach kurzem Einladungen.

Leider waren meine weiteren Erfahrungen ähnlich. Ich mußte mich abmühen, eindeutig klarzustellen, daß außer einer Geschäftsbeziehung nichts läuft, auf der anderen Seite aber mein Gegenüber nicht so vor den Kopf stoßen, daß es zu Nachteilen für mich oder die Agentur kommen könnte. Das war oft sehr schwierig und hat mich viel Kraft gekostet. Das Mißtrauen, schlechte Gefühl, das ich z.B. hatte, wenn ich aufgrund von Terminschwierigkeiten die Nacht bei einem Grafiker arbeiten sollte, ärgerte mich.

Mittlerweile rechne ich schon damit, auch in meinem Beruf anders behandelt zu werden als Männer und habe gelernt, besser damit umzugehen; gewöhnen will ich mich jedoch nicht daran.

Da ich noch am Anfang stehe und nur wenige Beziehungen habe, bin ich darauf angewiesen, neben meinem Design-Studium Aufträge anzunehmen von Menschen, mit denen ich in einigen Jahren vielleicht nicht zusammenarbeiten würde. Meine Ansprechpartner waren bisher ausschließlich Männer. Ich mußte feststellen, daß die Kontakte sehr schnell ins Private abzugleiten drohten. Essen, persönliche Gespräche, Anspielungen, Körperkontakte, alles verbindlich. Bei meinen männlichen Mitstudenten verlief die Arbeit immer reibungslos, sie mußten sich nur mit ihrer Arbeit beschäftigen, ich dagegen mit der Arbeit und den Wünschen des Auftraggebers in bezug auf mich. Das Gefühl, nicht als Person akzeptiert zu werden, verletzt mich. Das Interesse gilt häufig nur einem bestimmten Teil meines Frauseins, den die jeweiligen Männer sehen wollen, Hure oder Madonna, am besten beides in einem. Ich habe attraktiv zu sein, erotisch, lieb oder hingebungsvoll. Damit geht teilweise die Objektivität meiner Arbeit gegenüber verloren. Meine Kollegen bekamen weit bessere Kritiken, was wichtig ist, um weiterzukommen, um daraus zu lernen. Hatten im Hinterkopf die Kunden bestimmte Erwartungen, so fiel die Kritik meist zu gut aus, hatte ich sie in ihrer Männlichkeit zu sehr getroffen, bekam ich ihre ablehnende Haltung gegenüber meiner Arbeit zu spüren.

Jedenfalls bleibt mir die Hoffnung, dieses Problem in 20 Jahren nicht mehr zu haben, aufgrund meines Alters und meiner Falten. Damit wäre ich wieder bei dem Punkt, was eine Frau zu verkörpern hat, bei Schönheitsidealen, Werten. Woher kommen sie? In der Werbung wird gezeigt, wie eine Frau auszusehen hat, welche Funktion sie innehat, was bei anderen ankommt.

Auch ich mache Werbung, lerne die Mechanismen, mit denen etwas Bestimmtes erreicht wird, und trotzdem fällt es mir schwer, mich davon zu lösen. Bin ich letztendlich Opfer meiner eigenen Werbung? Es ist schwer, auf der einen Seite gegen ein bestimmtes Bild der Frau zu kämpfen, es versuchen abzubauen und dann wieder in Kampagnen genau dieses Bild bewußt einzusetzen mit dem Wissen um seine Wirkung. Werbung ohne Frauen ist Unsinn, es müßte Werbung sein mit Frauen und Männern, die völlig anders dargestellt werden, deren Rollen verändert sind. Hier bin ich mir nun sicher, daß die Zielgruppe sich nicht damit identifizieren würde und so kein Bezug zum Produkt geschaffen werden könnte, die Kommunikation falsch liefe, die Nachricht beim Empfänger nicht ankäme. Das kann sich aber weder der Grafiker, noch der Hersteller leisten. Grundsätzlich stellt sich mir die Frage, ob es Aufgabe der Werbung, meine Aufgabe über meine Arbeit, ist, in dieser Hinsicht etwas zu verändern, ob es überhaupt möglich wäre. Meine

Antwort ist Nein. Arbeite ich eine Werbekampagne aus, so ist das Wichtigste, ob die Kampagne bei der Zielgruppe ankommt, ob sie zum Kauf anreizt, das Image hebt o.ä. Der Werbung insgesamt schreibe ich nicht die Macht zu, eine Bewußtseinsveränderung zu verursachen, sondern nur den Einfluß, bereits angelaufene Prozesse zu beschleunigen, zu fördern. Die Veränderung selbst müßte von den Frauen und Männern ausgehen, die Werbung würde dann schnell nachziehen, Anpassung an Verbraucherwünsche, die Menschen so darstellen, wie sie sich gerne sehen würden oder wie die anderen sie gerne hätten.

Hucky Porzner

32, Grafik / Fotografik

Werbefoto von Hucky Porzner von 1975 für Seidenschals

Als Fotografin in der Werbefotografie – Traum oder Trauma?

Ich war voll von Enthusiasmus, Gier nach der großen Kreativität, die ich in der Landschafts- und Industriefotografie nicht finden konnte. Die Vorstellung der grenzenlosen Gestaltung, durch surrealistische und abstrakte Fotografie die Phantasie der Menschen anzuregen, durch geschickte Personendarstellung inhaltliche Veränderungen zu erreichen, z.B. Frauen aus ihrem „Weibchendasein" zu holen, das war für mich nur noch in der Werbefotografie angesagt.

Mit diesen naiven Vorstellungen konnte ich auch am Anfang ganz gut arbeiten; eingepackt in meine Euphorie des Neuen, des Ästhetischen, des scheinbar „Weltoffenen".

Unsere Hauptaufträge kamen von der Perücken-, Milch- und Gummiring-Industrie. Während die Perückenkampagnen seriös und relativ sachlich behandelt wurden, erstreckten sich die Milch- und Maschinenserien auf alle Lebenssituationen, somit querbeet durch alle erdenklichen Klischees.

Die Art, mit Menschen umzugehen, für uns nur Modelle, kurz aus der Kartei gegriffen, bei der Modellagentur

angefordert, vermittelten mir das „Coole", das Überbliche, endlich auch in der Mühle der weltverbreiteten Stereotypen mitzumischen. Ich fand Geschmack an der kapitalistischen Lebensfreiheit, dem Luxus, dem Pseudoglück. Genau das, was die Werbefotografie versucht, ihrer Zielgruppe subtil einzuflößen. Von meinen großen Vorstellungen der Veränderungen in der Werbefotografie waren nur blasse Konturen geblieben. Für mich war es einfacher und leichter, nicht zu überlegen und den vielen Nonsens als etwas Elitäres, Welterregendes zu genießen. Außerdem wollte ich Karriere machen, als Frau nicht aus der „Rolle" fallen und mit den Typen keinen Ärger haben. Schon bei meiner kleinsten Kritik, ob sich eine Sparbüchse mit mehr oder weniger Brustumfang verkaufen ließe, gab es schon Mißstimmungen und Beschwichtigungen, „seien Sie doch nicht so empfindlich!"

Männliche Fotomodelle, sogenannte Dressmen, wurden nach Charakterzügen und üblichen Körpermaßen ausgesucht, weibliche Fotomodelle nach Sexappeal (Länge der Beine, knalliger Po, pralle Brüste etc.). Natürlich war klar: das Weitwinkel erreicht selbt beim größten Maschinenteil oft nur den nächsten Frauenpo. Denn welcher „Käufer" giert nicht gerne auf Gummiring-„Lippen" im Gesicht oder zwischen den Beinen. Benutzt wird beides.

Für die weiblichen Modelle war es auch immer von Vorteil, wenn sie für alle Biegungen und Verrenkungen in den Einstellungen bereit waren. Welcher Fotograf oder Grafi-

superschlank und extralang

ein bißchen

eigenwillig

Hucky Porzner: „Mein Entwurf ist eine Persiflage auf die EVE-Zigarettenwerbung, die, genau wie der Rest der Werbung, die Frau immer wieder an ihr liebes, zurückhaltendes und von Schönheit bestimmtes Leben ‚erinnern‘ will." Darstellerin: Petra Goldkuhle.

und auf geschmackvolle Weise mild.

ker hat schon Lust auf eine „häßliche Weiblichkeit". Die männliche Belegschaft sowie Kunden liebten den Zustand, Geschäftsleben vom Privat- bzw. Sexleben möglichst nicht zu trennen. Sie bestimmten sowieso die „intime" Atmosphäre. War das Fotomodell mal nicht für die „privatintimgeschäftlichen" Herrenideen zu haben, verlor sie an Qualifikation und guten Chancen für weitere Aufträge.

Für mich hinterließen diese eingefahrenen Spuren immer mehr einen faden Geschmack. Sie waren mir zu abgewirtschaftet. Das anfänglich Neue, Unerreichbare wurde für mich immer durchschaubarer, geradezu banal. Die Werbefotografie hatte für mich den Flair verloren, und ich sah

die Arbeit bewußter und konnte immer weniger Konstruktives oder Alternatives finden. Die Klischees wechselten sich ab mit Langeweile. Ich hatte auch immer mehr Schwierigkeiten, die banalen, sexistischen Sprüche von den Werbegrafikern unserer Agenturen mit meinem Harmonilächeln zu unterstützen.

Meine Ehrlichkeit mir selbst gegenüber hinderte mich immer mehr, in dieser Art von Werbefotografie eine Faszination zu finden. Mir war endlich klar, daß mein Bewußtsein nicht von meiner Arbeit zu trennen war. In der falschen Hoffnung, durch Berufserfahrung mehr Autorität und Macht zu gewinnen und damit auch Einfluß auf die Regie der entstehenden Werbefotos zu haben, verbrachte ich drei Jahre in der Werbefotografie.

Im Laufe dieser Zeit kam ich zu dem Entschluß, den zweiten Bildungsweg anzutreten, um Grafik-Design zu studieren. Mittlerweile bin ich im achten Semeter des Grafik-Design-Studiums an der Hochschule der Künste Berlin. Damit habe ich auf jeden Fall den konstruktiveren Schritt für mich getan.

Werbefoto von Hucky Porzner 1975

Lilli Limonius

Foto: Madeleine Caffaro

„Werbung? Ach, Sie als Frau haben da keine Chance!"

Gesellschafts- und Wirtschaftskommunikation / Kommunikationstechnik – was für ein faszinierendes Studium!

Es beinhaltet *Kommunikationswissenschaft*, die die Gestaltungsprozesse, Empfangsbedingungen und Regeln der Übermittlung von Massenkommuniqués untersucht, die Methoden lehrt, Forschungsergebnisse vermittelt und für die Planung Modelle, allgemeine Therien verschiedener Reichweite sowie spezielle Daten bereitstellt. Darüberhinaus beschäftigt sie sich mit der sogenannten *Kommunikationsplanung*, die Theorien und Methoden für die alternative Ziel-, Entscheidungs- und Ablaufplanung im Gestaltungsprozeß der zielgerichteten Massenkommunikation lehrt und erforscht. Und last not least die verbale und audiovisuelle *Kommunikationsgestaltung*: die eine lehrt und erforscht die sprachliche Gestaltung zielgruppenspezifischer Kommuniqués und unterzieht sie texttheoretischen Analysen, der andere, der audiovisuelle Schwerpunkt vermittelt theoretische Grundlagen sowie gestalterische Fähigkeiten zur Entwicklung und Realisation zielorientierte Massenkommuniqués.

Das alles in acht Semestern! Was will man mehr! Dann ist man ein gemachter Mann, sorry, eine gemachte Frau. Denn „der Bedarf an Kommunikationsfachleuten ist steigend", hieß es im Studienführer der HdK Berlin, „da heute zahlreiche Institutionen in Politik, Kultur und Wirtschaft ihre Funktionen nur dauerhaft erfüllen können, indem sie Menschen über Massenmedien gezielt informieren und beeinflussen".

Was für eine reizvolle Aufgabe, dachte ich mit siebzehn, kurz nach dem Abitur. Aber noch war ich mir unschlüssig. Freie Malerei, Architektur, Bildende Kunst waren ebenso Interessensgebiete, für die ich mich begeisterte. Von der Berufsberatung für Abiturienten erhoffte ich mir eine endgültige Entscheidung für meine Studienwahl. Wer je die Absicht haben sollte, eine Berufsberatung über sich ergehen zu lassen, soll hiermit gewarnt sein und genau dort studieren, wo abgeraten wird. Auf mein künstlerisches Interesse ging die Beraterin nicht im geringsten ein. „Kunst? – Absolut brotlos! Ein Heer von Arbeitslosen!" winkte sie ab. „Werbung? Ach, Sie als Frau haben da keine Chance!" Das wurmte mich fürchterlich. Zu einer Lehre als Goldschmied wollte sie mich überreden, doch ich fühlte mich völlig mißverstanden und enttäuscht und wollte nicht einsehen, mich dem konjunkturellen Anpassungsdruck schon jetzt zu beugen. Der Verzicht des einen ist die Chance des anderen, dachte ich, und zog aus, das praktische Werben zu lernen; von männlicher Mehrheit im Berufsleben wollte ich mich nicht gleich verschrecken lassen.

Im Alleingang beschloß ich, den Fachbereich zu entdecken und war von den Titelthemen im Vorlesungsverzeichnis ungeheuer beeindruckt. Ein Prof. Dr. Soundso riet uns in einer Einführungsveranstaltung zur Kommunikationsplanung, die Semesterarbeit zu tippen. Überflüssigerweise würzte er dies mit der Bemerkung, jene Kommilitonen, die keine Schreibmaschine hätte, sollten sich eine Freundin zulegen, die eine hat und tippen kann. Da hielt jede der achtzehn Frauen von 43 Köpfen den Mund, hütete sich davor, sich auch nur im geringsten erniedrigt zu fühlen. In solchen Momenten fühlte ich mich schrecklich allein und unsicher, noch nicht einmal ein „Ehem" drang hervor. Paralysiert fühlte ich mich denn auch oft, wenn in den Lehrveranstaltungen die Frauenrarität in Werbung und Marketing wiederholt betont wurde, ohne Kritik an den Zuständen zu üben.

Mein politischer Anspruch war kein geringerer als der, alles über Gesellschaft, Marktforschung und Manipulationsstrategien herauszukriegen, um daraus Ansatzpunkte für eine kommunikative Strategie der Veränderung der Gesellschaft zu entwickeln, gerade im Hinblick auf Sexismus. Ich wollte mich organisieren, sprach andere Frauen an, ob sie Interesse hätten, an einem Projekt mit frauenspezifischem Thema zu arbeiten. Doch das wollte keine, sie zogen es vor, an Kommunikationsprojekten zu arbeiten wie „Kinderunfallverhütung", „Neueinführung einer Kunstzeitschrift", dem ich mich letztlich anschloß. Die Angst, etwas Falsches zu sagen, war bei Frauen, so mein Eindruck, stärker als bei den Jungen. Die meisten zogen sich lieber in die Schutzzone des Schweigens zurück.

Das deutliche Übergewicht der Männer als Lehrkräfte im Fachbereich, ihre Dominanz in den Werbe- und Kommunikationsagenturen, der Sexismus, der in den Girls-Landschaften der Anzeigen, der TV- und Funkspots

steckte, wurde genauso selbstverständlich hingenommen, wurde so normal vor- ud wiedergekäut, wie der deutsche Sprachgebrauch, der Frauen einfach übersieht. In den Stellenausschreibungen erfährt man z.B. nicht, ob man unter der normativ-männlichen Berufsbezeichnung „Werbetexter" nun mitgemeint ist oder nicht.

Das Erfolgszubehör des modernen Medienmenschen

Viele meiner Kommilitonen kamen mir für die Werbung prototypisch vor, mit ihren kurzgekämmten Haaren, den guten Manieren, die Nase stets im Wind, der Visitenkarte im Diplomatenköfferchen; dazu passend der imposant gedruckte Briefkopf und ausgestattet mit dem Erfolgszubehör des modernen Medienmenschen: mit telefonischen Anrufbeantwortern, Videorecordern, Schreibmaschinen und Photokameras neuesten Modells beherrschten sie das „impression management", die persönliche Eindruckslenkung, perfekt – perfekter als so manche angehende Diplom-Kommunikationswirtin. Denn das „USP" (unique selling proposition), das Verbraucherversprechen, der einzigartige Vorteil bei einer Person, Idee, Agentur oder bei einem Produkt – und das lernt man hier früh – muß eingebettet sein in ein einheitliches Image, der Corporate Identity. Die Frauen wirkten trendy, maganzinreif sogar, waren wie auch ich befangen in ihrem Weiblichkeitswahn, d.h. äußerlich dem Schönheitsideal angepaßt; blieben rücksichtsvoll gegenüber männlichem Geltungsstreben und ohne Absicht, dem starken Geschlecht Konkurrenz zu machen. Trotzdem, für ihren Hausgebrauch fühlte sich jede genug emanzipiert, so viel immerhin, daß sie sich über männliche Vorurteile hinwegsetzen konnte.

Kreativität, Flexibilität, Mobilität, Teamgesit und ein auf Erfolg- und Karriereraster ausgerichtetes Denken sowie der verinnerlichte und wichtigste PR-Grundsatz „Tu Gutes und sprich darüber" waren die Eigenschaften für den ökonomisch-sozialen Berufs- und Lebenskampf außerhalb unseres Trainingslagers, den nur gewinnt, wer sich nicht mit Innenschau, Gesellschafts-, Wirtschafts- und Ideologiekritik aufhält.

Ein Großteil der rhetorikgewandten Profs und Dozenten gab denn auch gern gravitätisch Selbstinszeniertes von sich und kultivierte – wie auch die nachäffende Studentenschaft – dieses Image bis zur Koketterie, stilisierte mit Vorliebe die Vorstellungen vom besonderen Charisma des Berufs und aller, die ihm angehören. Durch die Seminare der Wirtschaftskommunikation floß der mainstream der Kapitalverwertungsinteressen.

Huldigung des Männlichen

Die Ausbildungs-Kultstätte der Werber/innen, der Fachbereich 5, wurde zwar von Frauen und Männern gleichermaßen stark besucht, der beizende Ruch des Virilen aber drang einem nicht erst spätestens dann in die Wahrnehmungssinne, wenn frau das gemeinschaftlich benutzte stille Örtchen aufsuchte. Ein Gastprofessor huldigte seiner Männlichkeit unter dem geöffneten Hemdkragen mit einem goldglänzenden Phallus am Halskettchen, wenn er zur Vorlesung antrat.

Ein anderer, straff rechts gescheitelter Professor weigerte sich generationenlang, Studentinnen mit „Frau" anzureden, stattdessen blieb er hartnäckig bei „Fräulein" stehen und lächelte, obwohl es allen Frauen darum sehr ernst war. Höhere Bewußtseinsebenen im studentischen Denkvermögen stiftete eigentlich nur die empirische Sozialforschung, die sich beispielsweise unter kommunikationssoziologischen Gesichtspunkten mit dem Hunger in afrikanischen Ländern auseinandersetzte, über gesellschaftliche Probleme der neuen Medien arbeitete oder filmisch eine Aktionswoche zum Thema „Gegen Krieg und Militarismus" dokumentierte. Hier gab es auch in kleinen Tests im Grundstudium Wirkungsanalysen von Headlines aus Anzeigen wie „Damit Ihre Frau länger jung bleibt – Elco Ölheizung" und „Manche Frauen kennen sich bei Bieren besser aus als Männer denken – Becks ist Becks. Für Kenner."

Hier saß innerhalb der Gesellschaftskommunikation das Gewissen des Fachbereichs, dessen sich bezeichnenderweise eher die postmaterialistisch geneigten Studentinnen und Studenten annahmen, darunter viele „Abtrünnige des Systems", die es später vorzogen, ein Zweitstudium zu belegen, in der PR tätig zu werden oder beruflich völlig umzusatteln. Einige andere wiederum mochten später ihre gesellschaftsverändernden Ideale zwar nicht aufgeben und kamen auch von dem Gedanken nicht los, alternatives Geistesgut in die Werbung einfließen zu lassen, wenn es erst einmal soweit war. In der Praxis erwies sich jedoch, daß auch sie, gerade als Anfänger, die Werbeideologien nach allen Kräften als Texter oder Mediaplaner unterstützten; darunter befanden sich auch eine ganze Reihe Frauen.

Durch die arbeitsmarktpolitische Entwicklung wandelte sich das Verhältnis der Studentenschaft zur Werbung. Die begehrte Pforte zum akademischen Diplom „Kommunikationswirt" schrumpfte durch den hohen Numerus Clausus bei Note 1,7 zu einem engen Nadelöhr, in das sich viele Studienanwärter erfolgreich einklagten. Die gesellschaftskritischen, linken, höckrigen Kamele, die sich da hindurchwanden, kamen am Ende in der Berufspraxis in der Regel als glatte Werberatten heraus, die am Schaum der No-Sense-Kultur mitmischten.

Besuchten uns in vergangenen Zeiten Vertreter von Werbeagenturen und versorgten sich hier mit Nachwuchskräften noch vor der Abschlußprüfung, so müssen die Absolventen von heute sich selbst um Vorstellungsgespräche, Bewerbungen und um Stellengesuche kümmern. Dennoch, arbeitslos bleibt man in diesem Erwerbszweig vorerst nicht, ein Vorteil, der sehr nervenberuhigend wirkt.

Grafikerin: Eleonore Paul

Der Pralinenmeister von Trumpf hat eine Schwäche für Süßes.

Foto: Paul Langrock

Sympathiewerbung für die Bundeswehr

Szenenwechsel. Studienfahrt nach Köln, 1983 zum Werbeteam McCann Erickson, die das Konzept ihrer Bundeswehr-Kampagne vorführte mit der respektablen Etatgröße von 1,8 Millionen Mark. Zu ihren Auftraggebern zählen das Gesundheitsministerium, Asbach, Cola, Esso, Opel u.a. Ihr Briefing war eine Sympathiewerbung für den Arbeitsplatz Bundeswehr, denn diese Organisation wurde von der öffentlichen Meinung kritisch betrachtet, und durch die geburtenschwachen Jahrgänge mußte die Bundeswehr mit starken Personalverlusten rechnen. Kommunikationsziele und -strategien wurden vorgestellt, dann die Headline und der Slogan, der den soldatischen Nachwuchs anlocken sollte mit: „Er hat sich was mitgebracht. Seine Frau", daneben gezeichnet ein exotisches Frauenmotiv im Landserstil. Die beiden Referenten des Teams gaben an, sie hätten keine Gewissensprobleme bei der Durchführung ihrer Arbeit gehabt, die Bundeswehr sei ja schließlich fester Bestandteil der Verfassung. Zwei Grafiker der Abteilung allerdings hätten sich geweigert, an der Kampagne mitzuarbeiten, seien aber neidisch darüber, nicht auch mal kostenlos auf der Bundeswehr-Fregatte mitfahren zu können. Die Texter / Konzeptioner sahen sich als Mittler der Inhalte, nicht als deren Erzeuger. O-Ton: „In der Werbung muß man grundsätzlich gewissenlos werden."

Perversion des männlichen Werber-Denkens, gewiß.

Aber wenn ich mit meinen Studienfreunden spreche, von denen einige bereits seit Jahren in der Werbewirtschaft tätig sind und für Produkte und Ideen werben, die ihnen vom Bewußtseinsstand her gegen den Strich laufen, und ich sie frage: „Wie könnt Ihr das überhaupt mitmachen, wie könnt Ihr das nur aushalten, dort zu arbeiten, das ist doch geistige Prostitution", dann stelle ich oft fest, daß sie gar nicht so unkritisch der eigenen Mache, dem eigenen Medium gegenüberstehen. Nur in dem Moment, wo sie sich öffentlich dem stellen sollen, verteidigen sie die Werbung, vor allem ihre eigene Kampagne, und schimpfen auf die Konkurrenz.

„In Deutschlands Werbeszene darf man alles sein, nur nicht Anfänger oder Frau oder beides zusammen."

Szenenwechsel. BDW Besuch (Bund Deutscher Werber) in Bonn. Auf unsere Frage hin, welche Repräsentanz Frauen in der hierarchischen Stufenleiter der Werbe- und Kommunikationsagenturen einnehmen, gab der Geschäftsführer Lutz Weidner zu ihrer starken Unterrepräsentanz zur Antwort, Frauen, die heiraten, müßten sich eben entscheiden, ob sie lieber ihren Beruf ausüben wollten oder beruflichen Aufstieg anstrebten. In erster Linie aber läge es an ihnen selber. Dies stimmt nicht ganz. Es ist allgemein bekannt, daß Frauen, wollen sie im Werbebe-

Werbeateliers bewahren das alte Rollenklischee

Eine Analyse der Zeitschriftenreklame der vergangenen zwanzig Jahre

aus: „DER TAGESSPIEGEL, 5.1.86

„Schlägt sich der in den letzten Jahrzehnten stark gestiegene Bildungsgrad der Frauen in der Werbung nieder?" „Welche Rolle spielt die Frau als Sexobjekt heute in den Reklameanzeigen?" Dies sind nur zwei der Fragen, die Studenten der Freien Universität Berlin im Rahmen eines Marktforschungsseminars durch eine Untersuchung von Zeitschriftenwerbung beantworten wollten. Die ausgewertete Stichprobe enthielt Anzeigen aus den Jahren 1964, 1974 sowie 1984 und sollte den Trend der letzten zwanzig Jahre aufzeigen.

Die Entwicklung am Arbeitsmarkt ist seit Mitte der sechziger Jahre durch einen steigenden Anteil der Frauen an der erwerbstätigen Bevölkerung und einen heute durchschnittlich höheren Qualifikationsgrad der Frauen gekennzeichnet. Die Ausgaben als Hausfrau und Mutter sind in den Hintergrund getreten.

Vor zwanzig Jahren herrschte dagegen noch das traditionelle Rollenverständnis vor. In den Zeitschriftenanzeigen schlug sich die damalige Auffassung in der Verteilung der Aufgaben zwischen Männern und Frauen nieder: Die weiblichen Personen sind zumeist im Heim am Herd zu finden oder sie verrichten einfache Tätigkeiten, meist in Büros oder Geschäften. Auf den Chefsesseln in den oberen Etagen sitzen dagegen fast ausschließlich Männer. So zeigte 1964 nur etwa jedes hundertste Reklamebild eine Frau in einer höheren Position.

Die Frauenbewegung in den siebziger Jahren führte dazu, daß die weiblichen Arbeitskräfte nun verstärkt auch in die traditionellen Männerdomänen einbrachen; die Zahl der „typischen" Männerberufe schrumpfte beträchtlich. Die Werbung reagierte jedoch auf diese Entwicklung keinesfalls entsprechend.

Zwar ist der Anteil derjenigen Personen, die als Hausfrauen auftreten, kontinuierlich gesunken — von knapp zehn Prozent 1964 auf nicht einmal zwei Prozent in den achtziger Jahren —, doch die Frauen werden weiterhin nicht als berufstätig dargestellt. Und auch bei der gezeigten Verteilung der hohen und niedrigen Positionen im Arbeitsleben steht die Frau in der Werbung — seit zwanzig Jahren nahezu unverändert — noch weit schlechter da, als dies in der Realität ohnehin der Fall ist.

Nicht einmal zwei von hundert der gezeigten Erwachsenen stellen Frauen in höherqualifizierten Berufen dar. Auch eine selbständige Freizeitgestaltung ohne Männer ist bei den gezeigten weiblichen Personen durch die Jahre hindurch gleichbleibend selten: Sport, Spaß und Spiel finden meist nur in Männerbegleitung statt, und die Frauen verhalten sich zudem häufig völlig passiv.

Inwieweit sich die gesellschaftlichen Veränderungen der beiden letzten Jahrzehnte in den Zeitschriftenanzeigen widerspiegelten, untersuchten die Studenten auch anhand der Häufigkeit, mit der Frauen sogenannte „frauenspezifische" Produkte — beispielsweise Kosmetika und Waschmittel — anpreisen. Der Zeitvergleich ergab, daß auch hier keine Umorientierung festzustellen ist. „Frauen werben weiterhin für andere Produkte als Männer", so resümiert die Projektgruppe.

Auch der Frage, ob die Frau häufig als Sexobjekt ohne einen sinnvollen Bezug zum Produkt in der Werbung auftritt, ist die Gruppe nachgegangen. Ihre Annahme, daß eine sexistische Darstellung zugenommen habe, da sich die Moralvorstellungen innerhalb der Gesellschaft gewandelt haben, bestätigte sich nicht. Zwar enthält die Stichprobe aus den sechziger Jahren überhaupt keine derartige Anzeige, dennoch scheint die Bedeutung von Sexobjekten in der Werbung insgesamt nur sehr gering zu sein.

Überraschend ist das Ergebnis, wenn man bedenkt, inwieweit sich Frauen immerhin aufreizend präsentieren, also Beine, freie Rücken und anderes zeigen. Derartige Werbemethoden — jedoch oft in „harmloserer" Weise — waren in den Zeitschriften der sechziger Jahre allerdings häufiger als in den heutigen Gazetten. So schrumpfte der Anteil der aufreizend werbenden Frauen in den letzten zwanzig Jahren von fast zehn auf knapp vier Prozent aller abgebildeten Personen. **Dorothea Siems**

reich aufsteigen, besser sein müssen als ihre männlichen
Kollegen. Ihr berufliches Fortkommen ist mit mehr persönlichen Einschränkungen verbunden, und ihr familiärer Status ist ausschlaggebender als der des Mannes. Die Berufs-
barriere liegt für die verheiratete Frau zumeist im Mutter-
schaftsgesetz. Daß die weibliche Klientel unter den Wer-
bern es schwieriger hat, das verlautbarte auch Deutschlands Werbeblatt Nummer eins, die „W & V" von 1980.
Darin stimmen deutsche Personalberater überein: „In
Deutschlands Werbeszene darf man alles sein, nur nicht
Anfänger oder Frau oder gar beides zusammen."
    Gesellschafts- und Wirtschaftskommunikation beinhal-
tet auch Kommunikationspolitik. Kommunikationspolitik
beinhaltet auch Personalpolitik. Männer sind überwiegend
in PR- und Werbeagenturen vertreten, bei Film- und Fern-
sehproduktionen, in der Gestaltung und in der Produktion,
auch in den wissenschaftlichen Einrichtungen der Hoch-
schulen und Universitäten. Männer dominieren zahlenmä-
ßig in ihrer Eigenschaft als Lehrbeauftragte, Dozenten und
Professoren, besonders an entscheidenden Stellen, obwohl, wie zum Beispiel an unserem Fachbereich, die Geschlechter gleich verteilt sind. Männer entscheiden auch an
unserem Fachbereich über Mittelvergabe, prägen die Stu-
dienstruktur und -inhalte.
    Auch in unserem Fachbereich konnte bislang keine an-
gemessene Quotierung bei Stellenangeboten durchgesetzt
werden. Eine handvoll aufgeschlossener Professoren und
Dozenten zeigte zwar Verständnis für das Anliegen, mehr
Frauen als Lehrkräfte und mehr frauenspezifische Inhalte
einzubringen, doch konnte man auch nicht davon ausgehen, daß sich ihr Wohlwollen gleich in Aktion umsetzte.

In einigen Seminaren wurden Frauen sowohl von ihren
Geschlechtsgenossinnen als auch von Studenten mit augen-
rollendem Spott und leisem Hohngelächter bedacht, wenn
sie Kritik an Sachen Frauenfeindlichkeit äußerten, oder es
kamen aufstöhnende Bmerkungen wie „Hach, die schon
wieder!".
    Das war Umgang mit eingeschliffenem Unrecht. Die
Frauen selbst waren sich ihrer Rolle nicht bewußt und nahmen die Werbeformel „Der Mann als Denker, die Frau für
die Denkpause" widerspruchslos hin. Und sagte eine etwas, dann wurde ihr abverlangt, toleranter zu sein, doch
den Scherz zu verstehen, nicht jedes Wort auf die Gold-
waage zu legen. Im Winter strickten sie unter den Vorle-
sungstischen, während die männlichen Nachbarn im „Spiegel" blätterten. Ihre Masche vollzog sich auf Plastiknadeln
zwar geräuschlos, wenn auch unübersehbar. Als ein Student einmal sein Strickzeug auspackte, da unterstellte man
ihm, er habe sich von seiner feministischen Freundin an-
stecken lassen, die das Verhalten der Geschlechter gleich-
schalten wolle.
    Für viele aus meinem Freundes- und Bekanntenkreis
gab es wohl nichts Anrüchigeres als Werbung, die stets nur
als klischeehafte Vorstellung der wirtschaftlichen Absatz-
förderung existierte.
    „Waaaas, das kann man studieren?" lautete es dann, oft
nicht ohne Häme, und bald darauf kam der Vorwurf: „Ihr
verarscht doch nur die Leute, stabilisiert den krankma-
chenden Status Quo!" Immer wieder mußte man sich für
seine Studienwahl legitimieren, denn daß die gelernten
Kommunikationsstrategien auch anderweitig, zum Nutzen
der Gesellschaft angewendet werden können, wurde be-

Unterwäsche

Herrenslip
Herrenhemd
Damenslip

Boutique

NEU!

So gut kann ein Kopierer sein.

UNITED KING · ITALIA · SVERIGE · DEUTSCHLAND · NEDERLAN · ÖSTERREICH · ESPAÑA · BELG · EIRE · FRANCE

Mein Zukünftiger muß *sauber* sein.

Damals war es einfach Liebe auf den ersten Blick.

Doch diesmal kommt es stärker auf die inneren Werte an. Der Neue muß die beste und modernste Technik auch für die Umwelt haben. Und dazu gehört der Katalysator.

Fahren Sie nicht ohne Katalysator. Dann fährt die Umwelt in Zukunft mit dem Auto genauso gut wie Sie.

Kat-Autos werden steuerlich begünstigt. Das sollten auch Sie nutzen.

Je früher Sie umsteigen, desto größer ist der Steuervorteil für Sie.

Degussa hat in langjähriger Forschungsarbeit den Katalysator entwickelt, der auf einfache Weise schädliche Autoabgase in umweltneutrale Stoffe umwandelt. Das hat er millionenfach nach den strengen USA-Vorschriften bewiesen.

Er ist voll ausgereift, wartungsfrei und weltweit bewährt.

Ausführliche Informationen über den Katalysator erhalten Sie kostenlos von Degussa AG, ÖA, Postfach 11 05 33, 6000 Frankfurt 11.

Degussa
Katalysatoren
für eine saubere Welt.

Frauenfeindliche Werbung gibt es immer noch. Jedoch sind die Aussagen versteckter als noch vor wenigen Jahren. Einfache, sexistische Werbung ist seltener geworden: nackte Frauen treten in der Werbung kaum noch auf, und sogar die biedere Hausfrau, die nur an Mann und Familie denkt und an sonst nichts, gibt es – zumindest in den Printmedien – fast gar nicht mehr.

GENUSS, DEN MAN SICH LÄNGER GÖNNT.

PEER
100
FORMAT... FÜLLE...
FASZINATION...

wußt oder auch unbewußt außer acht gelassen. Auch Studenten im Nachbarfach „Visuelle Kommunikation" stempelten uns ab als geldgeile Sprachpragmatiker. Ich konnte diese Platitüden über Werbekommunikation nicht mehr hören. Viele entwickelten eine umbewußte Haltung, die man als Selbstgefälligkeit und Überschätzung bezeichnen könnte. Denn immer wieder wurde man von außen gefordert, die Rechnung mit dem eigenen Gewissen ins Reine zu bringen.

Natürlich gab es denn auch einige, die eine bornierte Art entwickelten, die sich zur Elite zugehörig betrachteten, sich als Männer der Superlative begriffen, bei denen Geld und Geschäfte alles rechtfertigten. Mitunter trat da auch vereinzelt eine solche Frau auf, eine im Wortsinn „starke Frau" mit energischem Selbstbehauptungswillen; solche Frauen aber steuerten gradlinig und zielbewußt die Hochleistungs-Karrieren an, traten in die gleichen männlichen Fußstapfen und forderten allenfalls zur ausgleichenden Ungerechtigkeit für die tausend namenlosen Frauenstereotypien in der Werbung: der weiblichen Hohlkreuzposition sollte nun der entblößte männliche Brötchen-Popo entgegengesetzt werden.

„Was tun Sie mit einem Kunden, der blonde Frauen nun mal nicht mag?"

Während meines Studiums orientierte ich mich um. Phrasen dreschen, Slogans knüppeln, Zielgruppenforschung betreiben, Kampagnen konzipieren machte mir zwar auch Spaß, aber identitätsstiftender schien mir, akademisch verklausulierte Texte, komplexe, gesellschaftliche Zusammenhänge in simple Sprache zu übersetzen. Das lag mir. Ich schrieb Artikel für Zeitungen und Zeitschriften und begann zu fotografieren. Heute arbeite ich weitgehend freiberuflich für Zeitungen, Zeitschriften und Illustrierte, und verkaufe Fotos an Redaktionen und Werbeagenturen.

Als ich mich das erste mal bei einer großen Berliner Werbeagentur um eine vakante Stelle als Werbetexterin bewarb, wurde beim Vorstellungsgespräch meine bisherige freie journalistische Tätigkeit gelobt und ich für fähig befunden, zielgruppenadäquat zu schreiben. Nach der Einsicht in die Arbeitsproben gab man mir zunächst vorsichtig, dann aber immer unverhohlener zu verstehen, daß ich in der Werbung im allgemeinen, in dieser Agentur im besonderen keinerlei Existenzberechtigung hätte. Einziger Hemmschuh: mein Geschlecht. Schließlich hätte ich es Tag aus Tag ein nur mit Männern zu tun, Werbung sei doch nun mal ein Männergeschäft, ich sollte zurück in die Public Relations, da wäre ich am besten aufgehoben, da seien auch andere Frauen, da hätte ich mehr Erfolg. Bei den Repräsentationen seien nur männliche Kunden vertreten. „Wenn die da plötzlich eine Frau vor sich sehen, die ihnen nun den Text andrehen will, und da gibt's viele, die mit Frauen überhaupt nicht können, die Frauen nicht akzeptieren. Tja, was machen sie denn da, wenn ein Kunde vor Ihnen steht, der blonde Frauen nun mal nicht mag?" fragte mich der Geschäftsleiter. Da war ich fast mit meinem Werbelatein am Ende und sagte nur: „Es geht doch hier um werbliche Kompetenz und nicht um aussehen."

Ich fragte mich, sind das nun Einzelfälle oder weitverbreitete Gepflogenheiten der Werber. Es blieb bei diesem krassen Erlebnis. Mit anderen Agenturen hatte ich gute Erfahrungen, so auch bei Infoplan ABC in Düsseldorf, die eigentlich nur noch wissen wollte, für welche Konsumgüter ich nicht werben würde – für Alkohol, Zigaretten und Rüstung –, was auch kommentarlos akzeptiert wurde.

Rose Huck

34, Motivforscherin und Aussteigerin

Werbung ist: kultivierte Irrationalität

1. Vorstellung:

Mai 1971 – Wenigstens zu diesem Anlaß müßte ich doch mal einen Rock anziehen. Meint die Mutter. Nein, sage ich. Die sollen gleich sehen, was ich für eine bin. Mit einem älteren, Pfeife schmauchenden, sympathischen Ungarn eine Stunde Vorstellungsgespräch in der GETAS (Gesellschaft für angewandte Sozialwissenschaften mbH & Co. KG) Untertitel: Institut für Motivforschung in Erlangen.

2. Anfang:

Ich bin angenommen, so wie ich war, und kriege nun doppelt so viel (statt 650 bei der GEFK nun 1100 Mark brutto). Sowie: ein eigenes Zimmer neben dem Fernschreiber und einer ganz modernen IBM-Schreibmaschine. Dazu eine Menge „netter Kolleginnen", an sich eine richtige Arbeitsfamilie: Wer morgens zuerst kommt, braut Kaffee, oder im Winter: zündet die Ölöfen an. Danach erst einmal an die zwei Stunden zusammensitzen, BRAINSTORMING genannt, bei dem einerseits projektbezogenes, andererseits persönliches – bis hin zur Traumdeutung – passiert.

Immerhin ist das ein illustrer Kreis von zwei Diplompsychologinnen (davon eine Frau Dr. aus Wien), einem alerten, ehemaligen Diplomaten eines Ostblocklandes und einem Chef, der sich freut, wenn wir alle guter Laune sind – während er in seinem Büro auf den Ledersofas mit seiner persönlichen Sekretärin arbeitet. Dazu noch „Ernschtl", ein Betriebswirt, und einige psychologisch-technische Assistentinnen, die die Befragungen – „Exploration" genannt – an diversen Orten der Republik und des deutschsprachigen Auslandes machen.

Mir macht es natürlich weit mehr Spaß, solche herumbrausenden Gedanken zu protokollieren oder Zwischenbe-

richte, per Telex in soziologischer Wissenschaftlichkeit abgefaßt, hinauszuschicken, zu Firmen wie UNDERBERG, M. Brinkmann etc. und lockere Sprüche am Telefon auszutauschen mit den jeweils anderen Sekretärinnen der Werbeabteilungen, als in einem Wirtschaftsunternehmen zu sitzen und Briefe „aufzunehmen", diktiert von einem Krawattentyp.

Das momentane Projekt „Dr. Suwelak's Quarktorte" (mit dem Krümelboden – in einer Zeit, wo das Krümel-Monster noch nicht auf den Bildschirmen Deutschlands bekannt war). Sie stand im innerbetrieblichen Pre-Home-Test bei jeder Tasse Kaffee mit dabei.

3. Weiterkommen:

Die meiste Zeit verbrachte ich dann doch mit Tippen von Berichten – wobei ich von Österreichisch in süddeutsches Hochdeutsch umformulierte. Dies brachte mir das Wohlwollen der Frau Dr. Anni ein, und sie begann, mich bereits in einem früheren Stadium der Motivforschung in die marktforscherische Planung hinzuzuziehen. Eines Tages – mittags auf dem Balkon – war sie dann der Ansicht, ich könne doch auch ganz gut mal „mit rausfahren". Die Reiseangelegenheiten und -abrechnungen regelte ich sowieso, also warum nicht selbst mal an Ort und Stelle arbeiten?

Mit der gleichaltrigen Jutta fuhr ich dann nach Rosenheim und München, um dort Gespräche um den ovalen Tisch mit ADAC-Mitgliedern in Gang zu bringen. Ich war zwar recht aufgeregt, aber es lief wie am Schnürchen, ich teilte mir mit meiner Kollegin die Diskussionsleitung. Die Tonbandaufzeichnungen abtippen tat dann allerdings ich, während sie nochmal die Videobänder anguckte. Wir beide hatten ein gutes Team-Gefühl, und nach erfolgreicher Zehn-Stunden-am-Stück-Arbeit machten wir einen Telefonbericht und danach ein Wochenende am Starnberger See (die Spesen raushauen).

Unsere Chefin Anni fand die Chose sehr geglückt, und wir arbeiteten zu dritt an einer Präsentation. Das hieß: Zusammenfassen der Antworten auf Strichlisten (von wegen Computer!) und deren satzweises Einpusseln in eine Berichtform. Nach dieser Zusammenarbeit stellten wir fest, daß nach der Präsentation dieser Ergebnisse im süddeutschen Raum die Anni ein „Relaunch" nötig hätte: bisher trat sie frisch und rund mit Pferdeschwanz und trachtenähnlicher Bekleidung auf. Für die „Hamburger", die „Brinkmänner", wollten wir sie fescher haben.

Also statteten wir dem Haus der Dame (erstes Modehaus am Platze) einen Besuch ab, um Frau Dr. Annis neues „Styling" zu entdecken. Damit gedachten wir ebenso den stehenden Spruch ihres Mannes: „Schee ist's net, d'Anni, aber liab" zu unterlaufen, als auch ihre Rolle als Paradepferd des Instituts (die einzige mit dem Drrr vor dem Namen!) zu fördern.

Mir paßten diese ausgedehnten beruflichen Kontakte mit den Frauen wunderbar in meine persönliche Entwicklung. Auch die Psychologin Antje hatte – vor allem bevor sie ihren amerikanischen Ehemann kennenlernte – immer Zeit und Ohr für private Probleme psychologischer Art.

4. Eingliederung:

Die Getas – Erlangen, hatte mich also voll gepackt. Ich fand ungeheur spannend, was die Werbemittelüberprüfungen durch Explorationen von Versuchspersonen zu Tage förderten: Welche Anmutungsqualitäten die Befragten zu Packung, Folder, Hometests hatten, und wie sie den Charcoal-Filter in einer Muratti-Zigarette aus der blauen Packung ganz besonders kühlend empfanden (im Unterschied zu der aus der roten).

Zu dieser Zeit war ich selbst bereits von Pfeife auf Zigaretten umgestiegen. Mein Konsum näherte sich vier Packungen täglich – ich hatte ja auch genug Streß damit, mich für die Verbesserung der Werbemittel für diese Stängchen einzusetzen ... Da waren dann die Granini-Säfte der Gesundheit wesentlich zuträglicher. In Innsbruck, Wien und am Wörther See waren die Einwohner im Antworten ja wesentlich langsamer – aber im Trinken auch wesentlich genießerischer. Der groß gedruckte Schriftzug eines vereidigten Lebensmittelchemikers auf dem Etikett ließ hier das Produkt ganz besonders vertrauenswürdig und naturrein (und damit seinen hohen Preis wert) erscheinen. Die Neueinführung von UNDERBERGs Alkoholfreiem gelang, und es wurde von Sieglinde und mir mit Genugtuung vermerkt, daß wir wohl durch unsere je 90 Befragungen, die unterschiedlich gesplittet waren, nach Vertriebsgebiet, Alter, Schulbildung, Hausfrauen, Gastwirten zu einer optimalen Werbevorlage beigetragen hatten.

Nun war ich so richtig drin im Karussel. Mindestens vierzehn Tage im Monat unterwegs. Manchmal kam ich nur in meine Wohnung, um Wäsche zu waschen und eine Freundin im Hause zu besuchen (samstags), bevor ich einen Sonntag nur im Bett verbrachte, um vielleicht am Abend schon wieder mit dem Zug nach Stuttgart, Bochum, Hamburg, Frankfurt zu fahren, damit ich am Montag im Frühstücks- oder Konferenzraum eines renommierten Hotels sitzen und pro Tag mindestens fünf Leute ausquetschen konnte.

5. Auswirkung:

Anfangs war ich noch oft verblüfft, was den Versuchspersonen alles so einfiel zu den Vorlagen. Nach ein paar Monaten allerdings merkte ich immer deutlicher, daß das auch mit meiner Geduld zusammenhing, auf die unterschiedlichsten Leute einzugehen, ihnen das Gefühl zu geben, sie hätten tatsächlich was zu sagen. Manche sagten hinterher: „Hab' ich gar nicht gewußt, daß ich so viel dazu sagen könnte, daß man da so lange drüber reden kann." Andere, besonders die Frauen, dachten, ich sei Psychologin und legten auch gleich noch ihre persönlichen Probleme mit Mann und Kindern usw. auf den Tisch. Dies brachte mich dann doch ziemlich ins Schleudern, denn es wurde mit deutlich, daß ich von Berufs wegen die Menschen, die da vor mir saßen, zu funktionalisieren hatte: Sie sollten allein zum Nachdenken und Reden gebracht werden über Werbevorlagen zugunsten einer Werbekampagne oder der Erfassung von Radioeinschaltquoten. Die eigentliche Person hatte ich wegzuschieben. Infolgedessen wurde mir auch immer unangenehmer, die Leute dazu zu überreden, sich über etwas Gedanken zu machen, das sie doch gar nicht oder weit weniger als persönliche Probleme betraf.

Abends dann in den Hotelbars immer dasselbe Spiel: „mann" (hauptsächlich Geschäftsmänner) saß in Lauerstellung, wir Frauen wie Flamingos auf den Barhockern. Der Alkohol floß (oft ausgegeben in Erwartungshaltung), aber meine aufkommenden Bedenken und das sich meldende Unbehagen zerflossen dadurch nicht; ich hatte mehr Interesse, mit den Frauen zu reden.

Dann die Nächte in den Hotelzimmern; Wand an Wand mit eben jene Geschäftsleuten, die in der Bar zu sehen waren: Onanisten oder mit „Zimmerdame". Wenn ich mit Jutta, Sieglinde oder Anni unterwegs war, nahmen wir uns meist Doppelzimmer, schon um nicht den seltsamen Vibrationen ausgeliefert zu sein. Nach einer Weile hatte ich mir in den Städten „Verhältnisse" angelacht, um diesem Hoteldasein wenigstens ab und an zu entgehen.

Ein Erlebnis hierzu unter diversen anderen: Nach einem „philosophischen" Abend mit Sieglinde in der Hotelbar zusammen aufs Zimmer gegangen. Nach einer Weile klopft es an der Türe: „Aufmachen, ihr Süßen!" Wir unter die Decken und losgekichert. Ein Rascheln unter der Türe durch. Siehe da, ein 50-Markschein. Soll wohl 'ne Anzahlung sein, flüsterte Sieglinde. Ich rufe „Wer ist denn da?" Draußen: „Der Zimmerkellner". Wir wieder unter die Decken und geflüstert, wie wir den loskriegen. Wie gut, daß wir einigermaßen luxuriös mit Bad und auch Telefon übernachteten. Eine geht ans Telefon und erfragt vom Nachtportier, was da los sei. Der gibt sich völlig verstockt. Sieglinde fragt, was er von dem nächtlichen Möchte-Gern-Besucher denn an Vermittlungsgebühr genommen hätte, andernfalls würden wir alles auf – und ihn damit rausfliegen lassen. Er gesteht, 20 Mark genommen zu haben, dafür, daß er unsere Zimmernummer weitergab. Am Tag der Abreise rechnete die Hotelmanagerin persönlich ab, und – ihr als Frau – sagten wir dann doch, was sich ereignet hatte. Sie erschrak darüber und gab uns eine Nacht umsonst – schließlich wäre ja das Institut dauernd für Wochen Gast ...

Da war dann das Heimkommen besonders schön, was hieß: wieder mal so richtig schön auf dem Stuhl der Kosmetikerin entspannen, zum Frisör gehen und dann am Montag in die Arbeitsfamilie kommen, ein gemeinsames kaffeedruchtränktes Stürmen der Gedanken – und die harte Arbeitswoche erschien wie weggepustet.

Aber nur als ob. Denn nun geht es voll in die letzte Runde, die Protokolle sind zwar schon mit der Post angekommen, Auswertungslisten werden angelegt, aber bis zum Finish, bis zur Berichtreife wird von den Befragerinnen noch kräftig mitgebürstet. Nochmals muß alles geduldig nachvollzogen werden, was schon sooo oft gefragt, gehört und notiert wurde. Getürkte Protokolle sind ein oder zwei pro Woche dabei – die werden gemacht, wenn der Trend des Splittings einigermaßen klar ist, damit die Quote voll wird.

6. Der Ausstieg bereitet sich vor:

Eine Unterschung von Videospots der CSU steht ins Haus. Prof. K. vom ... Institut in Bonn will Werbeslogans im Spot der CSU in „Parteien zur Wahl" testen lassen. Dabei ist der Institutschef maßgeblich an einer Pro-Brandt-Initiative beteiligt, und die anderen bringen in ihren Zimmern ihre Meinung durch entsprechende Plakatierung zum Ausdruck.

Nun, für den Tag, an dem der Auftraggeber kommt, muß das halt alles ab – und bitte keine Buttons am Revers! Ich sage, mit der CSU will ich nix zu tun haben, auch nicht mein Geld damit verdienen oder gar dafür verreisen. Na, die demokratisch-diplomatische Institutsmeinung dazu ist: dann machste halt die Sachen hier in Nürnberg. Geld stinkt also nicht – oder nur so lange, wie es auf der Bank liegt?

Ein Proband dieser Untersuchung sagte nach der Befragung zu mir: er hätte nicht gewußt, daß sich so intelligente

„Dance, dance, dance
Solange ich denken kann,
habe ich getanzt. Als
kleines Mädchen auf Ge-
burtstagsparties, später
alone in den Flensburger
Discos und dann sieben
Jahre als Gogo-Girl im
'Musikladen' von Radio
Bremen, als Hüpfdohle,
wie man uns so nannte.
Eine tolle Zeit! Die Su-
perstars aus nächster
Nähe: Eddie Grant, Bryan
Ferry, Hubert K., Trio,
David Bowie, Tina Tur-
ner... Aber das ist jetzt
Vergangenheit. Gone
with the wind. Heute
tanze ich in der Gruppe
'Revanche' mit Da tin-
geln wir von Gala zu Dis-
co, von Disco zu Gala,
machen Modern Dance –
und träumen vom Welt-
ruhm. **Einmal Prince
die Hand schütteln
und sagen: Alter, du
bist gut.** Wenn ich
allein bin, träume ich
meinen schönsten Traum,
den von meinem früheren
Leben. Da war ich Tem-
peltänzerin in Indien."
Monique, Tänzerin

Mädchen (na ja) für sooo was hergeben. Er war wohl Student, für die ich gar nicht viel übrig hatte, denn sie fühlten sich mir so haushoch überlegen, daß ich sie schon von daher und ihrer gestelzten Ausdrucksweise wegen nicht leiden konnte (obwohl ich inzwischen plante – irgendwann mal – das Abitur nachzumachen). Dann schrieb er mir noch ein Buch auf, daß er mir selbst schon – wegen der gelben Farbe – aufgefallen war: „Angst im Kapitalismus" von Dieter Duhm. Heutzutage überholt, weil der Autor in eine Sekte „absackte". Meinetwegen. Damals verstand ich das alles nicht so umfassend, aber ein paar Sätze eben doch – an denen ich mich hochrangelte, z.B.: „Die kapitalistische Herrschaft greift über die sexuelle Manipulation in das Privatleben der Individuen, indem sie sie – besonders die Frauen – zu unentwegter Beschäftigung mit Anschaffung und Körperpflege treibt." Hatte ich mich nicht die letzte Woche mit einer Haarwaschmittel-Lotion-Tönung beschäftigt und 60 Frauen befragt, was sie sich von solchen Mtteln versprechen, und waren die nicht total ansprechbar gewesen und hatten allerhand Assoziationen dazu gehabt? Und ich, lief ich nicht immer nach einer frustigen Reise ins Kosmetikstudio und kaufte mir einen neuen Lidschatten? War das etwa die richtige Konsequenz aus meiner eigentlich doch entfremdeten Tätigkeit?

Es fielen mir allerhand Antworten ein zu der Frage: Wie muß der Mensch für diese Leistungs- und Konsumgesellschaft beschaffen sein, um darin zu funktionieren. Ich sah es ja plötzlich an mir selbst!

7. Ausstieg:

Das Wort Entfremdung ließ ich mir dauernd im Kopf rumsausen, ebenso den Begriff „Taschenträger des Kapitals". Es hört sich heute wie eine Bekehrung an – aber das war es gar nicht. Es war die in den 70er Jahren übliche Art, Bewußtsein anzustoßen, einen Spruch zu machen, um durchzublicken.

Auf einer Explorationsreise saß ich dann mal wieder abends an der Hotelbar in Blue-Jeans und Streifenjacket und merkte, daß ich schon den dritten Drink bestellt hatte, aber dadurch das mulmige Gefühl im Bauch auch nicht los wurde: Also, sagte ich zu Sieglinde, wir machen das so und finden es lustig, aber guck' mal, wo, in welcher Umgebung wird dazu rumhängen. Wer zahlt uns den Rest, wo wir nicht zu uns kommen oder zu einer / einem Geliebten, sondern in ein lausiges Hotelbett? Hast Du 'nen Menschen, der dir echt nah ist? Diese Wochenenden! Sie darauf: ja, da fahr' ich zu meinen Eltern, dann nach Dinkelsbühl, da sind die Mama und auch noch mein Jugendfreund …

Zurück in Erlangen regte mich der lockere Umgangston zwischen den Kollegen nur noch auf. Wer interessierte sich hier wirklich dafür, wie es mir ging, ich selbst ja nicht mal! Mit Jutta bin ich dann noch mal 'ne Woche weggefahren,

aber sie hatte inzwischen 'nen Freund und wollte nur noch im Einzelzimmer übernachten, damit der nicht denkt …

Gekündigt habe ich mit der Begründung, daß mir das Reisen zu viel wird und die Fahrten zwischen Nürnberg und Erlangen. Ich konnte das einfach nicht vermitteln, was mich dazu brachte. Ich selbst dachte nur weg – lieber in die Normalität als so was!

8. Zwischenspiel:

Trotzdessen fing ich bei einem weiteren Institut für Marktanalysen in Nürnberg an, das sich noch psychologischer – da ihm ein Psychologieprofessor vorstand – ausgeben konnte. Nach drei Monaten dort war mir endgültig klar, daß ich zu mir selbst finden mußte; meine – vielleicht moralisch zu nennenden – Vorbehalte gegen das Ausfragen von Menschen, um sie durch die Werbung nur noch besser übers Ohr hauen zu können, wuchsen. Szenenwechsel war angesagt: Der passierte dann auch gleich: ich machte mich auf den steinigen Pfad des zweiten Bildungsweges und nahm mir vor, bald nach Berlin zu ziehen.

9. Abgesang:

Dann hat es noch drei Jahre gedauert, bis ich zum Berlin-Kolleg gehen konnte (Wartezeit); fünf Jahre Studium sind geschafft. Nun habe ich mich – wie sich meine Arbeitsamtsberaterin ausdrückt – in die Krise hineinstudiert, und im Rückblick war die Zeit in der Marktforschunhg doch mit am interessantesten – intensiv und nicht mal die härteste – in meiner „Laufbahn".

Für die Abschlußarbeit konntc ich noch einmal in die sozial-empirische Kiste greifen und einen Fragebogen – diesmal für Befragungen zu meiner aufgestellten Therie – erstellen unter Verwendung der damals gelernten Methoden.

Es kam doch allerhand dabei für mich rum:
1. Gegen Werbung bin ich nahezu immun, manchmal geradezu allergisch. Die Beschäftigung damit hat mich ganz scharf zu meinen eigenen Kriterien kommen lassen.
2. Ganz kraß finde ich: soll doch die Werbung so dumm wie möglich daherkommen, dann geben die Marketing-Strategen ihr Geld – Etats genannt – dafür immer mehr umsonst aus.
3. Die Appelle an das Gemeinschaftsgefühl der Konsumenten – das sogenannte Identifikationsangebot – zieht bei mir nicht mehr. Dieses „Wir sind viele, du gehörst dazu" definiert sich für mich mittlerweile durch andere Zusammenhänge, wenn auch die familienähnliche Atmosphäre in der GETAS viel zu meiner Entwicklung beigetragen hat.
4. Rauchen und Trinken konnte ich nach der Arbeit in der Motivforschung sofort aufgeben.

DENK NEU!

4.?/6.12.85

Liebe Leute,

ich weiß, mein Manuskript sieht
scheußlich aus, aber es ist
schon wieder Mitternacht und ich
schaff's nicht, es selber noch mal zu
tippen. Außerdem ist es auch nicht
so besonders hübsch. Falls Ihr also
noch die ein oder andere
sprachliche Verbesserung vornehmen
wollt, bitte ... Gerne.
Ach, da fällt mir ein, daß ich seinerzeit
eines meiner ersten Honorare dem
Thema: Gleichberechtigung zu verdanken
habe. Bei dem Wettbewerb (Senat)
Mehr Mädchen in Männerberufe gewann
ich damals einen Preis (79?) mit
dem Plakat: Jacke wie Hose.

Jacke
wie
Hose

(der Wettbewerb
war aber natürlich
insgesamt ein
Scherz. Hihi! gewann
damals der erste Preis. Wie man viele
preisgünstige Entwürfe einkauft ...)

Tschö denn

Anna.

Anna Berkenbusch

Heute finde ich es lächerlich, daß ich mich von dem großkotzigen Gehabe einiger jungscher Werbefittis habe einschüchtern lassen.

Statt in einer „normalen" Agentur oder Werbeabteilung sitze ich bei „DENK NEU! Gesellschaft für Werbung und Kommunikation im Sinne des Menschen und der Natur mbH" in der Witzleben(!)straße, stundenweise unterstützt von Martina, dem guten Geist, und meinen beiden Mitgesellschaftern.

Dort telefoniere und schreibe, schalte und rechne, klebe und entwerfe, rede und zeichne ich viele Stunden des Tages (meist zu viele).

Große Kampagnen kommen nicht vor. Frauen als spezielle Zielgruppe? Eher nicht. Trotzdem gibt's Aufträge, bei denen Frauen das Thema sind: z.B. habe ich anläßlich des Mordes im türkischen Informationsort für Frauen und Mädchen (TIO) ein Plakat zum Thema „Gewalt gegen Frauen" gemacht: „Gewalt gegen Frauen ist alltäglich". Wie so oft gab es nur wenig Geld für die Produktion, das hieß improvisieren. In diesem Fall mußte ich einen Mann und eine Frau finden, die bereit waren, sich für dieses Plakat fotografieren zu lassen, und das natürlich ohne Honorar. Ich hatte eine bestimmte Vorstellung von der Frau, die ich als Model wollte, aber das hat leider nicht geklappt. Schließlich war ich selbst nicht nur Grafikerin, sonden stand auch vor der Kamera.

GEWALT
GEGEN FRAUEN IST

ALLTÄGLICH

Plakat von Anna Berkenbusch

T R U F F A U T

**FILMVERLAG
DER AUTOREN**

AUF LIEBE UND TOD.

Ein Provinznest im Süden Frankreichs, Ende der 70er. Wo Monsieur Vercel auf Entenjagd war, wird wenig später die Leiche eines Mannes gefunden. Am selben Abend wird seine Frau ermordet, die Geliebte dieses Mannes. Vercel taucht unter, während seine Sekretärin versucht, die Rätsel auf eigene Faust zu lösen. Doch es bleibt nicht bei zwei Toten...

Truffauts (*Amerikanische Nacht, Letzte Metro, Jules und Jim*) spannende Kriminal-komödie, im Original *Vivement Dimanche*, ist eine Liebeserklärung an Hollywoods Kriminalfilme der 40er; Drehjahr 1983, 111 Min., schwarz/weiß, in den Hauptrollen *Fanny Ardant* und *Jean-Louis Trintignant*.

Filmplakat von Anna Berkenbusch

Mit einigen jungen Frauen, die zu mir kamen, um Plakate machen zu lassen zum Thema „Gewalt gegen Frauen", Vergewaltigung etc. hatte ich Schwierigkeiten. Mißbilligend registrierten sie, daß meine Kollegin, die damals die Buchhaltung machte, für uns Kaffee kochte und uns Tassen aus der Küche brachte. Für sie lag darin bereits eine Hierarchie, die ihnen nicht gefiel. Aber auch sonst konnten wir uns, trotz erheblicher Vorarbeit auf beiden Seiten, nicht einigen. (Ich mache grundsätzlich keine Sachen, hinter denen ich inhaltlich nicht stehe: das heißt, Aufträge, die mir aus irgendeinem Grund nicht behagen, lehne ich ab. Für Filme, die mir nicht gefallen, mache ich keine Plakate.) Und in diesem Fall kam ich mit den Vorgaben der Frauen nicht klar. Aussagen wie: „Jeder Mann ist ein Vergewaltiger" konnte ich zwar einordnen, hielt sie aber als Headline für eine Straßen-Wanderausstellung für nicht geeignet.

Ich wollte, daß gerade auch Männer diese Plakate beachten und näherkommen und nicht schon beim Lesen der Überschrift vergrault sind, weil sie sich beleidigt sehen und denken: „Emanzenpack" oder „Die spinnen ja!". Darüber haben wir uns dann lange unterhalten, mit verschiedenen Frauen; das Ergebnis war leider, daß wir ohne Plakate auseinandergingen. Ich wollte aber auch für diese Frauen nicht nur ein „ausführendes Organ" sein und Inhalte „verkaufen", die ich nicht akzeptiere.

Das war schade, weil durch diese Schwierigkeiten die gemeinsame Herstellung der gesamten Ausstellung geplatzt ist, zumindest mit DENK NEU!. Auch die Zusammenarbeit mit den Frauenhaus- und Wildwasser-Frauen, mit denen ich im Prinzip formal und inhaltlich einig war.

Ein Problem bei all diesen Auseinandersetzungen ist immer wieder die Zeit. Viele meiner Kunden, vor allem, wenn sie zum ersten Mal kommen, wissen noch gar nicht so recht, was sie denn eigentlich wollen. Oder aber, wenn sie's wissen, wird bei bestimmten Fragen zur Zweckmäßigkeit des Ganzen das Konzept wieder wackelig. Das ist nicht schlimm, wenn wir auf diese Weise gemeinsam eine Lösung finden, die der Sache dient. Aber dieses Verfahren kostet Unmengen Zeit und Geld und erfordert ein stabiles Nervenkostüm, vor allem, wenn auf der Kundenseite sozusagen wöchentlich die Gesprächspartner wechseln. So ist die Schmerzgrenze, was die Nerven angeht, da manchmal doch verdammt nah. Dann klingelt das Telefon ununterbrochen, zehn Aufträge sollen gleichzeitig morgen abend fertig sein, ein Fahrer wartet an der Tür, eine Dame möchte gern zwei Plakate kaufen, und eine jugen Frau wartet schon eine halbe Stunde, weil sie gerne wissen möchte, wie das so ist, wenn man Grafik-Design studiert hat. Und sie merkt gar nicht, daß sie es soeben live erlebt.

Trotzdem macht mir meine Arbeit Spaß, obwohl sie ungeheur an den Kräften zehrt. Ich arbeite meistens zwölf Stunden am Tag, oft mehr, und nicht selten ohne Pause zum Essen oder an die Luft zu gehen, und das seit gut drei Jahren. (Ich weiß, das ist verrückt, aber bald wird ja auch alles besser, oder?)

Zurück zum Thema: Hinter den meisten Arbeiten, die im Alltag zu sehen sind – Plakate, Zeitungen, Anzeigen, Briefbögen – werden Männer vermutet. Und hinter bestimmten Werken sowieso. Aber: die deutsche Filmausstattung für Truffauts Film „Auf Liebe und Tod" z.B. ist *nicht* von einem Mann gestaltet. („Ich dachte immer, das hat'n Typ gemacht.") Der Gang von Frau Ardant hat auch mich begeistert, und so kamen ihre Beine aufs Plakat.

(Der Lederladen, der eine Zeitlang mit dem Plakatmotiv im Schaufenster Werbung für seine Lederröcke gemacht und dabei ganz gut verdient hat, sei gegrüßt. Hallo, Hans! Hätte da nicht mal einer für mich drin sein können???) Und über einen „gewissen Herrn" eines kleinen Filmverleihs, der diesen Plakatentwurf nun kopiert für seine Truffaut-Filmreihe, habe ich mich auch eine Zeitlang aufgeregt, besonders aber über seinen „freundlichen" Brief dazu.

Jetzt fällt mir das Plakat zu „Ein mörderischer Sommer" ein. Vielleicht hat *das* ja ein Mann gemacht??

Wo wir gerade bei den Beinen sind: Ich erinnere mich an eine Anzeige auf dem Titel der NOVUM. Diese Anzeige trieb mir die Wut in den Filzer, und mit einem bösen Brief habe ich damals die NOVUM abbestellt. Ich konnte in die-

ser Anzeige „die Exklusivität, die Noblesse und den Stil" der beworbenen Jourdan-Schuhe nicht erkennen. Geärgert hat mich nicht mal so sehr die Anzeige selbst, wie die Tatsache, daß so etwas auf dem Titel einer Fachzeitung erscheint und als vorbildliche Werbung verkauft wird.

Und neulich, in der HdK, brachten mir Studenten eine Anzeige mit, die sie für sehr gelungen hielten: die neue Lancia-Anzeige mit der Roboter-Maschinen-Marilyn als kaltes Modell. „So sieht's eben aus", meinten die „Studies", „alles Maschine. Das ist die Realität, und deshalb ist die Anzeige gut." Eine Studentin bemerkte, das sei doch aber frauenfeindlich; eine andere hielt prompt dagegen, das sei es doch gerade *nicht*, weil ja keine echte Frau abgebildet sei, sondern nur eine Maschine in Frauenkleidern … (Wann war das noch mit der Frauenbewegung?)

Was passiert mir sonst noch so?
„Kann ich mal den Chef sprechen", sagen die Vertreter.
„Ist der Chef nicht da?" sagt der KOB.
„Grüßen Sie mal den Chef!" sagt der Vermieter.

DIE ZUKUNFT DES AUTOS – LANCIA Y10.

Alle, die's nicht so genau wissen, halten mich erst mal für die Sekretärin. Selbst einer unserer ersten und langjährigen Kunden hat mehr als ein ganzes Jahr gebraucht, um Briefe, die zu mir sollten, auch an mich zu adressieren und nicht an Herrn XY. Verlage schreiben nach wie vor heute oft noch an Herrn ..., obwohl sie seit drei Jahren alle Buchungen von mir bekommen. Da ist mann hartnäckig. Da gibt's nix.

Über meine Kunden, die aus der sogenannten alternativen Szene, der Filmwirtschaft oder dem Wohlfahrtsbereich usw. kommen, kann ich mich nicht beklagen ...

Es gibt allerdings Dinge, unabhängig von meinem Büro, die mit meinem Beruf zusammenhängen, die mich ärgern und wütend machen: die Selbstverständlichkeit, mit der

Frauen z.B. als „Typografie-Schwestern" bezeichnet oder Schriften mit weiblichen Attributen oder halbseidenen Vergleichen geschmückt werden. „Griffig" muß sie sein; sie muß halten, was sie versprochen hat; *der* Gestalter darf am nächsten Tag keinen Schreck kriegen, was er sich da die Nacht vorher aufgegabelt hat, wo es doch so oft passiert, daß von der Vortagspracht bei Licht besehen nichts mehr übrig bleibt. Das passiert den Männern mit den Frauen, bei Schrift sollte das vermeidbar sein. Da muß man also genauer hingucken. Bei „Titten" und „Anmach"-Vokabular im Typografie-Vortrag beölt sich das vornehmlich männliche Publikum, die wenigen Frauen gucken betreten ...

Und: bei früheren Jobs in Agenturen, Design-Studios und Verlagen, vor allem während meines Studiums, hat

*Art Directors Club
für Deutschland
Jahrbuch 1985
Außentitel*

mich das ständige Geknister in allen Ecken und Winkeln
der Büros oft genervt. Die meisten Mitarbeiter waren Männer, die sogenannten Chefs waren Männer, und es waren
Männer, die die Aufgaben verteilten und überwachten bzw.
korrigierten. Ich fühlte mich in meiner Arbeit oft gehindert
durch diese meterdicke Knisterluft, die durch das Geplu-
stere der Männer hervorgerufen wurde. Sie hat mich unsicher gemacht und meine Freiheit eingeschränkt. Leider.
Heute finde ich es lächerlich, daß ich mich z.B. von dem
großkotzigen Gehabe einiger jungscher Düsseldorfer Wer-
befittis habe einschüchtern lassen, aber damals war das leider so …

Was uns stark macht

Gemeinsame Erfolge sind auch Erfolge für jeden einzelnen

Sie haben eine starke Position im Arbeitsleben. Kein Arbeitgeber würde von Ihnen verlangen, daß Sie 50 oder 60 Stunden in der Woche arbeiten; niemand macht Ihnen streitig, daß Sie fünf oder sechs Wochen im Jahr die Arbeit Arbeit sein lassen, und für die Erhöhung Ihres Lohnes oder Ihres Gehaltes brauchen Sie sich nicht selbst zu strapazieren.

Sie haben eine starke Position im Arbeitsleben. Weil Sie nicht allein sind. Weil alle, die arbeiten, gemeinsam ein besseres Leben durchsetzen.

Alle gemeinsam. Nicht die Männer allein. Und auch nicht die Frauen. Nicht die Arbeiter allein. Und auch nicht die Angestellten oder Beamten.

Solidarität war einmal das Wort für diese Gemeinsamkeit. Damals, als die Gewerkschaften entstanden, als die Arbeitnehmer ihre ersten Erfolge hatten.

Doch was damals galt, das gilt auch noch heute. Und morgen genauso wie gestern und heute.

DGB Gemeinsam aus der Zukunft das Beste machen.

Anzeige des Deutschen Gewerkschaftsbundes

Werbewörter
Begriffe und Definitionen in der Werbung
(soweit hier verwendet)

Zusammengestellt von Monika Fuchs

ADC

Art Directors Club, Vereinigung von Art Directoren. In Deutschland gegründet 1964 zur Herausgabe eines Annuals mit beispielhaften werblichen und redaktionellen Publikationen. Vergibt jährlich Preise und Auszeichnungen.

Art Director

Der Atelierleiter, der infolge seiner Erfahrung, seines diplomatischen Geschicks und seines Könnens eine Art Geburtshelfer für Kreativität ist.
Daher auch „Creative Director".

Art-Work

Alle Art von „Kunst", die im Rahmen einer Konzeption zur Gestaltung der Werbemittel angewandt wird, in der Hauptsache also Gebrauchsgrafik und Fotografie.

Body Copy

(Kurzform: Body) Bezeichnung für Haupttext.

Body Matter

Bezeichnung für Text.

Brain Storming

Kreativ-Technik. Verfahren zur Problemlösung. Beim B. werden von einer Gruppe alle Einfälle zu einem bestimmten Problem geäußert und festgehalten. Die Ergebnisse des B. bilden das Rohmaterial, aus dem dann durch systematische Arbeit die optimale Problemlösung extrahiert wird.

Briefing

Das Kurze, Zusammengefaßte.
Die schriftliche Festlegung der Marketing-Gesichtspunkte, die für eine geplante Werbekampagne Geltung haben sollen. Der Kunde beschreibt das Produkt und die Wünsche, die er durch die Werbeagentur umgesetzt haben möchte.

Casting

Verfahren zur Auswahl von Darstellern für ein bestimmtes Image oder eine bestimmte Rolle, meist aufgrund von Probeaufnahmen.

Close-Up

Bezeichnung für Großaufnahme.

Corporate Identity

Das Erscheinungsbild einer Firma in der Öffentlichkeit (Warenzeichen, Form- und Farbgebung der Produkte, Verpackungen u.a.)

Copy

Bezeichnung für Anzeigentext

Copy Chief

Berufsbezeichnung, soviel wie Cheftexter.

Copy Department

Bezeichnung für die Textabteilung in der Werbeagentur.

Creative Director

In der Werbeagentur Leiter einer kreativen Gruppe, z.B. bestehend aus Art Directoren, Layouter, Copy Chiefs und Fotografen. Er muß zusammen mit dieser Gruppe Werbekonzeptionen gestalterisch in die Werbepraxis umsetzen.

Creative Work

Bezeichnung für Gestaltungsarbeit.

Direct Mail

Form der werblichen Kommunikation. Die Werbebotschaft wird per Post an eine Auswahl von Zieladressen gesendet. Direct Mail ist die ausgeprochen Zielgruppen-bezogene Ansprache, sowie die durch Coupon-Methode oder Bestelleingang mögliche Erfolgskontrolle.

Folder

Bezeichnung für einen Faltprospekt, Faltmappe.

Headline

Die Hauptaussage einer Anzeige, die Überschrift, die dem Leser signalisiert, um was es geht.

Image

Vorstellungsbild von einer Person, einer Marke, generell einem Sachverhalt in der öffentlichen Meinung. Das Image beinhaltet neben sachlichen Aspekten alle Gefühle, Affekte, Einstellungen und Vorurteile, die sich mit dem betreffenden Sachverhalt verbinden.

Kontakter

Fachkraft für Werbeberatung, Mittler zwischen Agentur und Kunde, auch „Kundenberater".

Konzeption

Klar umrissene Grundvorstellung einer Werbekampagne.

Marketing

Die Gesamtheit aller Maßnahmen, die dem Absatz einer Ware dienen.

Media-Department

Abteilungen, die sich mit der Planung und Abwicklung der mediengebundenen Verbreitung der Kampagnen befassen.

„Pappenträger"

Abwertender Ausdruck für Kontakter, die die Entwürfe – Pappen – zu den Kunden bringen müssen.

Präsentation

Die Vorstellung einer Konzeption vor einem Kunden auf der Grundlage einer Marktanalyse für das Produkt, das Unternehmen oder die Institution, für die geworben werden soll.

Reinzeichnung

Die endgültige Ausarbeitung von grafischen Arbeiten (Schriften, Zeichnungen etc.), nachdem der Auftraggeber die Entwürfe genehmigt hat. Reinzeichnungen dienen als Vorlage für die Reproduktion.

Rough

Bezeichnung für Faustskizze, Rohskizze.

Sales Folder

Soviel wie Switch Over: Bezeichnung für einen illustrierten Faltprospekt, der das Verkaufsgespräch mit dem Händler unterstützen soll.

Storyboard

Bei der Filmherstellung zur Erläuterung des Drehbuchs in Einzelbildern skizzierte Abfolge des Films; dazu werden entweder Zeichnungen oder Fotografien benutzt. Das Storyboard soll Mißverständnisse beim Lesen des Drehbuchs ausschließen. Bei sehr kurzen Filmen (z.B. Werbespots im Fernsehen) dient das Storyboard als Drehbuch.

Spot

Bezeichnung für Kurz-Szene, kurze Einblendung, Fernsehwerbefilm.

Texter

Seine Aufgabe ist es, wirkungsvolle Texte für Anzeigen, Plakate, Prospekte zu schreiben.

Quellen:

Peter Beike u.a.: Werbewörter. Herausgegeben im Auftrag der Heinrich Bauer Stiftung von Ernst Braunschweig, Velbert 1976

Handlexikon Werbung u. Marketing, Hornung Verlag, Victor Lang, München 1981

Günter Stein: Enthüllungen aus dem Land der Riesenwaschkraft. Satire. dtv München, 1982

Richard Ganter: Die Sprüchemacher. rororo Reinbek bei Hamburg, 1980

Lydia W., Diplom-Volkswirtin und neuernanntes Vorstandsmitglied, schildert ihre Erfahrungen in der Geschäftswelt:

Was wird Ihr Chef sagen, junge Frau, wenn er zurückkommt und Sie auf seinem Sessel sitzen!

Für meine männlichen Mitarbeiter ist die Situation sichtlich ungewohnt . . .

Können wir die Farbe meiner Augen jetzt mal außer acht lassen und uns auf die Verkaufszahlen für das 3. Quartal konzentrieren?

Manche sind plötzlich voller Hemmungen, wenn sie es mit einer weiblichen Vorgesetzten zu tun haben . . .

Keine Angst, Herr Henssler – ich habe die Tür zum Sekretariat offengelassen!

Anpassungsschwierigkeiten haben auch die Damen in meinem Geschäftsbereich . . .

Ich bin auch für Frauen-Solidarität, aber in Ihrem Brief sind nun mal 5 Tippfehler!

Egal, wie die Kollegen herumlaufen – von einer Topmanagerin erwartet man modische Perfektion . . .

Verschieben Sie die Sitzung um zehn Minuten – ich habe eine Laufmasche!

Um nicht als hysterisch zu gelten, darf die Karrierefrau sich in der Öffentlichkeit keinen Stress anmerken lassen . . .

Im Vorstand herrscht die Meinung, daß Frauen mit den modernen elektronischen Hilfsmitteln nicht umzugehen wissen . . .

Ich habe die Nettorendite schnell mal im Kopf kalkuliert: Sie beträgt DM 25 355 400,–, also exakt 6,76 Prozent!

Bei allem Respekt, den ich mir verschafft habe, kann ich meinen Mitarbeitern gegenüber keine Mutterrolle übernehmen . . .

Könnten Sie bitte Ihren Sohn sofort abholen, Frau Schmidt?

Leider muß mein Gatte abends oft dafür büßen, was ich tagsüber erlebt habe . . .

Entschuldige mich bitte für eine halbe Stunde – ich kann im Moment einfach keine Männer mehr sehen!

„Geschichten, die das Leben schrieb" von Markus (aus: Stern, Dez. '85)

ELEFANTEN PRESS

Comics und Cartoons

Die un/endgültige
karikative Auseinandersetzung
mit der krisengeschütteten Männerwelt.
Überrollt von der Frauenbewegung,
befreit und im Stich gelassen
von den altvertrauten Schablonen
sind die Männer auf der Suche
nach einem neuen Ego.
„Wenn Männer ihre Tage haben"
geht tief in die Niederungen
eines anspruchsgeschwängerten Männeralltages.
mann – männer – am männlichsten